回望

大学校长口述

宣 勇 郝清杰 主编

本书编委会

主　任：张大良
副主任：宣　勇　郝清杰　陈志文
委　员：高晓杰　李春玲　凌　健　钟伟军
　　　　张凤娟　毛建青　李更生　葛青青
　　　　张晓君　于洪洪　孙　卓

学术支持：
教育部哲学社会科学研究课题重大攻关项目
《完善中国特色现代大学制度进程中大学校长管理专业化研究》课题组
浙江外国语学院现代教育治理研究中心

序

今年是中华人民共和国七十华诞,也是全面贯彻落实全国教育大会精神的开局之年。却顾所来径,苍苍横翠微。站在新的历史起点上,回望我国高等教育七十年辉煌历程,回味其中丰富的发展经验,指导高等教育强国建设新的实践,这种"集体意识",无论现实意义还是理论价值,都将不言而喻。

七十年建设沧桑巨变,我国高等教育事业展现出一道靓丽的风景线。高等教育发生了历史性变革,实现了跨越式发展,初步建立了具有中国特色的现代高等教育体系,总体发展水平进入了世界中上行列。从总量规模看,2018 年我国共有普通高校 2663 所,普通高校在校生数多达 2831 万人。全国各类高等教育在学总规模达到 3833 万人,高等教育毛入学率达到 48.1%,高于中高收入国家平均水平。我国高等教育迅速实现大众化、快速迈向普及化阶段。短短二十年走过世界上其他国家需要几十年甚至百余年走过的道路。从质量水平看,通过"985"工程、"211"工程和"双一流"建设,我国高校在世界大学排行榜上的总体位次明显提升,高等教育竞争力在"金砖国家"中位居第一。从类别层次看,高校更加丰富多元,有普通高校,有高等职业技术学院和成人高校;有综合性大学,有专科性学院;有综合性高校,有理工、农医、财经、政法、管理、师范、艺术、体育类高校。与我国现阶段发展相适应的完整的高等教育体系已经基本形成。在办学体制上,既有公办教育,又有民办教育和中外合作办学高校。从教育开放与国际化水平看,我们的高等教育国际交流合作日益频繁,与180多个国家或地区建立了合作关系,与47个国家或地区签订了学历学位互认协议。我国高等教育逐步走向世界,国际影响力稳步提升,来华留学和出国留学人员不断增长。

七十年建设筚路蓝缕,我国高等教育走出了一条扎根中国大地办大学的发展道路。七十年来的教育改革、创新,我们既有高歌猛进的成功经验,也历经艰难曲折。我们面临百年未有之大变局,困难与挑战前所未有,但是改革开放的决心坚定不移。高等教育战线始终坚守社会主义办学方向,贯彻党的教育方针,彰显以人民为中心的发展理念;顺应时代潮流,抓住重大机遇,促进教育事业跨越式发展;充分尊重各地各校和广大师生的首创精神和宝贵的实践探索。我们立足中国实际,瞄准世界一流,借鉴有益经验,解决中国问题,勇于创新,攻坚克难,取得了举世瞩目的成就,走出了一条中国特色的高等教育现代化之路。随着高等教育快速迈向普及化,规模空前扩大、高校组织结构日益多元与复杂化,我国高等教育也面临前所未有的压力与挑战:对优质高等教育的"有效需求"迅速增长,但优质高等教育资源的供给还难以完全满足人民的需求,而且在中西部与东部地区的配置也呈现显著的不均衡状态;服务支撑能力还不足;高校办学与国家经济社会发展需求结合不够紧密,科技创新能力特别是原始创新能力还不强;依照大学《章程》治校还在起步阶段,高校内部治理体制机制还待健全完善;高校外部治理方面,政府和高校的关系不顺、权责不清的问题仍然普遍存在,"放管服"改革任重道远;高校内部治理方面,行政权力与学术权力、纵向的权力结构和横向的组织关系与现代高校的治理逻辑的内在张力,内部多元治理主体之间有效的协商机制和参与网络还待建立完善。因此,我们尤其要重视从宏观层面理顺政府、高校、社会和市场四大主体之间的权责关系,从微观层面发挥党委领导下校长负责制的体制优势,提升高校办学治校的科学决策能力和执行能力。

七十年建设风雨兼程,大学党委书记和大学校长是中国高等教育变革发展的亲历者与见证者。在这个过程中，一批又一批倾情奉献、专心治校、德才兼备的大学领导者和管理人才脱颖而出。他们在推动中国大学改革发展的伟大进程中与时俱进，表现卓越。作为大学组织与政府、社会联系的重要桥梁，作为科学决策与行政执行的担当者，作为联系广大师生的学校代言人，他们总是亲力亲为，在第一现场第一时间见证着学校发展中的每一项重大事件与重大进步。大学党委书记和校长是大学变革的领军人物、谋划者、推动者与操盘手。在中国特色的大学内部治理格局中，他们直接领导和参与学校重大决策的酝酿谋划、拍板定夺，具体操盘和统筹学校各项工作的推进落实。对于学校办学过程中经历的困难与挑战、艰难与困惑、转折与机遇、成败与得失，他们掌握了第一手资料与信息，具有最鲜活的感受体悟与深刻的反思洞察。就此而言，大学党委书记和校长们对于办学治校生动实践的回顾，为我们细致真切地还原了我国高等教育发展进程中的一个个重要场景，既高度浓缩了大学领导者群体鲜明的办学理念、教育思想与领导智慧，也为我们梳理新中国高等教育发展的历史脉络提供了生动的素材。

为了记录和还原七十年来中国高等教育的建设发展，更好地留史存真、总结历史经验、指导新的实践，中国高等教育学会组织开展了"与新中国同行——高等教育的发展之路"口述纪实活动。经研究筛选，委托浙江外国语学院和中国教育在线共同承担此项工作。浙江外国语学院党委书记宣勇教授担纲总策划，专门组建了校长管理专业化研究领域的专家团队，并以"一对一"的方式对受访党委书记和校长进行了人物传记式研究，以保证访谈内容真实、翔实。对受访对象的选择尽可能全面适当，既考虑了历史阶段的代表性、学校类型的代表性，也考虑了地域的代表性。口述史活动得到了受访大学党委书记和校长的热烈响应，大家十分重视口述史工作，克服困难，积极支持；许多受访者精心准备"功课"，反复查找和核对原始资料。历时大半年，在多方共同努力下，形成了初步成果——《回望——大学校长口述》。

本书记录了十位中国知名高校党委书记和校长的口述历史，围绕时代变迁、学校历程、高教发展、教育理念四个方面展开。他们用生动的事例讲述了所在大学在办学理念、战略规划、人才培养、学科建设等方方面面的发展历程，从不同侧面、不同角度向我们展示了大学在发展过程中如何克服困难，抓住机遇，迎来腾飞。他们中的许多人在所在大学求学、工作直至领导整个大学，不仅亲身见证了一所大学的变化与发展，也见证了中国高等教育的发展。他们见微知著的讲述不仅让我们深入了解一所大学，也由此看到高等教育的变迁和发展。本书也是一部管窥大学治理的口述史，凝聚了知名大学领导者办学治校的理念、方法和智慧。大学的发展从过去到现在再到将来，有经验，有教训，有同有不同。以史鉴今，过去之教训可为今日之前车，过去之经验可为今日之良方。如果这部口述史对于今天和明天的大学领导者、管理者能够有所助益，那正是组织者的初心。

当然，由于主观和客观因素的影响，对于历史的呈现，个人口述史也许会有一定的局限性。希望编者和读者自觉运用马克思主义的唯物史观，坚持全面客观、科学公正的态度，正确对待个人口述史提供的史料和史实，避免以偏概全、一叶障目。唯有如此，才能从中汲取有益营养，承前启后，继往开来。

习近平总书记指出："高等教育发展水平是一个国家发展水平和发展潜力的重要标志。实现中华民族伟大复兴，教育的地位和作用不可忽视。我们对高等教育的需要比以往任何时候都更加迫切，对科学知识和卓越人才的渴求比以往任何时候都更加强烈。"这既是对新中国高等教育的深刻总结，也是对新时代高等教育的殷切期望。我们肩负着神圣使命，我们在这个高度上集结，新的征程也将由此出发！

管培俊

中国高等教育学会副会长

国家民委原副部长级专职委员

2019 年 8 月

目 录

黄达人：大学的管理与实践 / 1
 合校要以发展求融合 / 2
 多校区办学是响应国家政策 / 4
 以贡献促共建 / 6
 为中才立规矩，给天才留空间 / 7
 教育评价的三个层面 / 9
 校长要努力营造良好的校内氛围 / 12
 学科建设与人才培养 / 14
 从水平评估到审核评估 / 16
 人才培养工作要更加关注学生的获得感 / 18
 关于校院两级管理 / 19

哈经雄：筚路蓝缕民族教育事业振兴之路 / 23
 临危受命，整顿学风教风校风 / 24
 奔走呼吁，解决沉重巨额债务 / 29
 提升教职工获得感，彰显人文关怀 / 32
 调整专业，革新人才培养模式 / 34
 巧抓机遇，更名大学 / 36
 勇于担当，曲折申报"211工程" / 38
 矢志不渝，开创民族教育学科 / 42
 牵线搭桥，支持民族高校发展 / 47

张德祥：大学的发展需要前瞻、担当和勇气 / 53
   教育是一生的情缘 / 54
   在夹缝中披荆斩棘，砥砺前行 / 57
   把立德树人作为大学的理念和追求 / 68
   战略规划是大学发展的第一要务 / 70
   完善大学治理还有许多工作需要做 / 74
   依法治校这个问题是绕不过去的 / 79
   大学需要有自己的"文化印记" / 82
   大学的创新需要高度集成 / 85

李发伸：做西部文章　创一流大学 / 91
   扩招是有利于中华民族千秋万代的大事 / 92
   基础研究只有第一，没有第二 / 93
   新校区建设一定要把教师的感受放在第一位 / 98
   "中国最委屈大学"的西部坚守 / 103
   职务职称评定不是论功行赏 / 110

俞立中：共建、共治、共享的大学治理之道 / 121
   教育是不能急功近利的事业 / 122
   学校发展战略中的"三个I" / 125
   坐在一条板凳上沟通 / 128
   教育需要改变畸形的价值取向 / 137
   大学改革的关键在于转变观念 / 145
   上海纽约大学的价值在于探索、改革、创新 / 152

朱崇实：从"南方之强"到追求"世界一流" / 161
   通过"精英教育"弘扬"南方之强" / 163
   学科结构调整：适应市场、高于市场 / 166
   重视但不囿于大学排名 / 169
   既爱生如子又爱校如家 / 173

让校区间多融合、多交流 / 178
践行专心治校承诺 / 182
努力为学生提供多元发展空间 / 186
协调党政关系经验谈 / 188

瞿振元：一所百年老校的新发展 / 193

激情澎湃大扩招 / 194
促校区融合画蓝图 / 198
启动"316"聚人心 / 203
"985工程"要有中国农大 / 206
营造追求卓越的科研环境 / 207
"三全育人"见成效 / 213
书记与校长配合好是学校之福 / 217
建设高等教育强国迎未来 / 220

李培根：传承、转化、开放、引领 / 225

好校长成就好大学 / 226
智慧规划学科布局 / 228
服务社会，反哺科研教学 / 232
给学生提供最好的教育 / 239
创新教育需要一种静的力量 / 245
别让知识淹没智慧 / 253
校长致辞要用心与学生对话 / 256

黄伯云：服务国家需求，贡献大学智慧 / 259

学成归来报效国家 / 260
强强合并优势互补上水平 / 262
练就紧跟时代的真本领 / 266
论文要解决实际问题 / 268
助推大众创业、万众创新新局面 / 270
教育要迈向世界一流 / 274

龚克：不务本的大学成不了优秀的大学 / 277

在特殊环境下成长 / 278
办大学就是办一个氛围 / 282
以"三个转变"推动素质教育 / 287
"公能"价值观不能是句空话 / 294
围绕国家战略需要建学科 / 300
学科评估重在诊断 / 305
大学的一切功能都要围绕人才培养 / 307
协同创新应该坚持做下去 / 311
校长要做打基础、利长远的事情 / 313
国际化办学同样要以育人为本 / 316

黄达人:大学的管理与实践[*]

  黄达人,1945年4月生,浙江象山人,中山大学教授、原校长。1962年至1968年就读于浙江大学数学系;1968年至1978年在浙江临安农机厂工作;1978年至1981年在浙江大学数学系读研究生,毕业后留校任教;1985年至1986年在美国南卡罗来纳大学做访问学者。曾任浙江大学数学系副主任、教务处长、副教务长等职,1992年至1998年任浙江大学副校长。1998年11月调任中山大学常务副校长,1999年8月至2010年12月任中山大学校长。2013年7月至2018年9月,任广东省科协主席。任第二届国家教育咨询委员会委员。著有《大学的观念与实践》,已出版访谈录《大学的声音》《高职的前程》《大学的治理》《大学的转型》和《大学的根本》。

---

[*] 访谈时间:2019年4月27日;访谈地点:杭州莲美术馆;整理人:张凤娟、权敬兰。

今天是中国高教学会、中国教育在线、浙江外国语学院联合举办的"与新中国同行——高等教育的发展之路"口述纪实活动的首场，特别要感谢黄达人校长，因为我们接受访谈任务后，第一时间就联系到了黄校长，他也表示愿意接受访谈，这对我们的工作是很大的鼓励和支持。大家知道，黄校长既是教育专家，也是访谈专家，我们都拜读过他的专著《大学的观念与实践》，也拜读过他的系列访谈著作《大学的声音》《高职的前程》《大学的治理》《大学的转型》《大学的根本》。所以，今天也是我向他学习如何开展访谈的一次好机会。

合校要以发展求融合

宣勇（以下简称"宣"）：黄校长，今天的访谈主要是想还原您在中山大学工作时期的那一段历史。您是1999年到2010年任中山大学的校长，那段时间是我国高等教育以规模扩张为主要特征的一个发展阶段。在那个历史时期，您对学校的发展是怎么思考的？

黄达人（以下简称"黄"）：今天，宣书记访问我，我是很乐意的，因为是当成朋友聊天。用今天的观点来回顾当年的经历，作为一个大学的校长，我感受到实际上是在政府的主导下、受着政府的影响在做事情。中国高等教育的特色是政府的主导非常强，不应该突出个人的作用，我认为应该突出的是时代，所以别人问我：你在中大做了什么？我说其实不是我做了什么，我当时做了一些事情，主要是在政府的引导下开展的。

宣：在新中国高等教育史上至少有两次规模较大的院系调整。其中一次院校调整大概始于1993年，按照"共建、调整、合并、合作"的八字方针，对当时分别隶属于中央各部委和地方所属的高等院校进行合并、调整，以提高学校教育的规模效益。2000年前后，还涌现出综合大学与医科院校的合并潮。外界普遍认为，中山大学与中山医科大学的合并是比较顺利的，后期的磨合也比较好。作为亲历者，您认为关键的原因有哪些？

黄：关于合校，我认为，可以有很多种模式，采取什么样的模式，那都要结合具体的校情来看，恐怕不能简单地认为某种模式比其他模式更好。回顾中大与中山医的合校经历，如果要进行总结的话，可能有三个方面的因素。

第一，学校党委起到了主导作用。我们是2001年10月26日上午在中山纪念堂召开的合校大会，10月29日新中山大学第一个工作日的中层干部会上就宣布了各个岗位的干部名单。一般来说，机构合并，最难的是原有干部的安排。在这个方面，学校党委非常高效、务实。周五宣布合校，周末召开常委会讨论，完成了机构设置、干部任命等一系列工作，周一就向全校宣布，以最快速度完成新中山大学的组织架构，中层干部的岗位全部落实。在中层干部会上，当时我说，要做好合并后的各项行政工作，不能光靠我们校领导班子几个人来做，中层干部要拿出主人翁的态度，对各自负责的工作要理出清晰的思路，不希望事事都向主管校领导请示怎么办。学校党委通过干部的落实，使得新中山大学各项工作能够迅速开展，也避免了在干部选任环节上的纠缠。

第二，尊重医科特殊的办学规律。一是在机构上保留了医教处、医科处和医管处等机构，我曾在《中山大学学报》发表过一篇文章，提出大学管理的精髓是尊重学科差异，而医教处等机构的保留体现了对医科办学规律的尊重。二是尊重医科人才培养规律，中山大学的医科有着良好的医学教育传统，如"三基三严三早"（基本理论、基本知识、基本技能，严肃的态度、严格的要求、严密的方法，早期接触临床、早期接触科研、早期接触社会实践）。在此基础上，我们认为，医学教育体制的核心在于解决基础教学与临床教学衔接的问题，其中临床技能培训中心是重要的桥梁。这是我参加新疆医科大学本科教学水平评估后的一个突出感受。于是，我们斥资着力建设了临床技能培训中心，就是为了能够在基础与临床、理论与实践之间搭设一座桥梁，让我们的医学生更好地学以致用。三是在医学科研方面，坚持以人类疾病为研究导向，注重基础与临床的结合。为了将医科基础研究与临床研究的融合做得更好，我们启动了旨在提升临床研究水平的"5010计划",即遴选50个临床课题,连续支持10年。我们希望通过这一计划,使得医科能够取得若干具有重要影响的临床研究成果,同时培养出一支临床医学研究队伍。我要特别说明的是,这些做法不是我一个人想出来的,而是医科的人对我提出的设想,作为校长,我接受了。为什么医科的人感觉受到了尊重,可能也与此有关。

第三,尊重"中山医"情结。合校以后,我深深感受到校友对中山医的眷恋之情,我认为这种感情是真挚的,是完全可以也完全应该理解的。我们应该换位思考,充分地理解和尊重这种浓厚的中山医情结。在我看来,中山医情结,其实就是一种爱校的情结。在校内的会议上,我说,我不相信一个不热爱中山医的人会热爱中大;同时,爱中山医就是爱中大。我也反复讲"中山医"是连在一起的三个字,是学校的金字招牌。当时我们坚持医科不扩招,就是将医科作为学校的品牌形象,坚持在人才培养上出精品。此外,我们也提倡不是中山大学合并了中山医科大学,而是两所同根同源的高校一起建立了新的中山大学。新的中山大学的英文校名(SUN Yat-sen University)就采用了中山医科大学的翻译。直到今天,在北校区中山医学院的办公楼上依然保留着邓小平同志1985年题写的"中山医科大学"的校名,我认为这是重要的历史文物,应该保留下来。

在两校合校的过程中,我们追求的是实质性融合。我们提出,合校是为了新的发展,以发展求融合。我在校内说,新的中山大学只有发展了,不断地取得新的成就,才能真正地实现融合。把新中大建设得更好,我想这也一定是中山大学全体教职员工的共同心愿。

宣:如果用一句话来概括,就是在合校时疾风劲雨,在合校的过程中春风化雨。

多校区办学是响应国家政策

宣:应该说高校大规模扩招与合并基本上是出现在同一时期,能否请您谈谈中山大学是如何应对的？

黄：扩招是高等教育大众化的要求，不是我们要去扩，是要解决高等教育毛入学率的问题。当时上面还是给了我们中大任务的，按照广东省政府的说法，优质教育资源不够，要我们扩招。我们原来一年招5000人，省里要求扩招3000人。

我始终认为，中大要做的是精英教育，这是中大自己的办学定位，但是要解决高等教育大众化问题，中大一个重要贡献就是扩招。同时学校也要为新学科的发展拓展空间，因此校区也要扩大，珠海校区的地就是我的前任王珣章校长找来的，我接手后，把他找的那块地落实下来了，真正的功劳是我的前任。

宣：当时珠海校区是怎么把广州中山大学的文化传承过来的？

黄：我们党委书记了不起，我对与我合作的两任党委书记一直是高度赞美的。李延保书记说，要把珠海校区办成原汁原味的中大，而不是分校，要尽可能把中大的文化在珠海校区传承和发扬。他一到周末就跑珠海去，党委书记不光是指明方向，而且是身体力行。

宣：这是不是可以理解为是中大对高等教育大众化的一种响应？另外，据我所知，中大可能还开启了中国高校异地办学的先河。

黄：我们当时办新校区跟国家的政策是一致的，没有什么高明不高明，就是跟着号召走，响应快点慢点而已。

宣：现在异地办新校区很多了，多校区办学也会带来一些问题，中大有什么经验可以借鉴？

黄：刚才说了，多校区办学不是我们的选择，不是我们要办一个新校区，是不得已。从校长的角度讲，我更愿意集中在一个校区办学，但是老校区的文保建筑不能动，然后旁边找不到可扩充的余地了，所以不是我们有意多校区办学，确实是不得已而为之的事情。一方面，多校区办学的成本大幅度提高；另一方面，学科的划分、布局也变成多校区办学的一个主要问题。当时我有一个想法，我认为后面的人总比我们更聪明，很多事情一时看不清，可以先有一个过渡，留给后面的人来解决。

当时还有一个想法,就是我们的招生是不是永远都保持在8000人?这是首先要考虑的。然后,短期内还不能立刻做出新增学科的决策。我们当时的做法是办了几个与总部已有的学院类似的学院,让老学院带新学院,主要用于解决扩招问题。比如说广州校区的岭南学院很好,以经济学为主,我们在珠海就办了国际商学院。广州校区有外国语学院,就在珠海办了一个翻译学院。还有广州校区有地理学院,就在珠海办了旅游学院。一开始都是老学院的院长过去兼任新学院的院长,这样师资可以调配,老学院也可以给予支持,我认为,这对新建学院来说很重要。另外还做了一个决定,临床医学不扩招,保持精英教育的规模。办新学院的目的就是消化大量的扩招学生,以后如果调整招生数量了,再做调整就很简单,新的学科要上,关掉一个新建学院就可以把空间和资源腾出来了。我也不给这些新建学院学科建设任务,这样学科的布局变动就很小,新学院以教学为主,它们的学科建设由老学院来统筹。最后发现,国际商学院、翻译学院和旅游学院的学生招生情况都不比本部的差,就业也很好。意外的收获是,旅游学院的酒店与休闲管理学科更是进入了QS世界排名前十。

宣:当时这几个学院的师资怎么解决呢?

黄:师资由院长去解决。学校给他们的政策是以教学为主,有多少学生,给你多少经费。这些经费打包给院长,他用来招聘教师可以,招短期聘用的也可以,结果几个院长都做得很好。我认为,请对一个院长很关键。对于校长而言,当然要引进领军人才,但是找对一个院长的意义绝对不比引进一个学科带头人小。

以贡献促共建

宣:广东省给予了中大很大力度的支持。我很想了解,您是如何争取地方政府对中山大学的支持的?

黄:一方面是广东省委、省政府一贯重视高等教育,原来重点建设了中大和华工,现在投入更大了,更加重视高等教育的整体发展;另一方面政府也要有这方面的实力,能够支持。

当时教育部跟广东省共建,希望能够重点支持中大的发展,从学校的角度来看,不能只要求政府支持,还要看我们学校做了什么。我们当时提的口号是"以贡献促共建",我记得我带了我们相关职能部门的处长们去了省里很多厅局做交流,如发改委、水产厅、科技厅、农业厅等等,一方面表达我们愿意为广东做事情的态度,另一方面也是寻找结合点。然后,学校对应用型人才的评价要做改变,当时学校的提法是"给横向课题以国民待遇",中大这样的学校是纵向经费为主,横向经费很少,横向经费管理费提得特别高,纵向提5%,横向提15%,后来纵向、横向管理费一视同仁。就是不要光说,要有态度。还有对转让提了一个口号,"零代价"转让,不要认为转让出去没有收益,首先把东西用起来,学校的股份可以一分都不要,但是教师的利益要保证。我们为地方服务还是做了一些努力的,比如说,成立了核工程学院,广东沿海建了好几个核电站,需要大量核物理方面的人才,我们搞了一个与法国合建的学院,六年出来就是硕士毕业,那批学生培养得很成功,中广核点名要这批人,而且在这个学院读六年出来的硕士,与博士的待遇一样。又如,在好几个地市建立了地方研究院,直接为地方和产业服务。

为中才立规矩,给天才留空间

宣:您在关于学科建设的报告中,有两句话给我的印象很深,第一句话是学科建设要优雅,不要急功近利。我很想听听您怎么让学科建设优雅起来?

黄:我自己的理解,不要过分追求指标,我是在学校说过一句"狠话"的,只要我当校长,中大绝不给学院下指标。一方面强调学科建设是教师努力的结果,不要贪天功为己有,不要认为教师做得好是管出来的;另一方面我们也强调学科建设不仅仅是一个学术问题,也是一个管理水平的体现,很重要的是营造一个良好的氛围。中大 2003 年的人事制度改革,当时的理念就是"为中才立规矩,给天才留空间"。教师做得好与差,不要简单认为就是考核的结果,不要认为是下了指标了,教师才会那么努力。

宣:这是管理的最高境界。其实在科学研究领域,很多的科研产出跟考核、奖励没有任何关系,没有这些,教师照样会做科研。

黄:有时候你考核了,反而伤害了教师的积极性。教育部评价大学有很多指标,这些指标很多都是由不考核的人完成的。这些人的学术经历表明,他们以学术为生命,你去考核他,他这样,你不考核他,他也这样。如果要考核、计件,他反而会重数量,但很难有好东西。你给他一个宽松的环境,可能几年没成果,但是,一旦出来往往就是好东西。

宣:如果没有考核,多干少干一个样,整个氛围会不会有问题?

黄:我们的理念是"为中才立规矩,给天才留空间"。

宣:规矩还是有的。

黄:你说都不要考核也不现实,可是都要考核,又伤害了那些最活跃的教师的积极性。

宣:这个分类管理是怎么做的?

黄:各个学院评出来哪一些人不考核。

宣:比例大概多大?

黄:我们当时有 200 多人免于考核,全部教师大概 1000 人。

宣:您在学科建设中,还有一句话讲得很好,就是讲学科带头人的作用。"一种是'水涨船高'型的,他的学科带头人地位是以他所在的学术梯队整体水平的不断提高为基础的;一种是'水落石出'型的,他的地位的提高以他所在学术梯队整体水平的下降为前提的。我们所需要的当然是前者。"

黄:我在学校会议上讲话,喜欢讲一些比较通俗易懂的话。我始终认为自己本质是一个数学老师,文化修养不够。当然,我认为学校的任何一项改革都是综合改革,其中最重要的改革是人事制度的改革。关于人事制度改革,还有不少话可以说。我认为人事制度改革对年轻人要特别关注,一个学校的改变,更多地靠青年教师,老教师更擅长的是把课上好,把教学稳定住。很多学校专科升本科、教学型改为研究型、"升博"等等,会把考核指标改掉,像职称晋升指标里科研的比重增加,对教师的考核标准在不断改变,改变是对的,但是要清楚,年长的教师已经养成了自己的学术习惯,要做改变不容易。最近我与一所大学的校长聊天,他也是把考核的标准提升,增加相应的激励,发现主要的科研增量还在于年轻人。我们当时对青年教师有很多做法,一个是我们对青年教师的晋升曾经有过特殊通道。

宣:这就是大学该有的自主权。这些破格的人还可以体现学校的一些战略意图,有一些是学科发展的需要。

黄:有一些是学科发展需要,有的就是应用型,体现为服务国家、服务地方。我比较愉快的感受就是破格的做法得到了职称聘任委员会的认同。

宣:这里还会引发另一个问题,在评价中如何处理基础研究和应用研究关系的问题。

黄:很多人以为把评价标准改一改就行了,其实没那么容易,光改变标准还不够,标准让大家都接受还需要时间。

教育评价的三个层面

宣:谈到评价的问题,现在比较关注的是"破五唯",在这个问题上您怎么看?

黄:我认为,解决高等教育评价的问题应该分三个层面:第一是国家对教育的评价,第二是教育部对于大学的评价,第三是学校内部对教师的评价。

在国家对教育的评价层面,比方说,2015年职教大会强调要建设现代职业教育体系,因为一直是教育主管部门在推动,所以大家很容易从学历提升的角度来看这件事,反而失去了职业教育的特点。我认为,在整个国民教育体系或者终身教育体系里面来看职业教育可能更有意义。最近,我去广东开放大学调研,看到他们牵头做了一个《广东终身教育资历框架等级标准》,划分了七个等级,一类是从小学、中学到专科、本科、硕士、博士的学历教育体系,一类是职业教育体系,还有一类是职业资格体系,尝试在不同教育类型之间、教育与劳动之间寻求一些等价关系。我觉得他们设计的这个体系还是很有意义的,他们认为最高的职业技术等级应该与博士相当。

在建立国民教育体系方面还有一个例子。2012年,我去新加坡南洋理工学院访问,林靖东院长向我介绍的第一张PPT就是新加坡教育体系,他没有先介绍学院的情况,而是把新加坡的整个国民教育体系展示给我,使我一下子就明白这个学校在国民教育体系中的位置。新加坡的体系有两个特点:第一,工艺教育学院(相当于国内中职)、理工学院(相当于国内高职)和大学这三个不同层次、不同类型的教育是互相衔接的,普通教育和职业教育是相互融通的。第二,所有就业的学生随时可以再回到工艺教育学院、理工学院或大学进行深造。在新加坡,教育不仅仅是沿着学历向上的,而是双向的。

一个是广东省的尝试,一个是新加坡的情况,我认为,这两个体系的好处就是不"唯论文、唯帽子、唯职称、唯学历、唯奖项"。国家层面应该建立起这样一个体系,这样我们对于人的评价就不是只有一种方式,而是有多种评价了。

宣:"破五唯"首先要建立多元的评价体系。

黄:再说教育部对大学的评价。社会上对于以学科来评价大学有很多不同的观点,我认为,也要看到学科评价的正面作用和历史进步。一方面,学科建设是中国高校取得快速发展的基础;另一方面,针对学科评价口径的问题,实际上也在发生着变化,以前是以二级学科为导向,这次"双一流"的遴选和建设是以一级学科为导向。学科评价的口径在不断改变,也在适应社会发展的需要。除了国内一级学科评价以外,还有 QS、THE 等学科评价方式,丰富了学科评价的方式,有助于高校打造特色。

在此基础上,我认为,除了学科评价,还要更加关注社会评价。现在很多大学排行榜的指标体系里都有声誉指标,其实就是结合了社会的评价。对于排行榜,社会上有一些不同的看法,我认为,如果说排行榜跟高校实际实力的差异太大,也没有公信力和市场,排行榜也很难活下去。在一定程度上,我并不否定排行榜,但同时,我也认为,不能让排行榜左右大学的办学实践。

我个人对于"破五唯"的理解是,不是说论文、职称、奖项等指标不好,指标能够更加直观地反映现实,有一定的合理性,但是不能"唯",这是关键。"五唯"的本质是"唯指标"和"唯排名",一旦把指标作为刻意去追求的目标,指标原本的意义就会大打折扣甚至走到反面,造成高校的"动作变形",进而影响教风、学风。我在一些高校参加评估时,会经常听到学校对于 ESI 的重视,有些高校提出实施 ESI 提升工程,有些高校对 ESI 高被引的教师进行高额奖励。

我自己有一个关于 ESI 的例子。当时我们在北京开会,教育部一位领导做报告时说,可以关注 ESI 这个指标,然后是进入 ESI 前 1% 学科最多的两所大学的校长上台发言。我当时心里就咯噔了一下,连说惭愧,连 ESI 是啥都不知道。还准备回去后赶紧去查查看,找学校两个离 1% 最近的学科努力一下。结果查完以后同事们告诉我,中大进入前 1% 的学科在全国排第三呢。当时我很高兴,后来在学校大会上说,ESI 给我的感受是,蓦然回首,那人却在灯火阑珊处。我希望一定不要去刻意追求指标,但是真按指标来评价大学的时候,我们表现也不错。我想,这大概就是我想追求的最高境界。

宣: "破五唯"的本质是不能"唯指标",您把这个问题说透了。

黄: 最后是大学内部对教师评价的问题。我前段时间去了香港中文大学(深圳)做评估。这是一所刚办了五年的独立设置的学校,我重点了解了他们的师资队伍建设情况,也请管人事的副校长介绍了香港高校的情况,他原来是香港中文大学的人事处处长。

港中深一共有277位教师,分为三个系列:第一个系列是Tenure,就是一般讲的终身教授,教学科研并重的,有170多人;第二个系列是Teaching,有教学的任务而没有科研要求的,有100人;第三个系列是Research,只做科研不做教学,目前只有一人。我问他们,Teaching系列的教师有什么要求?他们说,对于Teaching系列教师考核、晋升的标准只有一个,就是上课。考核的时候不要求填写承担了什么科研项目,也不要求发表了多少论文,只做教学,没有一个与科研有关的表要你填。我问,是不是只有香港中文大学(深圳)才这样。他说不是,港大、港科大、港中文以及英联邦国家的高校都是这样的。

我认为这件事值得我们思考,我们的高校是不是也应该建立一支专注教学的教师队伍,不同的高校根据自己的办学定位设置比例,这个比例当然是有所不同的,但不再是选个别教学特别优秀的教师作为点缀。大学要在内部做出改变,就应该把教师分类评价的渠道开通出来。

校长要努力营造良好的校内氛围

宣:一所学校要办好,文化建设也很重要,我注意到您非常重视大学文化的建设。

黄:刚才讨论"破五唯",我认为,在校内要做的一件很重要的事情就是重视大学文化的建设。

有一次教育部人事司一位领导来找我,说正在做一个课题——"大学内部治理和'双一流'建设的关系",问了我一个问题:作为大学校长,你认为最重要的工作是什么?我脱口而出,三件事情:一是大学定位,就是要明白要办成什么样的学校;二是学科和专业的布局;三是形成良好的氛围。他就笑,说前几天刚刚找过李(延保)书记,问书记管啥,李书记也脱口而出说了三点:一是大学定位,二是办学方向,三是办学氛围。他说你们两个人三个方面有两点是一样的,我说我们两人是偶尔会碰到,其他地方见不到的,不可能串通的。他说你们俩都重视大学定位,都重视办学氛围。我认为,大学校长最重要的一件事情就是在校内营造一个良好的氛围,让身处其中的教师能够安心工作。这也是我们经常说的,领导要有危机感,基层要有安全感。

我还认为,在大学文化建设里很重要的是行政文化的建设。大学里的人才培养、科学研究是教师干出来的,但是他们在什么状态下干活是书记、校长和管理干部应该关注的,所以当时中大提的办学理念中既有"教师就是大学",也有"大学是一个学术共同体",还有"善待学生"。某种意义上,大学的学术文化都是由行政文化决定的。我经常说,一流大学不仅是学术水平的体现,也是管理水平的体现。

不同位置的管理干部都要善于营造良好的行政文化氛围。在与大学校长们交流的过程中,给我印象最深的就是大家不约而同地强调精神方面的因素——理念的重要性。很多校长将"在校内形成被大家所接受的理念"作为自己影响这个学校最重要的工作。中正大学校长吴志扬(2008—2016年在任)有一句很形象的话:"校长的作用就是选好背景音乐。"我很赞成这句话,选择什么样的背景音乐,关键就要看校长有什么样的治校理念。同样,大学的文化是什么样的,关键看校长、书记在校内倡导什么。

同时,我认为,大学里的每一个人既是我们所处环境的一部分,也是不同范围环境的营造者,尤其是中层干部,要注重小环境的营造。我曾经对我们学校的校办主任说,做校办主任,首先要做好公文流转、会务、接待等工作。更高的要求是能够协调全校重大活动。最高的境界是把校办办成全校行政文化的窗口,别人一到校办就能感受到这个学校崇尚什么。有一年暑假,我们一位校友申请到校内拍摄婚纱照,在申请表上,校办主任只写了"祝幸福"这三个字,校友看了感到非常温馨,发到网上,后来又被报纸报道。我看到后,发了一个短信给校办主任:我曾经说过做校办主任的最高境界,你正在实践着。他表示只是随手而为。我说,可贵的地方就在"随手",如果是刻意而为之,反而不稀奇了。

后来,我到一所高校做审核评估,与数学学院的领导和教师座谈,也感受到院长在努力营造学院内部的良好氛围。比如说,自己借钱给青年教师买房子,青年教师看病,院长自己先垫付;又如,尽量给青年教师少排课,让他们先安心做科研;再如,自己掏钱请校外知名教授过来与青年教师交流。青年教师们表示选择这个学校的一个重要原因就是学院的氛围好。院长说了两句话让我印象深刻:年轻人的小事就是学院的大事;要让特聘教授感受到比回家还要更多的温暖。

学科建设与人才培养

宣:谈到一流大学,您如何看待"双一流"建设中以学科建设为基础的做法?

黄:学科建设是一所大学快速发展的重要抓手。但是强调学科建设,往往会把教学与科研割裂开来,甚至对立起来,还会把手段当成了目的,容易把学科排名作为办学上的追求。同时,我们对学科建设的认识是不断在深化的,最早主要指研究生教育和科研,后来关注组织建设,我是非常赞成你把学科建设作为组织建设的提法的。我也看到在一些高校,学科建设在组织层面上做得还不够。比如说,有些高校提出学科群建设,但仅仅停留在材料的整合上,对学科群的组织架构和运行机制考虑得还不够。比如说,我到一所"双一流"高校开"学科群建设"的座谈会,这个学科群涵盖了五六个学院。座谈会前,我问来参会的学院院长,他同时也是学科群的代表:你是代表学科群过来还是学院过来?他回答代表学院。我说,今天是学科群的会议,为什么其他学院没有人过来?后来开座谈会时,其他学院的院长也来了,表示连开的是什么会都不知道,而且平时学科群里的各学院之间也不会开会。

到今天,人才培养逐渐成为学科建设的重要内容。我在很多高校交流时发现,大家对本科教育与学科、专业的关系有着比较深入的理解,像"学科水平直接影响本科教育水平"、"教学改革做得好的往往也是学科水平比较高的",等等。用浙江理工大学陈文兴校长的话说,专业要建在学科上。在进行专业动态调整时,要以学科水平为基础,实现学科、专业联动。我到广州大学土木学院走访,看到学校很多国字头的教学奖项在这个学院,像国家级教学团队、国家特色专业、国家综合改革试点专业、国家教学成果奖、国家精品课程、国家级工程实践教学中心,等等。总结经验,院长认为是因为背靠着强大的学科。我在做本科教学审核评估时,都会请高校教务部门提供学校省级以上教学奖项与对应学科的清单,发现教学奖无一例外都集中在优势学科上,这说明教学优秀是学科优秀的重要体现,学科建设与人才培养是高度相关的。

我们曾经在十几所高校请学校的有关部门牵头做了毕业五年后学生职业发展情况的抽样调查,大概占每一届毕业生的10%。看上去好像工作量很大,但在实际操作中,学校安排各个学院的辅导员或班主任去打电话访问,一般两天就可以完成,快的只要半天。样本的有效率都在85%以上。我认为,这些具有统计学意义的调查结果,有助于学校明确下一步的改革目标。

我们对毕业生的调查问卷做了一个分析,看到一个共同的现象:毕业生对学校本科人才培养工作的评价,在专业水平、实践动手能力、合作与协调能力、人际沟通能力等方面往往持肯定态度,对于创新能力、科研能力培养则具有更高的期待。

在给母校的建议方面,比较集中的反映是:建议学校进一步加强对学生科研能力和创新能力的培养;给学生更多参与科研项目的机会,营造好的科研氛围;进一步深化科研导师制度;理工类学生需要更多地走进实验室,更多参与科研导师的科研项目。

毕业生的反馈给未来的教学改革指出了一个方向,就是重视教师科研在本科生培养中的重要性。在培养过程中,应该更多地关注本科生参与教师课题和生产实践以及毕业论文来自教师课题和生产实践的比例。我认为,一旦学生参与到教师的课题中去,科研平台就是教学资源,老师做科研的过程就是育人的过程,这样就把学科建设与本科人才培养在"双一流"建设背景下结合了起来。

从水平评估到审核评估

宣:您在任期间正好是教育部进行本科教学水平评估的时候,您是如何看待水平评估的?

黄:随着时间的推移,我对一些问题的看法是在不断改变的。就像对学科建设的认识,以前停留在科研和研究生培养上,对学科建设和本科人才培养的关系没有很好的认识。我始终说,我的认识水平是在教育部的引导和政策推动下慢慢提高的。

对于十几年前开展高等学校教学水平评估,当时社会上有不少负面的看法。现在回过头来看,确实存在一些学校补材料的情况,主要是由于教学档案缺失进行的事后弥补。我认为这是有积极意义的。现在我们做审核评估,看到各个学校教学档案都很完整。

当时的水平评估起到的作用是正本清源。可能对社会上的其他问题的看法也有类似的情况,就是容易看到一个事情存在的问题,却不太会看到其在历史时期里发挥的正面作用。本身存在的问题是真的,我们自认为抓到了本质,其实不是的。今天来看本科教学水平评估的本质,是对教育秩序的规范,这是主要的。

宣:您这个评价是客观的,我非常赞成。我是学化工工艺出身的,首先是生产过程要有严格的规范,才会有质量的保证。我们并不是说只要有了生产工艺和生产过程的规范,就一定会有好质量,但是没有规范一定没有好质量。

黄:这一轮在水平评估基础上的审核评估,我参加了大概有三十所高校的评估。我认为,审核评估一个很好的改进是,至少改变了以前用同一把尺子来量不同学校的做法。我以前说过,对于大学的管理,企图用一个政策对待所有问题或者是评价所有的高校都是不合理的。我曾写过一篇文章《大学管理的精髓是尊重差异性》,核心观点就是,在大学内部,不要企图用一个政策来对待所有的学院;再进一步推理,就是校院两级管理的重要性。

宣:当时确实存在高等教育同质化的问题。

黄:同质化问题现在还严重存在,还是没有解决。因为审核评估参加得比较多,我还是有一些体会的。其中一个问题是办学定位没有引起普遍的重视,办学定位的含义没有得到很好的阐述,只是一个口号,在学校里也没有对这个定位进行很好的宣讲,没有使其成为行动的指南,只是党代会、教代会通过了。如果大家都能提高对办学定位的认识和重视程度,审核评估的效果可能会更好一些。

宣:人才培养的目标与办学定位也是紧密相关的。

黄:我认为,大学要很明确地知道自己处在一个什么样的发展阶段,在不同的发展阶段,办学定位是不一样的。我看到中国高校有七个层级,"985"和"211",现在改为一流大学建设高校和一流学科建设高校,再下面是有博士授予权的大学、有硕士授予权的大学、有硕士授予权的学院、没有硕士授予权的地方本科院校、高职高专。仔细看,不同层级学校的人才培养定位不一样,跟是不是部属高校没关系,与处于什么阶段有关。在人才培养方面,越是层级高的学校越强调培养通才,所以教学改革的切入点是通识教育;学校层级越往下越强调应用型,教学改革的切入点是专业教育。越往上专业口径越宽,北大办了一个政经哲(政治学、经济学、哲学)专业,清华大学按 16 个大类招生和培养,浙大提出一个一级学科建一个专业。越到下面,专业越细,按专业方向来办,比如上海立信会计学院有一个金融专业,按专业方向分为银行类、证券类、期货类、保险类,是一个专业拆成四个方向在培养人才。处于不同历史阶段,就会有不同的教学改革;有不同的专业口径,就有不同的人才培养方案。

我曾经去过一个高校,在各类大学排行榜中排在一百位左右,提的口号是要进入全国百强。我当时对他们说了一件事情，你们一个专业设在两个学院、办成七个方向，这样的做法就不像一个百强高校。办学定位为什么那么重要，因为它决定了你的专业口径和人才培养方案。不同的学校，政府应该对它有不同的要求。学校去得多了后，就会发现这里面的规律。

宣：恰恰是政府在学校办学定位的引导作用需要加强。

黄：我去了广东一所高校做评估，这是一所老本科，原来是文理为主，2015年这个学校一年关掉了15个专业，因为办学定位从综合性改为以理工科为主。跟这所高校校长交流时，我问他你为什么改办学定位？他说是省里的要求，要求建设高水平理工科大学。我认为，中国的大学是政府出钱建设，政府作为举办者当然要体现举办者的意志，但是很多时候，我们忘记了，政府似乎也忘记了：作为校长，强调更多的是办学自主权。我认为，这所高校就是一个典型，举办者提出了要求，在经费上支持你，但是你要办理工科大学。

宣：这是有意义的。

黄：政府应该管的是我希望你办的是什么学校，希望你培养什么样的人，我觉得这是政府影响大学或者对大学的指导的最重要的方面。

广东省在高水平大学中提的口号："冲、补、强"——冲一流、补短板、强特色，尤其是强特色，所在地的市政府要把关，学校的办学定位要符合这个地区经济社会发展的需要。这才是真正的政府跟大学之间的关系。

人才培养工作要更加关注学生的获得感

宣：对于现在的人才培养工作，您有什么具体的建议吗？

黄：很多学校都提出"以学生为中心"，但我认为"以学生为中心"不是简单嘴上说说，而是最终要落实到学生的成长度、获得感和满意度上。在我看来，有几个方面值得关注。

第一，很多学校有很多教学改革的措施，这些措施取得的效果值得好好关注和总结,比如说参加教师科研团队的学生与其他学生有什么不同,是毕业设计(论文)的优秀率更高、就业的竞争力更强,还是获奖更多,等等,需要做大量的统计,以此来评价教学改革的实施效果。

第二,关注学生的受益面。比如说,很多人关注学生的学科竞赛拿了多少奖,但我认为更应该关注的是有多少学生参与。这就关系到我们的人才培养方案是为一部分学生服务还是为全体学生考虑,本质上是教育理念的问题。大学的本质在于平等地对待每一个学生。曾经有老师说,在一流大学,只要把100个学生中的前25个培养好就足以保证学校的声誉了。但我认为,无论什么样的大学,都应该关注每一个学生,因为他们对于每个家庭而言就是100%。

第三,重视毕业生调查对教学改革的促进作用。从目前的学生评价来看,比较多的是过程性评价,对结果性的评价关注较少。从评价范围来看,比较关注个体效果,缺乏以统计方式对整体效果的评价。审核评估期间的毕业生调查都是请学校的就业部门来实施的,他们的工作非常扎实。我认为,就业部门不要把自己仅仅看作学生的出口,恐怕还可以通过对毕业生职业发展的连续调查来衡量人才培养目标的达成度,以此持续改进人才培养过程,真正形成质量保障体系的闭环。

第四,重视来自学生的反馈。我在一所高校看到一个非常好的做法:教师鼓励学生通过实地调查来反映在校学习的情况,给予学生很大的自由度和包容度,引导学生去思考学校的人才培养工作。体现在学生的毕业论文中,有很多涉及了人才培养模式、专业教育、课程设置、大学生阅读、课堂效果等主题,虽然学生的调查和分析尚显稚嫩,但我认为,学校在制定人才培养方案、构建课程体系等培养环节应该树立起主动去征求学生意见的意识。

关于校院两级管理

宣:最后一个问题,我看到您在很多场合讲校院两级管理的问题,对于这一问题您是怎么考虑的?

黄：原来我们讲大学内部治理，更多是关注党委领导下的校长负责制。现阶段，很多学校关注校院两级管理，管理重心下移了，关键就是怎么能够把学院一级的积极性充分发挥出来，用上海交大原校长张杰的话说就是从"校办院"到"院办校"。为此，我专门去了一些高校做调研，看到了很多好的案例，也看到一些问题。我去一所高校的某个学院座谈，院长向我们介绍了教学上取得的成就，并分析还存在什么问题，是什么原因。他说，我们教学上不足的地方是教学研究开展得不够，他分析原因是部分教师重科研、轻教学的思想依然存在，但是没有很好的举措。我说，作为院长，以前可以这么说，现在财权和人事权都给到学院了，院长的角色变了，从提出问题的人变成解决问题的人。我认为，校院两级管理的核心是责任的分担，学校把财权、人事权放到学院，学院应该有政策再造的能力，依据学院的实际情况制定适合学院特点的政策，促进学院各项事业的发展。

宣：校院两级管理对院长的要求更高了。

黄：原来是学校一级在解决这些问题，但在校院两级管理下，由于院长们掌握了资源，实际上对学院的院长提出了更高的要求。

我也认识到，推进校院两级管理的改革是一个较为漫长的过程，是学院院长重新选拔、重新培训的过程。

宣：今天大家感受到了一个很睿智的黄校长，我们深刻地感受到了黄校长的大气、谦和。非常感谢黄校长在这三个小时的时间里与我们分享他的治校之道与办学理念！

访谈手记

自从接受了高教学会的口述史访谈任务后，因为在省委党校例行轮训，我心里一直担心，不知如何开局？当时第一时间想到的是黄达人校长，就向他发出了邀请。4月初，我接到黄校长打来电话，约定访谈时间在4月27日，正好是我结束党校学习的第二天。不安的心情一下子踏实起来，一则因为黄校长是访谈专家，由他作为第一个嘉宾正好可以向他讨教学习访谈的经验；二则因为他是我们的老朋友，他曾经访谈过我，也是我们的学术知己，他非常认同我在"学科组织"和"大学校长管理专业化"等研究领域的理论观点并为之广泛传播，所以不会有陌生和距离感；三则我与他都在杭州郊县临安（现在是杭州临安区）工作过，多了一份"老乡"的亲近，可以无拘无束地聊天提问。

一如黄校长的作风，为了尽少地麻烦别人，他径直如约到了访谈的会场，而且为了能够让我们进行充分的交流，将约定的时间从上午九点提前到八点半开始，这让我们十分感动。黄校长虽然已经七十有余，却精神矍铄、声音洪亮、思维敏捷，完全看不出实际年龄。在访谈过程中，黄校长时不时会自我调侃一下，让我们看到一位"历尽千帆、化繁为简"的长者的从容与智慧。

在访谈过程中，我们能够深深地体味到黄校长对中山大学的深厚感情，说起中山大学的一草一木、一师一生，黄校长都是如数家珍。其中，最让人印象深刻的是黄校长提出的高校人事制度改革的理念：为中才立规矩、给天才留空间。在这一理念的倡导下，中山大学的人事制度改革成为21世纪初中国高校人事制度改革的典范。除人事制度改革之外，黄校长还对中山大学在办学定位、多校区办学、学科建设、本科教学评估等方方面面的做法与经验娓娓道来，他虽然已年逾古稀，记忆却非常清晰，涉及的事情的细节、人物都能一一呈现，让我们仿佛身处其中、感同身受。

访谈本来约定在11点半结束，不知不觉过了12点，我们不得不在意犹未尽中结束了访谈。访谈之后，我邀请黄校长共进午餐，黄校长说与夫人约定陪她去吃杭州的小笼包。事后得知他还有另外一个考虑，这次陪同他前来参加访谈的研究助理王旭初也要为其博士学位论文对我做一个访谈，黄校长是要为他留下更多的访谈时间。一顿午餐，让我们看到了黄校长充满柔情的另一面。

哈经雄：筚路蓝缕民族教育事业振兴之路*

哈经雄，1936年12月生，江西南昌人，祖籍江苏南京。中央民族大学教授、博士生导师，国务院政府特殊津贴获得者。1987年至1991年任中南民族学院院长，1992年3月年至2000年1月任中央民族学院院长、中央民族大学校长，是我国民族教育学科的重要创立者和奠基人之一。曾任第四届全国博士后管委会专家组成员、第四届国务院学位委员会学科评议组成员、全国教育科学规划民族教育学科专家组组长、中国教育学会少数民族教育研究会副会长、中国回族学会执行主席、中国伊斯兰教协会委员。长期从事教育、教学改革的实践探索和理论研究工作，主要研究领域为民族教育学。主编的《中国少数民族高等教育学》1999年获全国第二届教育科学研究优秀成果一等奖、《民族教育学通论》2002年12月获北京市第七届哲学社会科学优秀成果二等奖。

---

* 访谈时间：2019年5月18日；访谈地点：北京哈经雄校长家中；整理人：李春玲、侯春笑。

宣勇（以下简称"宣"）：哈校长，很高兴来到您家里，谢谢您！我们团队对您发表的系列讲话，包括您办学的成就等都进行了认真的学习、研究，了解到您丰富的人生经历以及您在中央民族大学办学治校的非凡成就。您对民族教育学科建立的卓越贡献非常令人敬佩，借这个机会，想请您谈谈担任中央民族大学校长期间，您的感受、您的办学治校体会，谢谢！

哈经雄（以下简称"哈"）：谢谢你在百忙当中赶过来，有一些东西，书面的资料都已经有了，在这里就不赘述了。

宣：是的，我们都学习过了。

哈：今天我主要想谈一些具体的感受。由于在我任上，中央民族学院更名为中央民族大学，所以为简便起见，下面的讲述中，一般简称"民大"。

临危受命，整顿学风教风校风

哈：我最近梳理了一下，总的来说，当好大学校长，首先就是目标要明确，因为目标明确以后使命就明确。第二，要有敢于担当的精神。对民族地区、民族院校来讲，问题比其他的还要复杂一些，基础条件要落后一些，所以要不断地改革，不断地奋斗，只有这样才能够不断地前进。第三，办学方向、政治方向一定要把握好。从大的范围讲，就是要坚持正确的政治方向和发展方向。这些问题在民族院校更多，有的人把民族院校跟政协等同起来看待，后面我准备利用具体例子详细讲一下。最后一个呢，就是要脚踏实地，实事求是，一步一步地做。

我到民大的时候，学校秩序极为混乱，不良风气严重。有许多学生来自边疆地区，习俗多样，不少人学业基础较薄弱，汉语不熟练，家庭经济较为困难。办学包括中专、大专、本科生、干部培训、研究生、继续教育等，层次、类型多种多样，这些因素客观上加大了学生管理与校风建设的难度和复杂性。民大历史上曾是"文革"重灾区，改革开放后基础薄弱，发展受限。特别是1980年代中后期兴起"下海潮""经商热""办班热"、"读书无用论"重新抬头,严重冲击着办学秩序。据国家教委一位退休领导说,其混乱一度被认为影响了举办亚运会时所需的社会稳定,以致高层专门开会研究学校的问题。因此,我上任后的第一步就是加强学风和秩序建设。

学生的学风包括学生学习、行为和纪律等方面。当时民大的学风确实令人担忧,我觉得它不像个学校。怎么就不像个学校呢?有一天早晨,我站在教学楼前观察,发现第一节课打了上课铃以后,才陆陆续续、慢慢腾腾而来的学生就有400多人,还有一些在睡觉干脆不去。要知道,当时全校全日制在读学生总共还不到3000人。到上午11点钟,老师若不下课,学生就敲桌子。为什么呢?他要下课,要去吃饭。于是,我召集学生代表开座谈会,了解学生急于提前下课的原因。问:"没有到下课时间,老师还在讲课,你们为什么就急于下课?"学生说:"等到我们下课以后,饭菜都冷了,好菜都没有了,便宜菜也没有了。"……最后,我就讲:"好,我不怪你们了。你们都在同一个钟点吃饭的确不行,因为这样排队时间很长。这样,我要求后勤部门分两批发放饭菜,前面放一批,那些没有课的同学可以早点去吃饭;到十二点钟再放一批,这样按时下课的人也可以吃到同样品种和热度的饭菜。但是你们要遵守上课时间。"果然,上午最后一节课闹着提前下课的问题得以解决。

宣:先解决学生的后顾之忧,把后勤工作做好。

哈:对,无论去多晚都可以吃到热的饭菜,然后给学生提要求,不允许学生这样敲啊闹啊,他们其实就是一种不满意的表现,这样一来这个问题就解决了。还有呢,小到比如晒衣服,学生宿舍里面没有晾衣服的地方,房间里面就牵绳子,湿衣服肯定要滴水的。这也是个问题,我就要求后勤在窗子外面装上铁架子。这看起来是个小事,但是实际效果就好多了。另外一个现象是,晚饭后去自习的学生不多,不少人甚至拎着录音机去教室跳舞,学生喝酒现象也很严重。听一位学校的司机说,在夜里常常需要去校外接喝醉了酒的学生回学校。在解决这些问题的过程中,我体会到,必须加强规章制度建设,使现有的学生养成良好习惯,后来的学生一进学校就自然会受到熏陶。于是,我组织有关人员进行研讨,从1992年上半年开始陆续出台和完善了一系列文件,从而形成了关于学生的各项规章制度。我们主要抓了两个方面:

其一是"两个坚持",即每位学生必须坚持做早操,坚持上晚自习。为此,我们出台了相关的管理文件。早操呢,我要求每个系管理人员和干部排一个表,轮流每天早上到操场值班一次,进行检查,我几乎每天去,辅导员也天天去。另外我也经常到教室巡视学生的晚自习和出勤情况。

其二是"一个严禁",即严格禁止任何学生喝酒。民族地区有一些不好的东西被带到学校里来了。比如说喝酒,他们认为不喝酒就不是男子汉。在我来民大之前,有两个学生喝酒,一个把另一个捅死了。每次期末时,我要求把这种情况公布在宣传栏里,但无论如何,反正要学生不喝酒是很难的。有一个学生,是西藏某领导的儿子,他在学校的表现很恶劣,足够开除几次了,学校下发文件勒令其退学。这一下就不得了了,到处来讲情的,讲情我也不松口。民委教育司的某领导说你必须把退学处分收回来。我说已经公布了,不能收回来。他说这是民委的意见,我说这点组织观念我还有,如果是民委的意见你给我下个文,我一定收回来。我知道他不敢下文件,因为他们是错的。后来情况严重的时候,民委某领导叫他秘书来找我,说这种情况要想办法照顾。后来我一看反对力量太大了,怎么办呢?在一次民主生活会上,民委、教育部和北京市委都有人来参加,就在这样一个场合,我把这个问题一五一十地进行了汇报。最后我说,组织观念我有,第一,如果是民委教育司要求这样处理,就下个文,我保留意见,但是我一定把它收回;第二,如果要把它收回,我就要把我以前处分的那些人通通收回,这样才公平。当时我想,我得罪就得罪了。当初我来民大任职的时候你们都跟我讲:"希望你好好整整!希望你把民大搞好!"现在遇到问题就这个样子,那我怎么工作呢?

宣:所以这时候就需要一种担当,需要一种执着。

哈：嗯。谁应该被开除，这种问题学生都看得很清楚。我自己有思想准备，当时学校的一位副校级老领导跟我讲："要注意啊，上面的事不好办，我那时候开除了一个，硬逼我收回了。"民主生活会上没人讲话，因为谁也不敢说"你不对"，但是也没有人说"你对"，我觉得有这个效果就行了。这个学生后来就被勒令退学了。

宣：这件事情之后，规章制度在执行中就很顺利了吧？

哈：嗯，因为我已经做好了心理准备，要不然我就不干，要干就得干好。所以我就是说要坚持，要不断地改革进步。

另外，校长还会面临很多方面的阻碍。我那时提出对外语的要求，结果学生请愿，说我们是少数民族学生，为什么要学外语？我们学不好。我就说这是国际国内形势对教学的要求，不是我要你学。我举个例子，这好比吃东西，给你好东西增加营养，增加体力，你还来请愿说我不要。于是，学校改变了以前学生毕业资格审查时不看公共外语成绩的做法，出台了关于本科生、硕士生外语水平要求的文件，规定全校本科毕业生必须通过国家外语四级考试，专科和艺术类本科毕业生必须通过国家外语二级考试。我们实施分步走的安排，当年毕业的学生，原来怎样就怎样；第二年呢，是规定40分就可以及格；第三年，50分及格；直到第四年才按照正常及格线。我们要求新生早上有一节外语活动，后来就形成了一个风气。我了解到，原来没有学籍管理，最严重的情况是个别学生有几年12门课不及格，还在升级，这怎么行？于是，实行淘汰制，规定对每学期考试不及格的学生进行补考，严格实行降级试读、毕业不授予学位等制度。同时组织调研，建立有利于人才成长的免修跳级、本专科互转的竞争机制。为强化学风，还支持出台一些奖励措施，比如设立各类少数民族学生奖学金。

怎么管好学生呢？班主任很重要。所以要通过加强班主任队伍来加强对学生的管理。当时一般高校的学生管理专职人员主要是年级辅导员。针对学生的多样性和复杂性，学校出台班主任工作条例，要求每个班周日开班会。另外,每个教学楼走廊设立报栏,平时供学生阅读时事,过民族节日时则宣传本民族的历史文化和优秀人物。随着上述这类措施的逐步实施,学校的学风发生了显著变化。

宣:把整个的学校打造为一个熔炉,然后把对学生的教育融入这种文化活动当中,使学生在潜移默化中受到教育。

哈:对,再有一个就是对教风的整顿。

因为当时学校经费困难,教师待遇差,教风存在种种问题,有的教师甚至不愿上课。另外,因为创收而违规等因素,导致教学秩序和学籍管理混乱,以致民大一度被取消了颁发本科毕业证书和学士学位证书的资格。因此,整顿教学秩序,抓教学管理就刻不容缓了。我到校大约三个月后,就发布了教职工考勤、请假的新规定,在学校工作要点中明确提出,学校必须以教学为中心,重点抓好各教学基本环节的落实。稍后学校还出台了关于教师辅导答疑、批改作业等维护教育教学秩序的相关文件。1994年开始,利用学校更名的时机,我们进一步开展教学内容和课堂体系的改革;同时呢,强化教学管理,加强教学检查和评价,每学期实行对授课教师和教学秘书实行"学校—系科—同行—学生"四个层面的教学检查制度。在此基础上,学校建立了校级教材建设委员会和教学督导组,实行教师任课资格审查制度,后来还建立全校教学指导委员会,完成各类课程大纲和教学计划的制订。1998年,对全校三百多名教师的课题教学质量进行评价时,合格率达到95%以上。

宣:这样学风、教风就都扭转过来了。

哈:是的,扭转过来了。同时我们又针对校园文明建设采取了很多措施。从重要细节入手,改变学校整体的面貌。例如,要求每个教学楼一层大厅都设置一面大镜,其顶部书有"静敬净"三字,我们对这三个字呢有着深刻的理解:

第一,民族院校管理者应注重创建"静"的校园文化。1990年代初期,我国高等教育存在"四个投入不足"问题(教学经费投入不足、领导精力投入不足、教师对教学投入不足、学生对学习投入不足),这些问题同样存在于民族院校,有些还比较突出。受社会思潮影响,民族院校也一度充斥浮躁气息,教学的中心地位没有得到实际贯彻,学风教风不实。如何让教师投入地教,学生投入地学,打造一个安静的校园呢?我们提出要去除功利化思想,秉承教育本质属性,引导师生树立"静"的理念。这种"静"是一种制度,是一种氛围,也是一种精神,能使身处其中的每个人都专注于教、学、研,不急于求成、不浮躁功利、不盲目折腾。

第二,民族院校管理者应注重打造"净"的校园文化。政治上,要始终坚持正确的办学方向,去除不和谐的杂音,保证育人为本、德育为先,培养各民族高素质人才;管理上,要坚持依法治校,保证廉洁自律;学术上,要坚持追求真理,杜绝学风不端,保证良好的教风、学风和校风;环境上,要坚持以人为本,为师生提供完善的校园设施,保证师生身心愉快。无论怎样变换,民族院校都应始终坚守"干净做事,干净做人"的信念,使民族院校成为透亮纯净的育人课堂。

第三点就是,民族院校管理者应注重弘扬"敬"的校园文化。要秉承人才强校理念,对专业人才、管理人才充分珍惜和敬重;要引导和弘扬敬业奉献精神,使教师爱岗敬业、教书育人,学生投入学习;要引导树立敬重之心,使师生礼敬中华传统优秀文化,相互理解,彼此尊重。在"敬"的精神引导下,使各族学生彼此包容和理解。

上述校风整顿和建设措施,不仅改善了学校整体精神面貌,而且使教学秩序、学风、考风在北京市属于中上水平。也许,这类措施在现在看来不起眼,个别措施显得"过时",但是事实说明,它们对当时的中央民族大学的确是必要的,效果也是显著的。

奔走呼吁,解决沉重巨额债务

宣:当时是不是因为全民经商,学校也经商开公司,最后亏本,学校的办学经费筹措面临着一些困境?

哈:的确有这么个情况。改革开放之初的混乱现象留下了尾巴,我来的时候,学校欠债1900万元,面临五个官司,当时明显制约学校进一步发展的就是办学经费。一方面,民大传统上以文科为主,当时改革以经济建设为中心,客观上制约其办学经费、基本建设等办学条件的发展水平和速度,因此当时办学条件严重滞后。另一方面,市场体制有可能加剧这种劣势。计划经济时代,国家的关怀使得民大不愁办学条件。后来,社会主义市场经济体制逐步确立,效益优先、优胜劣汰、公平竞争等观念深入人心。在这个大环境中,如果只是强调学校的特殊性,不顾基本办学规律,不但会失去机遇,而且会遭受挫折甚至被淘汰。

宣:由于民族学校专业特点和历史原因,民大的办学条件是不是相对滞后?

哈:的确,我刚来民大时,基础设施很差,经费困难。教师一个月生活补贴就15块钱,这在北京是最少的,我在华中师范大学一个月有90多元。尤其是教职工住房紧张。有的副教授只有降格以求,住讲师级的房子,处级干部住筒子楼的很常见。我来到民大不久,甚至发生过"教授闹房"的事件。学校家属院尚有许多破旧的平房,尤其是在学校校园教学区尚有教工住在称之为"贫民窟"的"小东院",它本是20世纪50年代修建学校主体工程的工棚,工程竣工后,因教工宿舍不足,把工棚改成了宿舍,住着七十多家教工。这些用了四十多年的宿舍冬冷夏热,室内没有安装自来水、厕所、暖气和煤气,全院内只有两个公共厕所,每四户共用一个室外自来水管,生活环境十分恶劣。要改善这些基本办学条件,无疑需要资金。但这是异常艰难复杂的问题。本来已经计划好要为学生宿舍安装晒衣架和铁窗栏,一共只需要11万块钱。但是当时学校没有资金,只好去国家民委申请资助,有关领导都批准了,但经费还是取不出来。为什么呢?因为学校有外债,这笔经费刚到学校银行账号上,就被划拨去还债了。有一次我好不容易争取到100多万元经费,本来是要给教职工增加补助的,结果也是被划拨去还债了。

我意识到巨额债款问题必须解决，但是学校自己难以解决，必须依靠党和政府对民族院校的扶持和帮助。于是，我去多个部委和北京市委反映困难，争取帮助。终于，国务院副秘书长、国家民委主任、北京市委书记和国家教委专职委员，以及北京市财政局等相关部门的负责人，到民大召开现场办公会。我如实地汇报了学校的困境，讲述了藏区贫困学生的故事，请求上级主管部门和北京市的支持。最后，北京市和国家民委帮助解决了近900万元债款，数百万的利息也给免了。

宣：这样就把沉重的债务化解了？

哈：是的，基本甩掉沉重的债务包袱后，就要为改善办学条件争取资金和赞助想办法了。我们当时采取了两个措施：一是利用重要时机，争取支持。学校庆祝更换校名，李岚清副总理、国务委员司马义·艾买提来学校。本来计划由我陪同参观"学校工作成就展"。我临时改变计划，陪领导去看"贫民窟"、"小东院"、老图书馆，而且还带他走进了仍住周转房的一位优秀青年教工家里。李岚清副总理看到，民大教师住房问题如此严峻，他就要我尽快提交学校"贫民窟"、"小东院"的照片和有关数字，这样教工筒子楼改造的经费就解决了。二是积极利用对外开放政策和学校特色，争取社会人士和海外赞助。这方面争取到的大项目有香港赵振东先生援助50万美元电教设备；中加大学合作巩固项目获得加拿大国际开发署赞助70多万加元，促进了环保、经济、电脑及民族学等专业的发展。这在当时都是可观的数目。

除此之外，我还倡导全校同舟共济，共同努力解决经费困难。我把学校当时属于合法的各单位小金库统一收上来。然后，财务处通过融资创收110万元，学校各类创收1400万元，又争取教委补助400万元。这样，办学经费紧张的问题终于得到了实质性的缓解。同时，师生日常生活环境条件得到改善。例如，学校不仅为学生购置新的床、衣柜和书架，每个宿舍楼安装了电话、防盗门窗、晒衣架等，开办了洗衣房，而且设立了特困生补助基金，改造了食堂，维修了体育馆、理发室、洗澡堂、学生生活区下水管道，修建了研究生活动中心等。为教职工新建或购买住房,修建了教工俱乐部,安装了程控电话,改善暖气供暖,改造家属院供电系统等。

提升教职工获得感,彰显人文关怀

宣:我了解到您在很早的时候,1994年,就开始着手人事制度改革了,实行岗位聘任,发放岗位津贴。据说当时民大教授拿的补贴跟您是一样的,好像是260多元,是吧? 那个时候您是怎么考虑的?

哈:嗯,任何事业的发展不仅需要物质资源,更需要人力资本,办大学尤其如此。但是呢,当时的人有惰性,缺少干事创业的积极性。

我刚到民大时发现,当时教师队伍士气低落,有的人甚至不上课,为什么呢? 因为在整个北京市的高校中,当时民大职工收入是最低的,除国拨工资外的生活津贴每月仅15元,教授每课时补助也仅5元。这样的经济条件,怎能让人安心工作呢? 于是,我利用各种渠道筹集经费,上任第二年就开始提高教职工工资待遇。短短几年调整的结果,使全校每人每月平均发放150元,此外还实行每节课20元的课时津贴,教师平均增加收入600元左右。在改善教师物质待遇的同时,我们明确提出要加强教师的职业道德教育,加强对学生的辅导、答疑和课外学习指导,特别是为来自边疆地区学习基础较差学生提供帮助。

为了调动一线教师的积极性,在岗位津贴上注意向教学科研岗位的专业人员尤其是资深老师倾斜。我记得很清楚,在1994年12月调整岗位津贴后,行政类的正校、副校、正处、副处级别人员的月标准分别是264元、240元、216元和192元,而教学科研类的正高、副高、中级职称人员的月标准则分别是264元、228元、180元。

宣:按照现在的话说,新校长来了,加工资了,教师有获得感了,是不是?

哈:是的。此外呢,我们在精神上也很关心老教授,过年过节都会去看望他们,听取他们对学校和学科、专业发展的建议。1994年,学校争取到国务院有特殊贡献人员津贴 90 个名额,全部给了骨干教师。另一方面,中青年教师的发展也要重视。我刚到民大时,就让人事处和教务处弄师资队伍建设方案,尤其是要重视教师梯队结构的建设、重视青年骨干教师和青年学科带头人的培养。于是,学校制订了师资队伍建设总规划,建立了中青年教师培养基金、人才引进和培养基金。

宣:1994 年,全国第二次教育工作会议召开,并发布《国务院关于〈中国教育改革和发展纲要〉的实施意见》,意见指出要"逐步建立和完善学校能主动适应国家经济和社会发展的高校内部管理体制和机制运行,达到不断提高教育质量、科研水平和办学效益的目的"。中央民族大学在内部管理体制改革方面,您具体采取了哪些措施加以落实,实施效果如何?

哈:我认为,对于行政管理人员,应重视培训,强化服务意识。1994 年,我们利用学校更名和申报"211"时机,进行了学校内部管理体制改革。一项重要举措就是改革系处级干部选拔任用制度。根据党政领导干部选拔任用工作暂行条例有关规定,结合学校的实际情况,我们制定了学校系处级干部选拔任用的文件,明确了干部制度改革的目的,就是创造一个公开、平等的用人环境,干部能上能下、能进能出的用人管理机制。在干部制度改革中,对系处级干部进行全员聘任,实行干部任期制。这项工作大体经历了两个阶段,从 1994 年底到 1996 年初为实施阶段,操作过程采用先机关后系科,先行政后党内,先正职后副职的原则和顺序,分批进行民主推荐和聘任。这次改革首先是在全体教职工中征求意见,又组成五十多人的考察组,广泛征求意见。比如,图书馆馆长就前后推举了五六人,非常透明。在数量、年轻化、学历层次、少数民族干部比例增加等方面都有明显改善。在这次聘任中有十几名处级干部没有被聘任,而一批群众基础好、思想业务素质高的年轻人被充实到了干部队伍中。1994 年改革前系处级干部总数 192 人,1997 年底改革后,系处级干部总数 174 人,减少近 20 人。我们不仅实行干部聘任制,选拔一大批年轻干部,促进干部年轻化,还专门开设了处级干部研究生课程班,以提升干部水平和能力。

另外,就是要形成一种氛围。我初到民大的时候,行政干部很少写东西,也不研究,我就要求科研处长研究科研管理,了解兄弟院校有哪些先进的管理经验、学术界有哪些前沿理论、我们学校现在存在什么问题,并且写出来。后来人事处、教务处,哪怕后勤处也要求写,这样就演变成一种自觉的行为。我认为,上述种种境遇及采取的应对措施都为民大的"更名"、申报"211"等奠定了基础。

调整专业,革新人才培养模式

宣: 民族院校有自己的独特性,在人才培养和学科建设方面,您有什么考虑?做了哪些改革呢?

哈: 我认为,本科教育是高等教育的主体和基础,教学始终是学校的中心工作。首先,我们对学校本科教学进行了比较全面的调查研究,在此基础上,对学校历史上的本科教学培养方案予以全面修订,最后形成了民大首个全校性本科培养方案,并由此形成了一些制度性的管理措施,全面促进了本科教学。同时,学校掀起以本科教育教学为中心的一系列改革,带动专业调整、学科建设、课程设置和教学内容的革新。

1993年开始,民大以"调整、改造、充实、提高"为目标调整本科招生专业。一方面,针对学校一度被取消授予本科毕业证和学位证资格的教训,将过去仓促上马的零散、薄弱、单一的专业进行调整或重组;另一方面,为适应当时我国社会主义市场经济体制进一步确立、民族地区社会经济加速发展的需要,结合高校人才培养模式改革的新趋势,学校对学科和专业建设进行充实,陆续增设了行政管理学、贸易经济学、金融学、财政学、环境科学等多个新的学科专业。尤其重要的是,为了传承民族语言文化,突出民大专业和学科的特色,我们成立了朝鲜语言文学系、维吾尔学研究所、蒙古语言文学系、壮侗语学研究所、民族地区环境资源保护研究所、民族教育研究所、少数民族医学、少数民族科学与技术研究所和中国少数民族妇女研究中心等系科或科研机构。

1994年起,学校开始全面改革课程体系,实施"2+2"教学方案,即相关专业在一、二年级打通专业基础课,三、四年级分学专业课和专业选修课;建立了主辅修制,对部分优秀学生试行双学位制;建立了有利于人才成长的免修跳级、本专科互转的竞争机制。后来,学校又再次调整,制定了"英语+国际经济法"、"英语+国际金融"等双学位课程体系。

宣:我们查阅资料得知,在当时的课程改革中,还设立了国家汉语水平高级考试?

哈:对的。一方面,我们重视办学使命和民族特点,针对边疆地区民族学生特点,学校加强了汉语教学和外语教学,把汉语文课程和外语作为全校必修课程,要求以民族语为母语的毕业生必须通过国家汉语水平高级考试。另一方面,实现边疆民族学生低进高出,打破了以前民大本科生毕业不审查外语成绩的传统,要求全校本科毕业生必须通过国家外语四级考试,专科和艺术类本科毕业生必须通过国家外语二级考试。如此一来,1996年,民大的毕业生有98%达到了学校规定的外语过级标准,全校各民族学生的汉语文水平测试合格率也达到了90%以上。1996年后,结合211工程建设,进一步整合相近或同类专业,做大优势学科。例如,中国少数民族语言文学学院,包括有五个系、七个研究所和电脑语言学研究中心,并设立博士后流动站;民族学研究院则下设民族学系和民族学人类学研究所、藏学系和藏学研究所、民族理论政策教科部和民族理论政策研究所等教学科研单位,包括民族学、民族理论政策、藏学等多个专业研究方向。这就增强了这些学科的竞争力。此外,针对民大艺术各专业发展势头好态势,分别成立了舞蹈、音乐和美术三个学院,并给予特别的政策,各学院的办学设施有了很大改善。这样,到1998年,民大的本科专业从1980年代末的100多个调整成52个,其中新增专业占到专业总数的近50%,从专业结构上看,门类较全，重点突出。

宣：这样就对学校的人才培养模式和质量评估进行了革新。

哈：是的。经过短短几年的努力，学校不但恢复了授予本科毕业证和学位证的资格，而且提高了办学层次，建立了博士后流动站，新增加两个博士点和四个硕士点，为建设综合性高水平大学奠定了基础。另外，我始终认为，民大在人才培养上，除了应达到普通高校的共性要求外，还应有自己的特殊要求——熟悉马克思主义民族理论、民族政策，具有马克思主义民族观、宗教观，维护祖国统一、反对民族分裂，愿意为少数民族地区的社会进步和经济发展献身，会做民族工作，且具有一定组织能力和领导能力。同时，重视教育研究，以教育研究促进学校人才培养实践的革新。我经常强调既要总结少数民族人才培养的特殊性，又要研究当今教育发展的新趋势，要重视研读国家高等教育革新的政策，还要向其他兄弟院校包括普通高校学习。

巧抓机遇，更名大学

宣：我们了解到，1993年秋您上任不久，得知国家教委出台的《关于普通高等学校更名问题的通知》文件后坚定地说，学校必须抓住这个机遇更名为"大学"，可谓是中央民族大学发展史上浓墨重彩的一笔。您为什么要如此重视改名？为此做了哪些工作？

哈：当时是这样一种情况，学校办公室主任刚上任不久，在清理积压文件时发现，当年4月国家教委已出台了《关于普通高等学校更名问题的通知》，他感到此事重大，就立即向我汇报。我见到文件后认为，必须抓住这个机遇使学校更名为"大学"。为什么呢？改革开放以前，民大是一所具有民族特色的、名为"学院"的文科院校。改革开放后，民大在办学规模与层次、教学与科研水平等方面发生了显著变化，特别是在学科建设方面有了很大突破，不仅人文学科和社会科学门类较齐全，而且先后建立了四个理科系，迅速向综合性高等学校发展。显然，为了适应进一步发展需要,根据中国传统和国情,应该更名为"大学",从而为学校进一步发展成为综合大学奠定基础。

但是当时难度较大。一方面,国家教委的文件不仅明确了学院改名大学的标准,而且要求由全国高等学校设置评议委员会进行专家评议,然后再送到国家教委批准。另一方面,由于学校传统特色,民大的学科设置与综合大学相比仍然有不小的差距,在校生规模才3000人左右,更是远远没达到有关要求。当时国家教委即将在武汉召开以审批高等学校更名申请为主题的工作会议。我说,无论如何,必须立即开始准备,要抓住这个机遇。于是,我带队组织人员,牺牲休息时间,准备有关材料,并特别向起草申报文件的人员指出,论证时不仅要说明民大的历史贡献,而且要突出民大在新时期的历史使命。1992年召开了新中国成立以来的第一次中央民族工作会议,明确提出要进一步加强对少数民族干部和各种科技、管理人才的培养,既要有计划地扩大数量规模,更要在提高素质、改善结构上下功夫。我鼓励大家说,这是学校"正名"的好时机,大家辛苦一点,务必严格按照有关文件要求,抓紧写好材料。终于,在国家教委与会人员去武汉的飞机起飞前夕,学校的申报材料及时送到他们手中。1993年11月30日,国家教委批准学校更名为"中央民族大学"。

宣:据说在学校更名庆典仪式上,还解决了学校建设资金问题?

哈:学校隆重举行学校更名庆典仪式时,李岚清等党和国家领导人及国家民委、北京市领导等出席庆典,李岚清副总理和北京市委副书记李志坚先后在庆祝大会上讲话,不仅衷心祝贺民大更名,而且表示要大力支持民大发展。我也借李岚清副总理莅临"中央民族大学"更名典礼之机,解决了学校青年公寓的建设资金问题。

宣:那么更名对民大来说意味着什么?带来哪些改变呢?

哈:更名之后,民大就不仅是国家民委管辖的大学,也是多方关注的重点大学。这就为后来的"三家"(国家民委、国家教委和北京市)共建民族大学奠定了重要基础。另外,更名后,学校召开了推迟九年的第五次学校党代会,总结了自改革开放以来学科建设等各方面发展的成就与经验,制订了进一步建设综合性高水平民族大学的奋斗目标和面向未来分三步走的发展战略,向全校发出了"为实现中央民族大学第二次伟大创业"的号召。这不仅为民大突破种种发展瓶颈提供了平台,也为民大申报"211工程"和"985工程"奠定了重要基础。

勇于担当,曲折申报"211工程"

宣:1992年您开始担任中央民族学院院长,同年,中共中央、国务院发布了我国第一个教育改革与发展规划纲要——《中国教育改革和发展纲要》,提出实施高等教育的"211工程"。直到1999年,中央民族大学成功申报"211工程",这中间经历了怎样的坎坷?您如何看待"211工程"和"985工程"等国家实施的一系列重点建设项目?

哈:实际上,民大成功申报"211工程"是一个长达近六年的艰难过程,我们学校相关工作人员付出了异常艰辛的努力。客观上,当时民大能成功申报"211工程"很不容易。一方面,从"211工程"项目本身看,其建设内容繁重,包括学校整体条件、重点学科和高等教育公共服务体系建设三大部分。申报程序复杂而且涉及多个部委。首先是学校提出申请,然后学校所属的中央行业主管部门或省级政府对申请院校和学科点进行部门性预审。预审通过后,主管部门需向国家教委报送预备立项备案材料。最后由国家教委会同主管部门,向国家计委报送项目可行性研究报告,报告通过审批后才算正式立项。另一方面,民大自身属性使其申报在多方面"处境不利"。国务院成立的"211工程"部际协调小组包括多个部委领导,但具体负责"211工程"项目申报和评估工作的办公室设在国家教委。民大呢,它不是直属国家教委管理,因此在申报技术与程序、交流与沟通渠道、上级资金投入、部门预审、评审专家对民大的熟悉程度等方面客观上存局限。另外,民大是学科较为单一且理工科极为薄弱的文科为主的院校,这客观上制约了它的招生规模、学科建设、人才引进和基本建设等方面。因此，民大申报过程中不便及时获取有关具体资讯，主管部门缺乏建设资金，有关人员容易因信息不畅通而产生认识偏差。因此，申报过程可以说是异常艰难。

宣：从准备申报"211工程"到申报成功，都经历了怎样的曲折呢？能否请您详谈一下。

哈：本来民大的申报准备是较为及时的。早在国家教委1994年5月开始启动部门预审前的1993年11月下旬，我就召集专门会议，正式成立了"中央民族学院争取加入'211工程'领导小组"，并由各有关部门负责人组成了工作小组。会议明确要求工作小组在本学期结束前拿出申报加入"211工程"的全部材料，各系负责人及专家在寒假内对有关项目做出可行性论证。在此后近两年时间里，我和小组成员都是业余和周末进行论证工作。为了确保万无一失，申请211的所有材料，我都要逐字逐句亲自审定后，再提交给主管部门。

此后，民大采取了一系列措施。在制定学校1994年工作要点时，我们强调，要紧紧抓住申报进入"211工程"的契机，研制"攀登211工程实施计划"，上报国家民委预审。1994年3月的第五次学校党代会工作报告进一步提出了"积极准备，创造条件，为争取学校列入国家211工程而奋斗"的号召。1995年，为配合申报"211工程"，学校大力进行了内部体制改革，结合系科调整和申报新设学院，加快了专业调整和改造，论证制定了学校九五科研计划，要求组织大中型课题的协作公关，大力加强师资队伍建设。

为了加快申报进度，学校成立"'211工程'部门预审准备工作小组"，组建了"中央民族大学'211工程'办公室"，我担任主任，全方位开展论证，做好迎接预审的准备。由于当时时间紧迫，在预审准备工作小组第一次做论证汇报时，我就非常急，下决心说："'211工程'我们一定要进去，一定要抓住机会。"

在向上级有关部门提交论证材料后，我本来是计划将通过"211工程"部门预审当作1996年下半年的中心工作，进一步做好预审宣传工作和迎接预审专家的工作。可是,过了一段时间,却了解到,由于国家民委和国家教委有关领导在信息沟通中存在误解,而且当时学校一部分人有惰性,还有人甚至阻碍申报"211工程",学校内部个别人士恶意写上访信,因此,民大的申报材料当时就压在国家民委,没有得到国家教委的批示。于是,我向国家民委分管教育的领导请示,得到的答复是:"民委党组本来考虑是同意你们申报的,现在许多重要领导都不在北京,你们先去找国家教委主任吧。"

宣:这时民大"211工程"申报工作是非常危急了。

哈:是啊。首要的问题是让国家民委和教委有关领导尽快进行有效沟通,达成共识,尤其是争取国家教委的支持。因此,我迅速带领有关人员去找国家教委主任朱开轩申述和争取,得到了国家教委的支持。国务院正在开会讨论"211工程"并准备发文。为了把握这最后的机会,我提出,马上去中南海,面见国务院办公厅有关领导。当听说"211工程"的会已经开完,名单马上就要公布时,我急了,说是你们调我过来的,我不想来,既然来了我就要把它办好,现在搞成这样,我无脸见江东父老。我说:"鉴于我们中央民族大学这样的地位,这样重要的影响,是应该进入211的。我可以在这里表个态,如果我们学校是由于申报工作的原因而进不了211,我提出辞职!"

宣:那您当时真实的想法,如果真的辞职了,您回武汉吗?

哈:我呢,回武汉也不好,我就自己搞研究。这句话可能打动了有关领导,同意我们再报个材料,他负责把材料送给李岚清副总理。我就赶回学校布置重新准备材料,然后送到国务院办公厅。这样,民大才赢得了继续申报的机会。显然,这是民大申报"211工程"过程中最为关键的一步。如果在那天我没有去教育部或中南海争取这样一个机会,那么,中央民族大学进入国家"211工程"的希望是非常渺茫的,甚至可能就没有进入国家"211工程"的机会了。

好事多磨。由于民大在学科单一、研究生规模等方面存在客观局限,此外,当时项目建设资金事实上未落实到位等原因,长时间里国家教委分管领导没有下批示。后来我又多次到国家教委申述和争取。终于,国家教委发了文件,同意国家民委开展民大的"211工程"部门预审工作。于是,全校上下精心准备。终于,民大通过了国家民委组织的专家组对民大进行的部门预审。专家组认为,中央民族大学提出的"211工程"总体建设目标和实施方案基本可行,符合我国民族地区经济建设和社会发展需要,对学院的改革与发展提出了很好的意见和建议。1997年11月,国家民委向国家教委、国家计委报送了《关于申请中央民族大学"211工程"预备立项的函》。

此后,我也没有松懈,带领全校上下进一步加强学校各方面建设。尤其是精心组织,反复论证,选择并确定了"九五"期间需要重点建设的民族学、中国少数民族语言文学、中国民族历史与宗教、中国少数民族地区经济发展、中国少数民族艺术等学科和其他项目。在此基础上,组织相关学科分专题讨论建设计划及其可行性,形成了民大"211工程"建设项目可行性研究报告。1999年1月民大顺利通过国家民委组织专家进行的论证和立项审核。专家组认为,中央民族大学"211工程"建设经费已经落实,分项目、分年度的资金安排基本合理,经过"九五"期间的建设,将进一步增强学校的综合实力,使学校在教育质量、科学研究、办学效益等方面再上新的台阶。终于,1999年11月,国家发改委正式批准同意中央民族大学作为"211工程"项目建设学校。这标志着中央民族大学终于从一个纯粹的委属高校,正式进入国家"211工程"重点大学建设的行列。

宣:民大跻身"211工程",给学校带来什么样的改变?

哈:当时国家发改委在文件中批准民大"211工程"一期建设总投资就达6800万元,再加上第二期投资、第三期投资,这些经费为学校此后在学科发展、人才引进、新教学楼和实验楼的建成、招生规模扩大、国际交流等方面,的确提供了良好的条件,尤其是为后来申报"985工程"奠定了特别好的基础。可以说,列入"211工程"不仅给民大带来了集中的资金,使民大的硬件基础设施、校园环境等发生了变化,更重要的是民大在形象、声誉、办学层次等软件方面都有了大幅度的提高。可谓是前人种树,后人乘凉。在人才培养方面,通过校际交流和一批优秀教师的学习,民大培养了一大批优秀骨干教师。在人才引进方面,1998年,学校还引进了八个博士后,其中有两个博士后是属于理工科。这些变化都离不开民大列入211所奠定的基础。

总的来说,民大成功申报211是全校上下千方百计克服困难、不懈奋斗的结果。

矢志不渝,开创民族教育学科

宣:我们知道您早期是在中文系工作,您的研究是有关儿童文学方面的。是不是到中南民族学院工作以后,您才开始关注民族教育的?

哈:更早一点。我参加过两项特别的活动,为后来在民族教育领域的实践和研究直接奠定了宝贵的基础。其一,早在1968年,我带领着华师被"解放"的80名干部和教师,到鄂西土家族苗族自治州的恩施、咸丰等地,进行了长达半年的实践和调查,并培训一千多名当地乡村教育发展所急需"赤脚教师"等专业人员,这使我切身体会到了边远民族地区的基础教育和文化状况,以及相关的社会经济问题。第二,1984年,为促进当时正在筹建鄂西大学(后更名为湖北民族学院)的建设和发展,湖北省政府决定,由武汉大学、华中师范学院、华中农学院、中南民族学院等十所高校领导和专家组成鄂西大学董事会。董事会设在华师,华师校长章开沅教授任董事长,我是董事会秘书长,负责董事会日常组织协调工作。我在该校建设所需要的决策咨询、师资队伍建设、物力支持、学科建设等方面做了大量实质性的工作,这使我积累了民族高等教育治理方面的经验,进一步认识了民族地区教育发展的重要性和紧迫性。

宣:您到中央民族大学以后,对民族教育这个学科做出非常大的贡献,被大家称为民族教育学科的奠基人和缔造者之一。所以我想了解,您作为民族大学的校长,又钻研民族教育问题,把它发展成为一个成熟的学科。您把专业研究和当校长结合得非常好,有什么经验可以跟大家分享一下?

哈:我这个人性格还可以,不管干什么,都没有痛苦感,干什么我就爱什么,然后专什么。1987年春,国家民委和湖北省委任命我担任中南民族学院副院长兼党委副书记。不久,又担任院长兼党委副书记。此后,我的实践和研究就进一步侧重民族教育了。

这次调任可以说是奉命于危难之时。一方面,"文革"期间,中南民院是重灾区,先是被迫停止招生,后被强令撤销,校区被占用。1980年国家批准复校,其隶属关系由教育部领导、湖北省教育厅代管,改为国家民委直接领导,并另择地址建校区。1981年秋,学校才正式恢复招生。因此,我来任职时,学校虽初具规模,但各方面基础极为薄弱,二年制专科仍占相当比例。另一方面,我国政治经济进入了快速发展和改革阶段,高等教育不仅开始大力调整学科专业结构,体制改革也成为共识,这使我校面临重建和转型的双重挑战。

在这个背景下,我首先针对当时我国高等教育改革的方向和要求,进行深入调研,把握民族教育的特点和学校的问题,在治理中南民院的过程中,学术探索就侧重民族高等教育。一方面,我重视基础研究,思考了高等教育的若干基本问题,尤其是在当时日益深化的改革发展形势下,深入研究了高校与社会的互动和高校管理等问题。这期间,我发表了关于高等教育的社会功能、高校为经济和社会发展服务、高校科研管理等方面的论文。另一方面,我开展了应用研究,为政府决策服务。1988年,我承担了国家教委和国家民委委托的"关于民族学院教育综合改革方案"调研项目。我不仅要求全校上下开展研讨,而且成立专门的调研队伍,深入多所高校调研,以座谈会形式征求各方意见,最后形成了关于民族院校教育综合改革的一个报告。这个研究报告阐述了未来十年我国民族院校综合改革的基本任务和重点举措,得到国家教委、国家民委领导的充分肯定。这也是改革开放后民族院校方面第一个综合性的政策研究。

另外,在中南民院期间,我们开始从多方面着手推进民族教育方面的学科建设,尤其是民族高等教育学的建设。首先是建立专门研究机构,创办学术刊物。学校设立了侧重民族教育方向的高等教育研究室,后来,又进一步成立高等教育研究所,并创办专业刊物《民族高等教育研究》,提供学术探讨和交流的平台。其次就是编写专业教材,我们出版了民族教育领域的第一本教材《中国少数民族高等教育学》,还获得了第二届全国教育科学优秀成果一等奖。第三就是培养该领域的专业人才。在建立教育管理系的基础上,学校成功申报了具有民族教育特色的教育管理硕士学位授权点,下设民族高等教育管理和民族地区教育管理两个研究方向。

宣:后来您调任中央民族学院院长,又是怎么开展研究的?

哈:1992年3月,我服从中组部、国家民委和国家教委等部委的共同决定,到中央民族学院工作。我在这里先后担任院长兼党委副书记、党委书记兼校长、校长兼党委副书记。其实这次也是临危受命。到任之前,当时中央民族学院正被因经商热等因素导致的种种危机所困扰,以致一度被取消了发本科毕业证书和学士学位证书的资格,国务院多个部委还组成专门小组进驻学校调查。

这段时间,我结合本职工作,进一步研究了整个少数民族高等教育系统。例如,在"九五"期间,主持了国家重点课题《21世纪中国少数民族高等教育发展研究》。这个课题较为系统地探讨了少数民族高等教育的主要问题,特别是从民族传统文化角度,阐释了其特殊性。此外,我们课题组的骨干成员和他们的博士生,与北京和民族地区高校专家共同进行调查研究,开启了国内民族教育领域"大兵团"式集体攻关的研究方式。

宣:这期间,您是怎么促进民族教育学科的建立和发展的呢?

哈:简单来说,第一,我担任过少数民族教育研究会副会长,1994年成立中央民族大学"中国少数民族教育研究中心",与滕星等教授一起提出要进一步建立民族教育学科的目标;第二,委派滕星教授等人建立民族教育研究所,开始了在硕士、博士层次培养该学科的专门人才;第三,在教材建设方面,我和滕星教授等人用近五年时间,主编和出版了《民族教育学通论》,整合多个学科,较为系统地论述了民族教育的基本概念、学科体系、基本理论、研究方法和重要领域。这本书获了北京市第七届哲学社会科学优秀成果二等奖和精品教材奖;第四,将民族教育列为学校"211工程"重点建设学科之一,中央民族大学因此成为民族教育研究重镇;第五,通过培养硕士和博士研究生、与各地研究者进行合作研究等方式,培养了民族教育研究队伍。第六,为民族地区高校建设民族教育学科提供咨询和帮助。

这里特别要说明的一件事,就是我们促成了首届中国少数民族教育国际会议在昆明召开。当时,我和滕星教授讨论后,向国家民委和教育部有关部门提出,应该召开少数民族教育国际会议,以宣传我国民族教育方面的政策和成就。经我的倡导和推动,加上滕星教授等人的精心筹备,这个提议迅速被国家民委和教育部的领导采纳和重视。1995年10月,由中国教育国际交流协会、中国教育学会少数民族教育研究会等联合举办、云南教育国际交流协会承办的中国少数民族教育国际会议在昆明召开。这次会议很成功。参加会议的代表有来自美国、日本、德国、法国等十多个国家以及国内21个省、自治区、直辖市的教育专家、学者和民族教育工作者近200人。国家教委王明达副主任和国家民委图道多吉副主任都到会致词。这次会上,大家就有关少数民族教育在全民教育和民族发展中的地位和作用、发展少数民族教育的政策与措施、少数民族语言文字教材建设和双语教学等方面的议题进行了广泛而深入的国际交流,尤其是展示了我国在少数民族教育方面的成就和独特经验,使我国少数民族教育进一步走向世界,推动我国少数民族教育研究走向国际化。

宣:这次会议真是意义重大啊!

哈:对。更具有意义的是,这次会议让有关领导认识到了建立民族教育学科的重要性和必要性。我在大会上做了发言，向外国学者展示了新中国在发展少数民族教育方面的巨大成就。芝加哥大学副校长（非洲裔）论述美国少数民族教育中存在的问题。对此，国家教委和国家民委的领导都很满意，表示要更加重视民族教育。开会间隙，我向国家教委分管民族教育的王明达副主任提了一个建议，说我国少数民族教育高层次人才不多，需要培养，特别是研究队伍要想办法建设起来，对民族地区的学校要给予扶持。我还特别指出，建立民族教育学科很重要，因为民族教育作为一个单独学科，如果能够引起国家科研部门的重视，有关拨款也会更多一点；建立专门的民族教育学科后，研究队伍就有一个交流的合法平台，老师们也有一个奔头。要不然，民族教育研究光是号召，解决不了问题，就连成果评奖都要将民族类的项目分到各个组去，必然处于弱势地位，显然不公平。王明达副主任同意这个看法，表态要我们学校起草论证报告，由他们来批。会后，我又和王明达副主任进行了交流。我的呼吁、我和王明达副主任的多次沟通，最终促成全国教育科学"九五"规划中设立了民族教育学科组。

这样，经过多年呼吁和努力，民族教育在全国教育科学规划中成为了独立学科。在"十五"和"十一五"期间，我还担任过民族教育学学科专家组组长，起草了《全国教育科学划民族教育课题指南》，评审课题申报、组织对该学科的发展进行调研。

宣：您从校长岗位上退下来后是如何坚持民族教育相关研究的？

哈：2000年，我从行政岗位上退下来后，主要承担指导博士生的任务。这样，我就有了更多的精力和时间，更全面系统地探索民族教育问题。在"十五"期间，我主持了国家重点课题"西部大开发与中国少数民族教育改革和发展研究"。这个课题从社会文化变迁的角度看待西部民族地区开发，关注各民族间人口流动和全球化的意义，主要研究民族教育发展保障政策、少数民族双语教育革新、民族传统文化传承等问题。可以说，这个课题研究的内容覆盖了各级各类民族教育改革和发展中的所有重要问题，既有扎实的实地调查，又进行深入的理论阐释。

课题组总结了民族教育发展经验,编写了《中国民族教育50年》、《新中国少数民族高等教育的回顾与展望》和《少数民族高等教育改革开放30年》等一系列成果。

总的来说,我的一生都投身于教育事业,为民族教育,尤其是民族高等教育和民族教育学科的发展做了一辈子的事情。

牵线搭桥,支持民族高校发展

宣:我们知道,您退休后一直以多种方式促进民族教育研究和民族教育学科的发展。这包括为政府有关决策提供咨询,支持民族地区高校建设民族教育学科,为民族教育的国际合作与交流搭建桥梁,为民族地区教育研究项目提供咨询,培育民族教育领域的中青年学者等方面。

哈:我呢,是从事这方面研究的,理应加以关注和支持。

宣:这方面您主要做了哪些工作?

哈:我举例说说与两个大学的关系吧。

先说说与云南大学民族学学科的关系。云南大学一直重视民族边疆问题的研究和学科建设,所以他们的民族学学科在全国算是不错的。云南是一个多民族的边疆省份,民族多,环境各异,各民族间的发展状况不尽相同,可以说,这在国内是一种不可多得的"现象库"。云南大学地处我国西南边疆,是一所综合性大学。建校以来,一直重视民族边疆问题的研究和学科建设。20世纪三四十年代,一大批中国民族学和社会学的先驱在云南大学开展民族学与社会学的教学和研究,使云南大学成为国内民族学和社会学的重镇。我记忆犹新的是,云南大学在申报民族学的硕士点、博士点一级学科和博士后流动站等几次学科发展关键时刻,都找我咨询,并请我推荐可有效咨询的权威专家。我有时候通过电话回答他们的各种咨询,有时候也去参加他们的论证会。后来,他们经过不懈努力,依次获得民族学学科硕士学位授予权、民族学博士学位授予权。后来,他们的民族学被批准为国家重点学科,同时被批准建立博士后科研工作流动站。

宣：这样云南大学的民族学学科就实现了跨越发展，可以说是学科建设成功的典型案例了。

哈：对。2006年4月，云南大学"211工程"二期建设验收，我作为专家组组长主持验收工作。专家组充分肯定了云南大学民族学学科的建设，非常了不起。通过"十五"建设，云南大学完成了民族调查基地和示范基地、人类学博物馆、影视人类学实验室、中国民族村寨调查、中国少数民族遗传信息资料库、民族学基础理论研究、少数民族地区发展对策及应用研究等主要建设内容，建设投入大，效果好。云南大学民族学学科建设成效很显著，"民族学"一级学科在全国民族学一级学科评估中排名第二，科研成果排名第一。第十六届国际人类学民族学大会在云南大学召开，表明学科影响和综合实力明显提升。同时，云南大学还建成十个"民族调查研究基地和示范基地"和集影视人类学教学、科研、科普宣传为一体的"人类学博物馆"，成为集人才培养、科研、服务社会、学术合作等多种功能的综合性创新平台，形成了较鲜明的特色。此外，云南大学建成了样本比较全的中国少数民族DNA库，制定了有关中国少数民族血样DNA采集前及收集整理保存的两个国家技术规范，相关研究成果达到国内领先水平。

经过长期的建设与发展，民族学已成为云南大学在国内外最具影响的优势学科，具备建设国内、国际一流学科的基础与实力。根据国务院印发的"双一流"建设总体方案，云南大学将民族学建设成为国内国际有重要特色、有重要影响的一流学科作为目标。我作为民族教育研究者对此很期待。

宣：我们也都很期待。除了云南大学之外，听说您与西北师范大学民族教育学也颇有渊源。

哈：对。我也经历了西北师范大学民族教育学学科建设与发展的全部历程。西北师范大学民族教育研究所最初成立于1985年，是国内最早的民族教育研究机构之一，后来更名为西北少数民族教育发展研究中心，成为国家人文社科重点研究基地。

记得在任全国教育科学规划民族教育学专家组组长期间，我鼓励他们西北的研究者多联系实际，密切关注民族教育中的现实问题，开展关于民族教育的政策研究。他们积极申报了全国教育科学规划项目国家青年基金课题"西部大开发背景下民族教育优先发展的政策研究"，后来被立项。正是在这一课题的引领下，他们开始研究民族教育政策，后又承担了教育部人文社科重点研究基地重大招标项目"中国民族教育政策体系研究"，并出版了《中国少数民族教育政策体系研究》一书，形成了对我国民族教育政策的系统研究。

在我担任中国教育学会少数民族教育研究会副会长期间，西北师范大学承办过一次全国民族教育高层论坛。这是一次高水平的少数民族教育学术研讨会。在这次会议上，我以中央民族大学校长的身份，呼吁要重视在西北地区发展高等教育，尤其是要建设高水平师范大学，为西北民族地区服务。我还联合一些著名的校长与学者，提议让西北师范大学重返部属院校行列，使之成为西北民族地区培养双语师资的重镇，让优质师资向民族地区延伸，尤其是向新疆和西藏延伸。这是我参观了当时西北师范大学的新疆班与西藏班的办学情况后，结合自己在师范大学和民族大学长期担任领导职务的经验而提出的构想。但遗憾的是这一提议没能落实。

宣：这的确让人感到遗憾，但是您和同仁们的努力尝试让人赞叹。

哈：还有一件大事，就是2005年他们申报教育学一级学科博士授予权。当时，各校间竞争很激烈，这所学校位于西北，在地缘等客观方面上处于弱势地位。这就需要在设计上充分展示实力，尤其是利用当时国家大力实施西部大开发战略、加快发展边疆民族教育事业的机遇，突出他们教育学科的独特优势和在民族教育研发方面不可替代的地位和特色。我也在各种场合不遗余力地帮他们呼吁，最终申报成功。显然，一方面，这能为他们学校民族教育研究的快速发展提供大好机遇，并使之进一步成为自主设置的特色博士点；另一方面，这无疑为他们教育学专业各个分支学科造就了里程碑式发展的关键条件。

宣：您还担任过西北少数民族教育发展研究中心学术委员会主任？

哈：是啊。这也是我与他们交往最多、最密切的时期。在这几年时间里，他们常常会来北京向我汇报工作，请我为他们的研究计划提意见，也邀请我去西北师范大学讲学，指导中心的发展，我非常乐意地接受他们的邀请，也推荐国内知名人士和研究人员给他们，郝时远、杨圣敏、滕星等都担任过该中心的兼职研究员，参与中心的学术活动。同时，中央民族大学教育学院与这个中心之间长期有着良好的合作，共同建设中国少数民族教育研究的重要基地。一有机会，我就向国内同行介绍民族地区民族教育的发展特色、优势和潜力，呼吁大家共同支持西北少数民族教育研究中心的工作。

云南大学和西北师范大学处于少数民族地区，应该照顾，为了长远的发展，考虑到学科发展的重要性和特别意义，我愿意做些力所能及的事情。

宣：这也说明在民族学学科领域，您的人缘很好，您的声望、号召力很强。站在新的历史起点上，展望中国高等教育未来的发展，您有什么期待或者建议？

哈：现在的问题是怎么能把干部和教师的积极性调动起来，特别是团队精神，因为中国现在并不是很先进。几十年前的科学家，为了核弹贡献了一辈子。我感觉现在的人不作为或者慢作为的多，今天这里搞一下，明天那里搞一下，弄两个钱或者挣点名气，这是不行的。

宣：已远远超过预定的访谈时间了。整个听下来，包括研读关于您的相关材料之后，有几点让我们印象非常深刻。第一，您非常专心，也敢于担当，是全身心扑上去当校长；第二，您担任校长，无论是在中南民族学院还是中央民族大学，都是受命于危难之际；第三，您很善于抓机遇，对民大的更名等您都抓得很牢；第四，您对学生很关心，从学生的行为开始抓起；第五，您基于问题做研究，把研究和工作结合得非常好。再次感谢您接受我们的访谈。

访谈手记

2019年5月18日,我们如约来到哈老的家里,环顾四周,温馨而简朴,家中最多的是书籍。这是我与哈老的初次见面,83岁高龄的哈老刚动过手术,是我们这次访谈计划中最年长的校长,坐在轮椅上的他眉目间毫无老年的疲态,反而因世事锤炼,焕发着温润平和的风采,举手投足恰到好处,清风徐来,水波不兴。

访谈中,我始终被先生坦诚的态度、渊博的学识和丰富的实践经验所折服,也被郑老师(哈老的夫人)对先生无微不至的照顾所感动。特别的切身体会是,他对党的教育事业的忠诚,全身心的投入,专业化的素养,敢于担当的个性,善抓机遇的敏锐,大学同班同学的伉俪情深……访谈的问题主要围绕哈老担任中央民族大学校长期间面临的学校发展的各种现实问题展开,从上任初期整顿学风教风、解决巨额债务、改革人事制度、关注人才培养,到紧抓时代机遇,更名为"大学"、申报"211工程",再到哈老干一行专一行,致力民族教育研究、支持民族高校发展……我从中可以清楚地感受到先生对中国民族教育和民族文化的深切关注和忧虑。

访谈原定在一个小时内结束,没想到哈老事先作了非常充分的准备,不平静的叙述又把他带回了二十多年前的峥嵘岁月,面孔慢慢泛红,郑老师告诉我们许久都没有看到哈校长如此精神饱满了,时间一晃过去了两个多小时,我们不得不在哈老的谈兴未尽就结束访谈。最后我问他:"在您当校长的过程中,曾经历过的最困难的一件事是什么?"他沉思了一下,微笑着告诉我:"没有一件事是容易的。"假若这问题是访谈一开始提问,面对这样的回答我可能觉得过于简单,但一场访谈下来,聆听过他在中央民族大学千方百计解决诸多棘手问题,我明白这是源自历经曲折艰难之后内心的深深感慨。作为中央民族大学的"领头羊",面对困境不退缩,面对曲折不动摇,面对误会不抱怨,面对专业不放弃,方法总比困难多,循序渐进地解决一个又一个问题,扫清了一重又一重障碍,把中央民族大学推向一个又一个高峰,体现了一个大学领导者坚韧不拔、勇于开拓进取的优秀品质。

从大学校长管理专业化的角度来看,哈老是一位"能专心、有专长"的校长,作为一个民族大学的校长,同时又研究民族教育的问题,而且能够把民族教育发展成为一个成熟的学科。专业和职业相辅相成,所以成就了一位中国民族高等教育领域中专业化的校长。哈老是一位充满智慧的长者,是一位治学严谨的专家,更是一位思想敏锐的领导。他一生都献身教育事业,对民族教育,尤其是民族高等教育和民族教育学科的发展,做出了杰出贡献,向他致敬!

张德祥:大学的发展需要前瞻、担当和勇气*

张德祥,1950年7月生,山东平度人。教育学博士,教授、博士生导师、大连理工大学原党委书记,享受国务院政府特殊津贴专家。曾任沈阳师范学院校长、辽宁省教育厅长,2007年9月至2014年5月任大连理工大学党委书记。曾任全国教育规划领导小组成员、中国高等教育学会副会长、中国教育发展战略学会副会长、辽宁省高等教育学会副会长等。第十届全国人大代表,第九届、第十届、第十一届中共辽宁省委委员。我国著名高等教育学者,在《教育研究》《高等教育研究》等学术期刊上发表100多篇论文,主持、承担教育部哲学社会科学研究重大课题攻关项目等课题20多项。

---

* 访谈时间:2019年5月22日;访谈地点:杭州莲美术馆;整理人:钟伟军、黄馨。

教育是一生的情缘

宣勇（以下简称"宣"）：张书记好，欢迎您的到来！张书记是我们大家熟悉和景仰的高等教育学者，也是著名大学的领导者。您的经历非常丰富，曾经当过农村民办教师和城市中学教师，大学留校以后担任过大学的各级领导，包括系主任、副教务长、副校长、校长，又担任过辽宁省教育厅长，然后又到大连理工大学担任党委书记，跟教育有着一生的情缘。所以我们非常想听听您讲讲您跟教育的情感，教育对您的意义，还有您对教育的理解，首先我想请您给我们大家讲讲您丰富的人生经历。

张德祥（以下简称"张"）：首先感谢宣书记的盛情邀请。在这里，感受到美丽的风景，感受到东部沿海地区的发达，感受到宣书记和大家的热情，特别好，我特别高兴，我先表达我的感谢！

你刚才提到了我的一生，我是 1950 年 7 月生人，今年 69 周岁。我的从教生涯、我的人生经历与共和国的发展历史息息相关，我是伴随着共和国发展的脚步走过来的。我是 1966 年老初三毕业生，1968 年被下放到辽宁东部的一个很偏僻的大深山里面，是长白山的余脉，我在那工作、生活了四年。那里的条件很艰苦，有人开玩笑，叫"出门山碰头，步步踩石头"，四年中我们没见过电灯，印象最深的就是晚上我们要抢煤油灯，抢煤油灯干什么？看书！煤油灯是用墨水瓶做的，瓶口放上个棉花搓成的灯芯，瓶里放煤油。由于需要的人多啊，谁能抢得到，谁就可以用。1968 年 9 月下乡，在第二年 5 月，大队书记来找我。当时我还一愣，书记来找我干嘛？书记找我说，要我去学校当老师。我所在的大庙生产大队有一所学校，当时是生产大队负责办学，因为那个时候实行九年一贯制，学校要办一个初中班，其实是小学戴帽，六年级就算初中了。由于缺老师，大队就叫我先教六年级初中班。农村的学校老师少，那时我不仅教六年级，实际我四年级也教过，二年级也教过。

宣：是不是那种复式班，一个教室有好几个年级？

张：对。当时学校里六年级是单独班级，剩下的都是复式班。当时农村穷，学校是一座过去的庙和后盖的几间泥草房，庙用做学校的办公室，在它的旁边，用黄土掺草，垒的几间房做教室。我教初中班，也教小学。小学就是复式班，给二年级上完课了，让学生们做作业，再给四年级讲课，一个教室两个班，现在这种情况可能很少了。

宣：我小时候也上过这样的班。我舅妈是民办教师，她教的就是复式班，小时候我到外婆家去，跟舅妈去听课。她就是在同个教室中给这个班上课结束了之后，再给另一个班上课。

张：到今年5月19号，是我从教50周年。我1969年开始当老师，此后，一直从事教育工作，再没有做过别的。虽然我有些时候暂时离开了学校教师岗位，比如我1972年回城时，读中专读的是师范。那时候老师地位很低，所以不想当老师，但是偏偏被抚顺师范学校看中了。毕业之后，我被分到了抚顺石油二厂子弟中学当老师。1977年恢复高考，我没有报考师范院校，因为当时老师仍被称为"臭老九"，没地位，所以，不再想当老师了。也是命运使然，我又被辽宁第一师范学院录取。1982年，大学毕业留校当老师。后来去日本东京学艺大学学习，日本东京学艺大学是培养教师的著名师范大学。总之，我到几个学校学习都是师范类院校，大概这也是命中注定吧。去日本学习之前我已经是学校的副教务长，回来之后，我又担任了大学的系主任、副校长、校长，包括后来到教育厅当厅长。所以说不管是读书也好，工作也好，都是跟教育有关。

宣：包括您从书记岗位上退下来后也还在研究高等教育，所以不夸张地说，您的每一个细胞都烙上了"教育"两个字。

张：像你刚才说的，我跟教育有着一生的情缘。而现在到了这个年龄，自己对教育还这么情有独钟，应该是和教育分不开了。我常常在想，如果从哲学的高度去思考人生，人生是什么？人生为了什么？人生价值在哪里？可以说，我对这些的理解，都与我的教育、教师经历分不开。我认为，人的一生是不断成长的过程，人生即成长。人从小时候开始,从生理、心理、智识,实际上在不断地成长,不断面对和解决人生课题,然后不断成长,即使老了以后,还是要面对和解决人生课题,人还是要成长。人总是不断解决人生课题,这就是成长。我有一种很乐观的人生态度,人要不断向前看,不断进步,不断成长。人的成长离不开教育,很难想象离开了教育,人的成长会怎样进行。我从呱呱坠地起,到六岁开始上学,接受家庭教育和学校教育,教育使我成长。我参加工作之后,有幸一直从事教育工作,一直没离开过教育,我的工作一直伴随学生的成长。同时,教育的魅力还在于从教者要不断学习,教育工作促我成长。总之,不管我是接受教育还是从事教育,我的成长都和教育息息相关,教育伴我成长,教育促我成长,教育是我成长的发动机。

关于教师工作,可能大家会说,我基本上都在做领导。从1995年当校长,当了六年,然后又去当了六年半的厅长,接着又当了大连理工大学六年半的党委书记,所以很多时候不是在教师岗位。是的,我在很多教育的领导岗位工作过,但是,不管我当校长、厅长还是大学党委书记,我有一条没有变,那就是我一直坚持给学生上课。

宣:给本科生?

张:1982年毕业后是给本科生上课,当校长后就给研究生上课,到教育厅当厅长时,还在沈阳师范学院给研究生上课,因为我同时还是沈阳师范学院的硕士生导师,我还给东北大学的学生上课;到大连理工大学之后我也给学生上课,主要是给博士生上课。

现实中对"教师"这个职业,有很多美好的赞誉,教师是园丁,是灵魂工程师,很伟大;也有人说,教师像蜡烛,燃烧自己,照亮别人,这就有点悲壮了。几十年走过来,我喜欢教师工作,我在教育工作岗位上担任过很多职务,但是,我内心中很在意教师这个称号。过去50年,我从教小学生、中学生到教大学生,乃至指导硕士生、博士生,有人说我教书育人、桃李满天下。是的,我教过许多学生,我努力尽到教师的责任;同时,在和学生传承知识、心灵沟通的过程中,我也学到和悟到很多东西,我从学生身上学到很多东西,我感谢我的学生,我是和学生一起成长的。所以,我觉得当教师幸福,我的幸福在于我可以帮助学生成长,我也和学生一起成长。

总之,人生即成长,教育是我成长的发动机,我当教师我幸福,我和学生一起成长,这样的幸福,其它职业很难感受到。

在夹缝中披荆斩棘,砥砺前行

宣:您担任沈阳师范学院校长时,正好我们国家实施高等教育大众化战略,这对中国高等教育来说是非常大的一件事情,您作为校长怎么去应对这样的一种挑战?您怎么理解"高等教育大众化"?

张:在我从教生涯中,在主要领导岗位上,第一件事就是在沈阳师范学院当校长。沈阳师范学院(以下简称"沈师")就是现在的沈阳师范大学。大家可能不太了解它,这个学校的历史很早。1951年建校时叫东北教育行政学院,后来更名为沈阳师范学院。当时东北只有两所本科师范学院,一所是沈阳师范学院,另一所是现在的东北师范大学;还有两所师专,一所是现在的哈尔滨师范大学,还有一所是现在的辽宁师范大学。1958年,辽宁大学成立,从沈阳师范学院分过去一部分,所以,现在辽大食堂一些盘子后边印的还是"沈阳师范学院",图书馆的一些书盖的章也是"沈阳师范学院"。这所学校发展非常坎坷,1965年,按照有关文件精神,出于疏散城市人口的考虑,有的大学要迁到"三线"城市。当时省委、省政府决定将沈阳师范学院迁到朝阳市。朝阳市位于辽宁的最西部,是辽宁的贫困山区。1965年迁到朝阳之后,学校就不能再叫"沈阳师范学院"了,于是改名叫"辽宁第一师范学院"。1978年迁回沈阳,恢复了"沈阳师范学院"的名称。在朝阳办学前后十几年,其间又经历"文革",学校损失很大。沈师迁往朝阳后,在沈阳的校舍被几个单位分掉了。1978年我入学的时候,学校在朝阳,1978年底,学校迁回沈阳,经过一番曲折,先是在沈阳郊区的一所教师进修学校办学,后来迁到两所中学腾出的校舍里。这个校址有多大呢?不到一百亩地,旁边就是辽宁省最好的高中——省实验中学。

沈阳师范学院那个时候条件非常困难,而省实验中学经过多年建设,是一所赫赫有名的重点高中,沈师的师生看电影要到实验中学的礼堂。听说,省实验中学的老师有时候批评学生是这样说的:"哎,你不好好学习就给你送到沈阳师范学院去!"看到、听到这些,我心里十分难受,这样一所历史悠久,新中国成立初期就创办的学校,竟到了这种地步。不到一百亩的校园,如何办一所大学?学校领导当时也想了很多办法,但是这个局面一直没有解决。另外,1995年我当校长之前,学校将近29年没有正校长了。

宣:近29年?

张:1965年下迁的时候到1966年5月学校有校长。我是1977恢复高考上大学的,从我入学读书开始,到我留校当老师,一直到我当校长,我经历了四任第一副校长主持工作。我的毕业证书上都是第一副校长的签名,但是学校是一直有党委书记的。我1992年当副校长,1995年3月,我还在厦门大学读书,我博士还没毕业,省委决定我当校长。肩负着组织和广大师生员工的信任,我走上了校长岗位。当时,我下定决心,一定不辜负组织和师生员工的期望,要为学校的发展努力工作,尽心竭力。我对学校的历史比较了解,当校长之后,我想做几件事情。

第一件事情就是学科发展,我认为学科发展是学校发展的基石。这个学校历史比较悠久,有相当的实力,1982年学校就有硕士点,但是,到1995年我当校长时只有三个硕士点,这与学校实力和历史完全不匹配,我觉得很可惜。因此,我上任第一件事情,就是争取学位点,我和同志们组织申报,请专家指导、支持。到我2001年离任的时候,学校已经拿到21个硕士点,这是在学科方面我做的一些事情。本来我还有个梦想,就是实现博士点的突破,但是很遗憾,在我2001年调离的时候,没有实现这个目标。

第二件事情就是改善学校办学条件。一百亩地校园,学校怎么能发展？学校里面很乱，学校又刚从农村搬回城市，老师没地方住，在一百亩地里还要盖教职工宿舍，一栋栋像地震棚一样的临时住宅，成为学校的一道"风景线"，与一所大学极不相称。那时候学生包容性、忍耐性比较好，学生开玩笑，写打油诗，说"走进沈阳师范学院，像刚刚打完第二次世界大战"。老师从朝阳搬回来得有地方住啊，再加上教学设施，就这么挤在一百亩地里。当时我就觉得这种情况不能再继续下去，说实话，这是在艰难的维持，很难发展。怎么改善呢？我们当时去找省领导，省里领导说得也很清楚，你们的情况我们非常理解，但是辽宁太困难了，省里没有钱给你们。我们也知道，那时候辽宁已经不是之前共和国"长子"时候的辉煌了，很困难。辽宁高校又多，数量曾经排全国第二位，本科院校数量曾经在全国排第三位。因为新中国成立之初，高校按行政大区布局，辽宁是老工业基地，许多国家部委在辽宁建校办学。20世纪末，国家高校管理体制改革，国家部委下放大学时，辽宁省接收了20所大学，据说和江苏并列全国第一。

宣：相当于当时浙江的全部本科院校了。

张：辽宁的省属高校也很多，省里的财力有限，我们好多次找省领导，省领导告诉我们，省里的财力困难，只能你们自己想办法。我们也曾想过其它办法，如与一个办学层次低一点、校园面积大一点的学校合并，以图扩大学校办学空间，等等。但是，这些意图最终没有实现。想来想去，我们决定用"资产置换"的办法，置换现有的校园，在市区的近郊建设新校园。

产生用资产置换建设新校园的想法，有两个背景对我产生了影响。其一，留学经历对我产生的影响。我在日本留学时曾参观过筑波大学，筑波大学在日本叫做"新构想大学"。当年，日本要在筑波建科技城，建筑波城需要把一系列科研院所、一流大学搬过去，后来日本政府就选了东京教育大学。东京教育大学散在东京里，校舍很小，搬迁到筑波以后，政府又筹资建设，成为著名的筑波大学。这件事对我启发很大，我就想沈阳师范学院能不能也走这条路——把老校园置换，然后买地建设新校园。从日本留学回来后,在做副教务长和副校长期间,我也几次提过这个想法,后来因为各种各样的原因,没有实现。我当校长之后,这个念头又浮现脑海,我想用置换的办法或许能解决学校的校园用地问题。其二,经济学的级差地租理论对我的影响。大学毕业之后我留在了政教系政治经济学教研室,教政治经济学,政治经济学中我们常讲的一个理论是级差地租。虽然我们学校只有一百亩地,但是在辽宁大厦南面,处于黄金地段。我想到用级差地租的原理,把沈阳师范学院卖掉,然后到近郊去买个大点的地方,就可以解决办学用地问题。

我们向省里汇报我们的想法的时候,省里一开始不同意。省里担心我们校园太小卖的钱不够建设新校园,开了头结不了尾、上不去下不来的时候还得省里给兜底。我们和省里讲,我们保证不用省里一分钱,可以建成校园。我们给省里算了一笔账,老校园卖2亿多,社会化拉动1.5亿,宿舍、食堂全部社会化,然后我们再贷款1.5亿,这个负担不重,我们自己完全能够还清;学校已经攒了3000多万,这样加在一起将近6亿,建设新校园就凑够了,因此,我们心里完全是有底气的。我们把想法讲清楚后,省里最后同意我们用资产置换的办法建设新校园。

宣:但是后面不是有个政策,您换来的"级差地租"政府要分成?

张:我们校园置换的钱,省里一分钱没要,百分之百给我们。

宣:资产置换建设新校园是哪一年?

张:我1995年当校长,我先跑学科点,但实际上1996年我们就开始跟主管省长和有关部门汇报建设新校园的事,去谋划这件事情。

宣:那是非常早了,在全国都是开先河的。

张:我们为什么谋划那么早呢?说实话,高等教育学的专业背景对我思考这个问题很重要。我是1994年考入厦门大学,师从潘懋元先生攻读博士学位。那时,我们已经开始研究马丁·特罗的高等教育发展阶段理论。那时候,我们国家的高等教育毛入学率只有6%左右,而不少国家已经实现高等教育大众化甚至普及化。我们认为，中国迟早要走高等教育大众化道路。当时，我就想到我们学校，那时候沈师只有三千多在校生，就现有的办学条件，支撑都很困难，一旦中国高等教育实现大众化，国家扩大招生规模，我们的学校拿什么去应对？有能力有条件应对吗？想到这些，我认为我们必须尽早谋划。

宣：您真是太有前瞻性了。

张：作为一个大学领导，我认为，要善于做两个方面：第一，必须去谋划，谋划要超前一点；第二，要有勇气，要勇于实现这种谋划。我觉得这两条我基本上做到了。

宣：您讲的这两条非常重要。

张：作为学校的主要领导，在建设新校园工作中担负重要的责任，这是我人生中做的一件大事，是很艰难的事情。难在哪儿呢？内部要做老师的思想工作，许多老师在朝阳这个穷山沟里待了十多年的时间，好不容易回到城市，你又让他们去乡下。有的老教师说，校长，我们刚从农村回来，你又让我们回农村，我们接受不了。有的青年教师说，在城市里工作，孩子可以就近上学，去农村了孩子去哪上学？学校要这样做的话，我们就得调离了，我们孩子没法上学啊。

宣：两个校区有多少公里？

张：从老校区到新校区7.8公里，一条直路，中间只有一个信号灯。当时中国教育报刊社的赵书生社长来我们学校考察，我跟他说我们要建设新校园，新校园离我们现在的校区有7.8公里，有些教师担心搬远了。赵社长说，7.8公里，不远啊，这在北京都不叫距离。

宣：整个决策过程集体讨论？

张：土地置换建设新校园，是学校领导班子的集体决策，是学校师生员工共同努力的结果。首先，我们要统一师生员工的思想，要做许多同志的思想工作。我们召开教代会，讲清楚学校现状、未来高等教育发展趋势、学校眼前的和长远的困难，以及我们可能的解决办法、几个选择，都说得很清楚。我说，如果有别的选择，我们不选置换建设新校园的办法；如果不建设新校园，学校的现状维持不了多久，今后高等教育再发展，我们更是没有发展的空间。最后教代会通过了置换建设新校园的方案。

宣：选择这个地址，规划要市政府审批同意。

张：选址也是个非常重要的问题，也遇到很多的困难，我跑了很多地方，最后，选了这个地方。应该说，这是最好的一个地方，因为那时没有大学想要搬迁。当时市政府要开发浑南，而我选址在沈北，市政府希望我们迁校去浑南，带动浑南的发展。我们跟市政府说，我们的老师都住在北边，如果搬迁到浑南，每天上班要穿越沈阳市，成本太高。另外，大学不能都挤在一个地方，大学要辐射全城。我们搬到沈北，可以带动沈北的发展。结果，我们搬到沈北之后，带动五六所大学也搬过去了，带动了那里的发展，那边已经成了沈阳一个国家级新区了。

宣：所以对大学和城市的关系，您是有实践的。

张：其实还有一段经历很艰难。

首先，我们要和选中校址所在的村里谈，经过反复的沟通，村里同意土地转让给我们，包括土地的价格都谈好了。但是，这件事要乡政府同意，主管迁校的副校长告诉我，和乡里谈了许多次了，就是谈不下来。

宣：我有切身体会，我干过这些事情。

张：我找到乡政府，乡长说得也很明确：这么好的地方给你办学校，乡政府要对农民负责。这个地方本来要办贸易市场，里边的路都修了。办农贸市场，农民可以天天收钱，把土地卖给大学了，你们大学能给我们什么好处，你们能天天给钱吗？对不起，为了农民的利益，土地价格要翻番。翻番我们当然接受不了，我们要说服他们。其实我去之前也做了一些准备。

我说乡长我很尊重你，但是我今天跟你讲讲道理，讲讲沈阳师范学院到这来对你有什么好处。我说，你知道现在所有的开发商都在打教育的牌子，如果我们沈师搬过来，周边的地价马上就会涨价，这能给你们带来多少好处，这是农贸市场能带来的吗？如果沈阳师范学院搬来，宿舍和食堂全部社会化，你们可以承接下来，这是永久的产业，只要大学在，这些产业就都在，农民和村里可以永远从中获得利益。

宣：我一直讲，高校后勤是基业长青的。

张：是啊。我说到，我学校现在3000多人，未来要达到10000多人的规模，学生一天吃饭3元钱的话，10000人的规模，一年是多少钱？上千万！如果你的菜好、粮食好，我所有东西都在你这买，你算算这些是多少钱？

我说，学生来这读书，除了吃饭以外，要穿衣，要理发，要各种服务，将会拉动多少就业岗位？周边可以办多少商业？而且，国家规定达到居住规模10000人就可以设镇，未来，我这学校10000多人，这么大的校园，沈阳师范学院今天搬过来，以后你们这村就可以变成镇了。我们大学可以为乡里发展服务，我们的科研成果，你们看中的都可以优先在当地转化。农村干部不是要提高文化层次吗？我们不能滥发文凭，但是如果需要，我们可以优惠或免费培训当地农民。

宣：免费培训农民？

张：是啊。我说，我可以派大学生到村里当志愿者，今后学校建成了，我们文化设施，如礼堂、图书馆、运动场（馆）可以对当地免费开放。另外，我们可以把村里的学校办成沈阳市最好的学校。乡长听到这非常兴奋，说你们能把村里的学校办成最好的学校？我说我别的牛不敢吹，这一点我们能做到，因为我们是师范学院。

宣：我们师范学院就是干这个的，这个是强项。

张：我说，农民有钱了，不就希望孩子能够接受好的教育吗？我们可以让农民的孩子接受最好的教育。我们可以把村里的学校更名为"沈阳师范学院附属学校"，我把我们学习优秀、家在农村的学生留下来到学校做老师，我们再选优秀校长来管理。一个好校长，再加上好老师，你说这个学校能不能办成好学校？后来，我们做到了。这所学校成了沈阳师范大学的附属学校，当时，这所村小学只有200名左右学生，现在的在校生已经达到4000多人了，学校有小学、初中和高中，已经成了辽宁省的示范高中,不仅当地农民受益,而且远近很多人想办法把孩子送到这所学校。

宣:所以您的政治经济学和高等教育学专业功底都发挥作用了。

张:确实,我最大限度地调动脑子里的知识储备。我还说,你们可能去国外看过很多城市,但是,你们可能不知道有些城市怎么来的。国外的很多城市源自大学,先有大学后有城市;先有了大学,围绕着大学服务,就建立了城市。我说我可以出钱,我带你们去看,很多欧洲、美国的城市就是这么来的。如果我们沈阳师范学院搬过来了,这里很快就会城市化,这里将是沈阳北部一个亮丽的城市名片。

宣:所以这就是一个校长的专业化素养。

张:我还告诉他们,中国大学一百多年历史,欧洲大学八百多年历史,世界上企业可以破产,市场可以倒闭,政府可以更替,大学是常青树。你跟我们合作是你们的机遇,既有经济效益,又有社会效益;既有眼前利益,又有长远利益;有看得见的效益,更有看不见的效益。你们要是跟我们合作,是你们的幸运,是农民的幸运,我没有半句忽悠你们。我们讲的道理打动了村里和乡里。最后,我们合作得非常好。

宣:您实际上是把高等教育大众化的所有价值、意义都告诉他了,并且在沈阳师范学院和这个农村实现了。

张:是的,我们和村里、乡里合作得很好。当初,与我争论的乡领导都成好朋友了。实际上,建设新校园的许多困难还来自学校内部。比如,要卖掉老校园,住在校园内的教师怎么办?动迁是涉及个人利益的事情。我非常理解许多教师他们在朝阳十几年,回到沈阳安定下来不久,现在要动迁他们的住房,他们有想法;我也理解有的教师担心动迁之后如果不能顺利回迁怎么办,等等。因此,学校商量要用最优厚的条件解决和安置动迁的教职员工住房问题,我们还做了大量的思想工作。应该说,通过我们的工作,大多数的老师理解学校的动迁方案,支持学校通过土地置换建设新校园。但是,也遇到个别人给我们出难题,也遇到上访,也听到骂声。

宣：这个意见是很尖锐的。

张：听到这些话,真是痛苦万分。在最艰难的时候,我的压力大,感到精神难以承受,连续失眠,饭吃不下去,夜里睡着了也常常被噩梦惊醒,那是一段痛苦的煎熬。当时,有的同志和我说,咱们别干了,这么受着累,还要挨着骂。我也曾反复扪心自问,我们做错了没有?我觉得我们没有错,没有错我就要坚持,哪怕头破血流,我下定了决心。所以,我和同志们讲,就问你们两条:"第一条,不走这条路,沈师还有没有别的路?第二条,我们干这件事情有没有一点点个人所图?有个人所图,有一点点私心杂念,就不要干。"我们坚持下来了。

好事要做好。为了防止各种干扰,我当时跟主管这件事的副校长说,建设校园我们一定按规矩办,我管这个大学的理念、设计、质量,工程的事我一概不插手,你全部按招标来办,一个螺丝钉,你都要招标。我把权力给你,但我也在旁边监督你,咱把好事办好,不能出一点差错,我不给你介绍一个工程队,你可以向全校宣布。

宣：您的想法非常超前,当时东部包括浙江,还没有启动这样的做法。

张：建设校园在高等教育扩招后是很普遍的事情,我们是在高等教育扩招前,又是土地置换。所以,遇到的困难就多些,我们算是最早"吃螃蟹"的吧。

宣：也正因为如此,后来请您去当教育厅长了?

张：这个我不清楚。说句老实话,辽宁省的大学很多,一个沈阳师范学院的校长来当教育厅长,在辽宁历史上没有过。

宣：用资产置换的办法改善大学办学条件,浙江后来也在做,搞了几个高教园区,实际上大多数学校筹资的办法就是采取土地置换的方式。浙江的政策是土地在拍卖完了之后,政府收 30%,学校得 70%。

张：我们那时候启动得早,省政府还是很支持我们的。

宣：您讲的这一段历史很有典型意义,其实您是提前给沈阳师范学院迎接高等教育大众化做好了准备。

张：我是研究高等教育基本理论的,高等教育的理论对于指导工作还是非常有意义的。我当时在沈阳师范学院说了两句话,第一句,我们按经济规律办事情,资产置换建设新校园;第二句话,我们按教育规律办事情,更新理念建设新大学。我说,我们注入新大学的不仅是钢筋水泥,更要注入新的大学理念和办学模式。在新校园设计和建设中,我们有很多新理念,比如,我们设计教授一人一个研究室,副教授两人一个研究室,青年教师多个人一个研究室,这样做不仅是给教师提供工作和休息的地方,更重要的是给老师提供与学生交流、开展学术沙龙的地方,我们要改变人才培养模式。这在当时很少有学校能做到这些。再比如,我们按照功能集约化建设教学楼、理科实验中心,大大提高了教学用房的使用效率。我们还努力实现学校的信息化,设计校园网的建设和使用,等等。

宣:后来学校建完是什么时候?

张:2000年完成搬迁。

宣:其实您当时还提出"后勤社会化",这也是理念超前的体现。

张:我们在建设新校园的时候,已经有了后勤社会化的概念。当时,我们搞后勤社会化,一方面是响应号召,推动学校内部管理制改革,另一方面也是通过后勤社会化筹集学校建设的资金。李岚清同志担任副总理的时候,到我们学校视察过,我们详细介绍了学校置换建设的情况,介绍了后勤社会化的情况。

宣:当时后勤设施村里建造了以后,整个经营管理也是他们负责吗?

张:不是,由学校派人去管理,村里也参与管理。后来我到教育厅也推广了资产置换建设新校园工作,辽宁有一大批高校通过这种办法改善了办学条件。

教育厅工作那段时间,也是令人难忘的。教育厅的工作要面对全省的大、中、小、幼,各级各类教育。那段时间,我们推动农村学校危房改造,推动农村学校布局结构调整,控制辍学,巩固农村普及义务教育的成果,解决拖欠教师工资,等等。我们提出县域内义务教育均衡发展,解决城市学校乱收费,改造薄弱学校,推动每个县办好一所农村职教中心。我们说,办好高中交"公粮",为国家输送人才;办好职教中心留"口粮",为当地发展培养人才;我们推动高中发展,振兴中等职业教育,保持高中与中职的协调发展,等等。那时,我们制定了四个计划——《辽宁省农村教育跨越式发展计划》《辽宁省城区基础教育高质量、高水平推进计划》《辽宁省职业教育振兴计划》《高等教育为振兴辽宁老工业基地服务行动计划》,基本上涵盖了辽宁教育的各个方面,对推动全省的教育工作很有意义。

在高等教育方面,我们推动通过资产置换等办法,改善办学条件,完成扩招任务,推动后勤社会化等方面的高等学校内部管理体制改革,保持学校稳定和发展;我们连续几年每年把大学的书记、校长请到一起来,开两天的研讨会,内容就是讲高等教育面临的形势,交流经验和体会,谋划未来的发展。我们请教育部的领导和有关专家来做报告,我们也在会上提出一些推动高等教育发展的思路,大家一起讨论。记得那时我提出了高校"三个平台"的思考:一是高校与社会资本合作,建设独立学院;二是高校与国外优质资源合作,建设国际商学院;三是高校与软件企业合作,建设软件学院。2003年国家提出振兴辽宁老工业基地方针之后,我们立即着手制定计划,推动高等教育发展与老工业基地振兴紧密结合,为老工业基地振兴服务。2005年国家提出适当控制高等教育招生规模,要注重内涵发展,我们的工作重点转向了提高质量。我们召开专门会议推动全省高等学校深化教育教学改革,提高教育教学质量;我们得到省财政厅和省委组织部的支持,在英国的牛津大学、美国的密歇根大学开展大学书记校长的培训,每次一个月,还有六个月的项目,连续几年,大学的领导几乎都得到培训的机会,我们在加拿大不列颠哥伦比亚理工大学(BCIT)还组织了高职院校领导的培训,大家反映参加这些培训受益匪浅。我常说,我们很幸运一起经历了中国高等教育发展的两个最重要阶段,即扩招和提高质量。现在和高校的同志们见面,大家还常常回忆那段时光,那也是一段激情燃烧的岁月。

把立德树人作为大学的理念和追求

宣：张书记刚才讲的这一段，从一个学校发展的角度来看，对我们国家高等教育大众化是非常具有典型意义的，从校园的置换，到后勤的社会化，在我们国家整个大众化高等教育进程中，这是一种典型的做法，为其他一些省份和高校提供了经验。其中特别有意义的是，张书记在沈阳师范学院，当时是那么小的一个学校，在大众化扩招之前就实现了新校园的建设。当然，与此同时，您也很注重内涵发展，从一开始就抓学科、抓硕士点，这也是很多学校发展中梦寐以求的事情。2007年，您就任大连理工大学党委书记，我们都知道大连理工大学是"211工程"和"985工程"大学，它的办学基础相当雄厚，学术水平非常高。我是在浙江工学院学化工专业的，大学时的教材，很多都是大连工学院编写的。当时大连工学院、华南工学院、华中工学院、南京工学院，这四个工学院在我们学化工的同学心中都是很仰慕的。2007年您就任大连理工大学的党委书记，那个时候国家提出了一个命题——建设高等教育强国，对于大连理工大学在高等教育强国建设进程中的地位和作用，您是怎么思考的？您当时面临的比较大的挑战和问题是什么？

张：大连理工大学（以下简称"大工"）是1949年4月成立的，是中国共产党亲手缔造的一所正规大学。第一任校长是李一氓，这个学校成立的初衷就是为了新中国成立之后，为国家的建设培养高级专门人才。这所学校起点高，建校之初就在国统区和海外动员了一批教授到学校任教，很多著名的学者，如王大珩、张大煜、钱令希、毕德显等，都在这所学校任教过，1960年就被教育部确定为部直属重点大学。大连工学院的一些领导都是延安时期的老革命，校风非常严谨。由共产党亲手缔造，服务国家、艰苦奋斗、自强不息是这所学校的底色和传统，这样一种文化和校风，再加上学校水平比较高，大工办学几十年来为国家的发展做出了重要的贡献。

做好党委书记工作,要按照《中国共产党普通高校基层组织条例》《高等教育法》等政策法规的规定履行职责,要坚持社会主义办学方向,贯彻党的教育方针,抓班子、带队伍,抓好党建和思想政治工作,支持校长依法履行办学治校的职责,保持学校的和谐与稳定,建设风清气正、团结进取的文化风气。要贯彻好党委领导下的校长负责制,党委书记责任重大。我们坚持按制度办事,还要不断完善一些具体的运行规则,同时,我也特别重视和校长的合作,重视发挥班子其他同志的积极性。做好工作需要靠制度,同时,还要讲工作的艺术和方法,要有大局观,要有境界。

到学校之后,我很重视人才培养工作。我认为,我们经常讲坚持党的教育方针,而党的教育方针最核心的就是培养什么样的人、怎样培养人。教育的本质是什么?是人才培养;大学的使命是什么?大学存在的价值是什么?大学的最根本使命和价值是人才培养;立德树人,是学校一切工作的出发点和落脚点。我们的大学受各种因素的影响,重科研、轻教学的现象在各个大学不同程度地存在。因此,作为党委书记,我认为,必须强调和推动人才培养工作。

在大工,我和马克思主义学院的老师座谈如何上好思政课,如何提高思政课的针对性和实效性。推动思政课开展"大班授课,小班讨论",即教师讲某个专题或一段时间授课之后,组织学生开展小组(小班)讨论,学生围绕教师讲授的内容,结合自己的认识开展讨论,教师参加讨论,答疑解惑。我认为,这种形式有很好的效果,我也曾参与"小班讨论"。

大工每隔几年就要召开教学研讨会。我在会上都要根据我的调研和思考谈我对人才培养的看法和意见。2008年的研讨会上,我提出人才培养的"三五三",即打破"三个壁垒":打破学科与学科、专业与专业之间的壁垒,教学和科研的壁垒,师生之间的壁垒;处理好"五个关系":进一步理顺通识教育与专业教育的关系、人文教育与科学教育的关系、理论教学与实践教学的关系、统一性要求与个性化培养的关系、第一课堂与第二课堂的关系；加强"三个建设"：加强专业建设、教学制度建设、教师队伍建设。在2012年的教学研讨会上，我提出人才培养要"五个牢牢把握"：一是牢牢把握立德树人这个根本，二是牢牢把握人才培养的社会责任感、创新精神、实践能力三个着力点，三是牢牢把握课程建设与课堂教学这个核心，四是牢牢把握人才培养体制机制改革这个突破口，五是牢牢把握教风学风建设这个关键。

我认为，坚持立德树人为根本，坚持以学生为中心，我们可以做很多的事情。我举个例子，每年都有一些大学生因为学业问题不能按期毕业，产生心理问题，乃至轻生。我调查过，大学生的学业问题主要是不爱学——专业思想问题，不会学——学习方法问题，学不会——各种原因导致。学生遇到学业问题怎么办，找谁去？过去，我们读书的时候，有辅导答疑制度，学生可以利用辅导答疑时间向老师请教。现在，大学里的辅导答疑制度几乎没了，那么，学业问题怎么办？找老师？找同学？学生经济困难，我们有助学贷款和勤工俭学；学生心理问题，我们有心理咨询中心；学生就业问题，我们有就业指导中心，应该说我们有比较系统的学生支持服务体系了。但是，还不完善，如学生学业困难，谁来管呢？我们缺乏一种制度化的学业指导制度，包括组织化的机构、专业化的人员和相应的制度，来帮助学生解决学业问题。2009年我和学校的学生处讨论开始建立大学生学业指导的体系。我还让我的一名博士生以大学生学业指导问题进行专门研究，并做博士论文。

总之，真正把立德树人作为大学的理念，作为大学的价值追求，我们可以做很多的事。

战略规划是大学发展的第一要务

宣：大连理工大学的十年规划是您到任之后立刻着手做的，还是2010年《国家中长期教育改革和发展规划纲要》颁布之后做的？

张：凡事预则立。我在沈阳师范学院、在教育厅的时期，就认为战略规划很重要。到大连理工大学之后，我也是很重视战略规划的。2008年开始，国家制定《国家中长期教育改革和发展规划纲要（2010—2020年）》（以下简称《纲要》）。

宣：您是《纲要》高等教育战略专题组的负责人？

张：当时因为要编制《纲要》，共成立了十几个战略组。高等教育战略组是其中一个，最开始组长是周远清副部长，我是副组长，后来发文改为双组长制，周远清副部长和我就同时作为高等教育战略专题组组长。当时，做专题研究的时候，周远清副部长提出要把"高等教育强国"作为高等教育发展的目标，《纲要》中也写入了"高等教育强国"概念，但是没有作为高等教育发展的目标。到后来，2015年发布的《统筹推进世界一流大学和一流学科建设总体方案》明确提出了建设高等教育强国的目标。

参与《纲要》制定之后，回到大连理工大学，我就一直在思考，学校在这样一个大的形势下，应该如何发展？于是，我和校长商量，我们把教授和有关同志组织到一起，做专题研讨，讨论大工的发展战略。那时，我们非常重视学校的发展研讨，每年至少开一次规模比较大的发展战略研讨会，集思广益，达成共识。

大学为什么要重视规划，重视战略？第一，过去在计划经济条件下，政府要大学做什么大学就做什么，现在高校有办学自主权，可以规划未来；第二，社会变化很快，面对国家和社会对大学的各种需求，大学必须做出回答；第三，现在大学之间竞争很激烈，如果不对如何办学进行深思熟虑是难以应对的。在这三个条件下，大学领导必须得有战略思考，所谓的"战略思考"就是要谋划学校的长远，把智慧和命运掌握在学校自己手里。所以，那时候我和校长一起组织做了大连理工大学的十年规划。过去，一般都做五年规划，这是上级的要求，也是与上级的五年规划衔接。我们做十年的规划，就是想把学校自身情况和面临的机遇、挑战研究得更深些、更清楚些，把学校的发展谋划得更远长些。

在学校发展的问题上,我们确实在不停地思考。比如,我在《高等教育研究》上发表的《高水平大学建设要重点处理好的八个关系》,还有其他一些大学发展战略的文章,其实都是在研讨会上的讲话,然后根据录音整理,有的发表了。我觉得,在这些问题上,如果不是自己调查、研究、思考,就讲不透。

宣:您做的这些事情从学理上是完全符合规律性的。我也经常说,党委领导,领导啥?就三件事情,第一件就是愿景的战略规划,第二件是制度的建设,第三件是队伍建设,管干部、管高层次人才队伍。实际上就是这三件事,而您做的完全符合领导学的基本原理。2007年国家提出建设"高等教育强国"的命题,辽宁也是我们国家老工业基地,大连理工大学在这样一个区域中,您是如何思考它的发展定位的?在战略规划中,您觉得大连理工大学战略定位最大的亮点、特色,以及对后续办学的指导意义、引领作用主要体现在什么地方?

张:在做战略规划的时候,我们当时研究了几个学校,我在想我研究哈佛、北大对大工来说意义不是很大,我们还是要多研究与我们类型相近的学校可能借鉴意义更大。国内我研究了华中科技大学,原来华中工学院和大连工学院差不多,但是为什么后来华中科技大学发展那么快?同时研究了香港科技大学,香港科技大学1991年建校,历史那么短,为什么成为了世界一流大学?还研究了英国华威大学,它1960年代建校,当初我在牛津进修了一个月,专门研究了华威大学。那个时候华威大学在英国大学中排到前五,我就在思考它为什么能迅速发展。

宣:华威大学后来被伯顿·克拉克称为"创业型大学"的典范。

张:美国我研究了两个大学,第一个是理工科的先驱麻省理工学院,还有一个是卡内基·梅隆大学,卡内基·梅隆大学最初是一个技术学院。

宣:卡内基·梅隆大学后来在机器人领域是全世界最顶尖的。

张：我们回顾大工，从历史上来看，许多方面走得早，走得好，为大工后来的发展奠定了基础。大工有很多自己的经验，如大工在1960年代成立之初就很重视理科，工科院校中，大工的数学、物理、化学都很强，这些理科的发展支撑了大工的发展。大工在1980年代抢抓中美科技合作的机遇，发展管理学科，形成了大工管理学科的优势，等等。我们研究了一些大学，给我们提供许多思考与借鉴。如华中科技大学也是工学院，为什么它发展那么快？给我印象深的有几方面，如"文革"后期，一批被打为"牛鬼蛇神"的学者调到华工的很多，这些人很多是学术造诣很深的人；华中科技大学很早就重视发展文科，整个学科结构发生了变化，后来还并入了医学院，超前部署光学学科等。我们研究这些大学并进行对比，哪些地方我们抢占了先机，哪些地方我们需要借鉴人家的经验。在此基础之上，我们来思考对我们的发展，构建大工的学科布局，找到一些新的增长点，谋划发展的蓝图。这个过程是一个启发大家思考的过程，是一个统一思想的过程，是一个凝聚智慧的过程。

理工科为主的高水平大学怎么办？我认为，从世界高等教育发展趋势来看，世界的一流大学，包括麻省理工学院、加州大学，基本上都完成了"综合化"；从国内来看，清华大学、华中科技大学也完成了"综合化"。我有时候开玩笑，我到大工来，我是少数派，领导班子清一色都是理工科出身，就我这么一个文科出身的。我说，我希望大工要重视发展文科，不是我个人的学科情结，大连理工大学要想走得远、发展得好，除了发展理工科外，一定要重视文科建设。为什么呢？第一，从人才培养角度来说，学生的知识结构不能都是理工科，没有人文社会科学知识是不完整的，学生不仅要有科学精神，还要有人文精神；第二，从学校文化来说，没有文科，大学的文化氛围将是一种什么样的氛围？我认为将会缺少很多亮色，会单调，不是一个百花园；第三，理工科院校发展文科，可能会形成很多文科院校产生不出来的交叉学科，文理交叉，文工交叉，可以为繁荣我们国家哲学社会科学做出贡献。有人说我到大工以后很重视文科的发展,我说,这不是我个人的学科偏好,我是从办一所高水平一流大学角度考虑,文科不是摆设,不是花瓶,不是可有可无的,它是办一流大学的内在要求。

在战略研讨会上,我谈到什么是一流大学,什么是高水平大学。我提三条:第一,一流大学一定是一个有很好文理基础的大学;第二,在文理基础之上,一流大学是多学科的,但是有多少,这个视大学具体情况而定,不是说越多越好,普林斯顿大学没有商学院、法学院,但它是一流大学;第三,一流大学一定是研究型大学。开完会之后,学校的一位院士对我说,赞同我对一流大学或者说综合性大学的表述。什么叫综合性大学,不是过去说的学科多了就叫综合性大学,它是有层次的。我认为大工要办世界一流大学,要遵循一流大学的发展规律。

当然,我们的战略规划也确立了一系列的发展目标和举措。总之,通过这样的研讨和制定战略规划,我们对办一个什么样的大学和怎样办好大学有了更深刻的认识。

完善大学治理还有许多工作需要做

宣:您在任期间,2011年,教育部力推大学章程的制定,其实也就是想推进依法治校,您对学术权力、行政权力及二级学院的权力监督和制约机制等方面研究很深入,那么,这些跟您当时对大连理工大学内部治理的一些构想,有怎样的关系?您是怎么来思考这个问题的?您刚才也讲到制度建设十分重要,那么您是怎么做的?

张:在国内,我对大学的学术权力和行政权力研究是比较早的。1994年我考入厦大、师从潘懋元先生后开始思考这个问题。特别是1995年我当了大学校长后,我经常听到教授们说,现在大学哪是我们教授说了算呢?权力都在机关,连后勤的员工分房子都比我们优先;我也经常听到机关同志说,大学里教授我们管不了,他们可以不用预约随便就来机关提意见。显然,两个不同的群体、两种不同的力量,对许多问题的看法不一样。当校长经常听到两方面的意见和抱怨,是常常处于两个群体、两种力量的风口浪尖上,常常要协调他们的关系。办大学又离不开这两个群体和两种力量,必须处理好两者关系。当时,我觉得这是大学管理中的现实问题,或者说是今后大学内部管理体制改革很重要的课题,应该很好地研究。入学后,我们读了伯顿·克拉克的《高等教育系统》、约翰·范德哥拉夫等人的《学术权力》等,收获很大。他们对学术权力阐述得透彻,却没有"行政权力"的概念。后来,我看到国内一篇论文有"学术权力"和"行政权力"这两个概念,那是1992年的一篇论文。这也正是我一直思考的问题,所以,我的博士论文就确定为"高等学校学术权力与行政权力的关系研究"。我不是最早提出"学术权力"和"行政权力"概念的人,但是,以二者关系进行研究做博士论文的我可能是第一个。我的研究得到了我的导师潘懋元先生的鼓励、支持和悉心指导。

宣: 实际上在工作中面对这两种权力,也经常在博弈。就像金庸先生小说中的周伯通,他经常左手和右手互相博弈。在大学里,在校长身上,行政权力和学术权力要在他一个人身上统一并且互相博弈,其实都取决于他个人。

张: 1990年代,在学界关于大学制度的研究陆续多了,后来,高校内部管理体制改革的概念很少提了,大学制度建设的概念取而代之。2010年,《国家中长期教育改革和发展规划纲要(2010—2020年)》正式提出"完善中国特色现代大学制度"。学术权力、行政权力及其治理结构问题、大学章程问题等都包括在大学制度建设的体系中。我是2007年9月来大工工作的。2008年年初,学校召开第一次发展战略研讨会,最后我做总结。就如何办好高水平大学,我强调了两点。第一条就是大学的制度建设,大学制度是大学运行的规则体系,是顶层设计。我们在治理结构和运行机制方面有许多需要完善,这对大学非常重要。第二条是大学的文化建设,文化是大学的灵魂和血脉,是大学的风气和氛围,影响、约束、规范每个人的言行;文化对学生起着潜移默化的作用，是大学的课程，具有独特的育人功能，这对大学非常重要。学校要重视这些工作，党委书记要带头抓好这些工作。

抓制度建设，有许多的事情需要做。我举个例子，我们坚持党委领导下的校长负责制，可是，党委会怎么开比较好，校长办公会怎么开比较好，党委会和校长办公会之间的关系怎么处理，并没有明文规定。当时我就提出，开好党委会和校长办公会，第一，事先要有议题，议题要沟通；第二，议题要有方案，要经过有关部门和程序讨论；第三，会议最后形成纪要，主要领导签字，纪要存档，决议下发有关部门执行。我们规范了学校的党政联席会议，可以作为沟通情况的工作机制，决策要上党委会或校长办公会。还有一个问题，党委书记要不要参加校长办公会，那时候校长办公会我不参加，特殊事情我才去。我了解到有些大学，党委书记参加校长办公会，经常是党委会开完了，接着开校长办公会。我觉得，这样不太合适，重大事项党委会讨论，一般行政事务校长直接去主持研究，书记为什么要去参加呢？

宣：是的，这样很规范、很清晰。我也是从来不参加过校长办公会，校长事先会把校长办公会的议题跟我沟通。我们浙外洪岗校长做得特别好，会前我俩会把议题、主要结论，可能会形成的决议、想法，事先都沟通过，哪些事情可能要在党委会上讨论，哪些事不需要。沟通好之后，党委会决策效率就很高。

张：我认为党委会有党委会的职责，党委会与校长办公会各自应该研究什么事情，是比较清楚的。我和校长之间的沟通很好，党委书记不需要这两个会都参加。一些重要事情我们事先沟通，然后，分别在党委会或者校长办公会研究，无论从决策的程序、决策的效率来看，都充分发挥了党委会和校长办公会的作用。

一些重要改革我和校长都事先深入沟通，取得共识，共同推进。比如说学部制改革。学部制改革是校长提出来的，作为书记，我是很认同这个思想的。中国大学的学术组织1950年代开始是学习苏联，设系和教研室；改革开放之后又学习美国，但是学得又不像，系一翻牌子变成了学院,大学里面三四十个学院。学院一旦成立了之后就形成了壁垒,这种壁垒严格说来,对人才培养和科学研究都是不利的,有了壁垒就拼命自保,维护自己的利益。所以我和校长交流,都认为这种学院制是有问题的,校长要搞学部制,我非常赞成,它有利于人才培养。学校实行大类招生,把壁垒打破了,有利于组织大团队,有利于学科交叉,等等。所以那时候我们把二十多个学院改成若干学部,实行学部制。学部制改革,一个学部常常把几个学院合并起来,有的学院会抵触,所以,用个"学部"的名字,这个"学部"实际上就是学院。

宣:您今天把实行"学部制"的动因、初心讲得很清楚了。我过去对"学部制"是持保留看法的,我认为"学部制"增加了学校管理的层级。但是您刚才讲到当时学习美国的"学院制",大连理工大学也是比较早的,1990年代初期就搞"学院制"了,而我们国家高校当时的"学院制"实际上是由系升格的,也有系合并而成的,所以一般就搞三十多学院。其实研究世界一流大学,比如美国,一般一个学校的学院数量在8到12个,不会像我国大学有二三十个那么多,所以大连理工大学实行"学部制"实际上是对学习美国"学院制"的一种纠正,但是这不能够叫学院。

张:虽然叫"学部",实际上就是"学院"。

宣:这样我理解了"学部制"。

张:为了推动改革顺利进行,我们一开始学部下设的学院,院长和副院长保留正处级和副处级,他们的任职由学校来决定。这在运行过程中是有问题的,因为学部的部长和副部长也是正处级和副处级,学部和学院行政级别一样,运行常常产生一些问题。后来,在我快要退出领导岗位的时候,我们进一步完善学部制:一是学部下设学院或系,设什么样的院或系由学部决定;二是取消学部下设院系负责人的行政级别;三是学部下设院系负责人的任命由学部决定,报学校备案。这样,学部制的运行就比较顺了,实际上学部下设的系或学院的设置、干部的任命都应当由学部说了算,真正把学部做成实的,成为二级单位。

宣:因为历史的原因,其实学部本来就应该叫学院。

张：之所以叫学部，我认为，是基于有很多学院已经存在的这样事实，一些学院合并，只好上边套个"学部"的帽子，关键是要实行学校和学部的两级管理。

宣：按照我们国家的学科分类，也就13个学科门类，按照道理来说，综合性的大学也不应该超过13个学院。

张：我觉得这是大学治理结构的问题。现在的治理结构的问题，一是学校宏观治理结构有许多没有完善，二级学院治理问题很多；二是学校和二级学院治理关系——校院关系，这是完善二级学院治理结构的前提，我觉得我们现在的校院关系还是传统的直线职能制。而且学校的二级学院基本是个生产车间，不是一个办学实体。要谈二级学院管理、二级学院治理结构，一定先解决校院关系，所以我提出一个命题叫做建立新型校院关系。我一直想写文章，我一直也在思考，大学治理要强调三个问题：第一，学校完善治理结构；第二建立新型校院关系；第三，完善二级学院治理结构。

宣：学科建设、学校发展最后要落实到人身上。

张：我认为，学科建设一定要将人、制度、文化几个因素放到一起思考，否则规划就只是下面学院向领导汇报，说我要达到什么水平，我能超越什么，然后要资源。不解决人、制度、文化的问题，学科规划常常就是讲一个美好的故事。不解决人的问题，学科目标怎么实现？不解决制度和机制，学科交叉怎么进行？我们总是喊学科交叉，可是做起来很难，为什么，是缺乏相应的机制。

我认为，大学就像自己家盖房子一样，一个建筑要有基石，要有四梁八柱。大学要有四座基石，第一是学科，大学所有的活动都是围绕学科；第二是人；第三是制度；第四是文化。大学只有把这四座基石立稳了，才能发展好。我给李枭鹰教授《大学论》写的序言，题目就叫"大学的四座基石"。基于这样的认识，我认为，大学的学科规划一定有人的概念，学科的目标要靠人来完成，做学科规划一定要有人才规划。人才够不够？如果不够的话，那高水平人才在哪里？你能不能找到高水平人才？我们要想办法去找。我和同志们说,如果需要我一起去找,我一定跟着去。

宣:我在浙外经常说,我们要打什么样的仗,就需要什么样的将军,这个将军就需要什么样的士兵。一定要找到合适的人,否则仗打不赢。我担任党委书记快十年了,我一直讲如果去招哪一个顶尖人才需要我出面,我拎包就走,我愿意陪着大家一起去招人。

张:所以大学领导和二级学院领导心里要有笔账。在吸引人才的问题上,现在有三种情况:第一,主动出击去找人才,这种情况少了;第二,守株待兔等人才,这种情况比较普遍;第三,武大郎开店挡人才,怕人才来了自己利益受影响。哪个院系主动出击,哪个院系武大郎开店,哪个院系守株待兔,我们要清楚。我认为,作为大学领导,要鼓励"主动出击",推动"守株待兔",对于"武大郎开店"就不要客气。只关注学科,不关注人,学科就没有依托。

依法治校这个问题是绕不过去的

宣:2011年国家规定要制定大学章程,对中国高等教育来说这是一件大事。您对未来大学章程的履行、依法办学等,有怎样的一些思考?

张:我们做高等教育研究的都知道,大学章程非常重要,章程是大学的"准生证",建校之初就应该有章程,然后按照章程建校、治校,这是最简单的道理。我之前说了,中国大学历史上是有章程的,从京师大学堂开始,到新中国成立后一段时间大学都有章程,后来中断了。现在我们提出制定大学章程,实际上是"补课"。我们的大学办了那么多年,是在没有章程的情况下办的,现在要制定章程,这不是"补课"吗?当然,这个"补课"非常必要,非常重要。"补课"有一个很重要的问题,就是章程和学校目前制度的衔接问题,章程的法律地位要确立。

对大学章程,我很早就关注了,这可能和我的学术背景有关。2004年,我指导一个研究生研究大学章程,硕士论文也是关于大学章程,我和我的学生 2006 年在《高等教育研究》上发表了《关于高等学校章程制定与实施的几个问题》。实际上,我到大工之后就开始酝酿大学章程方面的工作,大工的有关同志也很重视这项工作,后来国家要求各个高校提交大学章程,大工很快就提交上去了。

宣:实际上在国家号召之前,您已经是在思考、组织、制定章程了。

张:我思考得比较早。我知道,当时最早制定章程的是吉林大学。

宣:对。吉林大学因为合并,需要一个统一的法规。

张:但是,后来我发现一些大学章程制定之后,发挥的作用不大,甚至被束之高阁,让人感觉有章程和没有章程没有什么区别。章程在大学治理中的法律地位没有确立,章程的权威没有树立,章程的治理作用没有得到很好的发挥。实际上,《高等教育法》中只是规定了大学要有章程以及章程应该规定的主要事项,并没有规定大学要按照章程办事。

宣:对,《高等教育法》中对章程的地位没有明确。

张:后来,教育部要求大学制定章程,很多学校按照要求陆续制定了章程,这个过程有点像学生给老师"交作业",问题还在于,我们高等学校把章程提交之后,没有做好章程与既有的大学各项制度之间的衔接,没有形成以章程为核心的大学制度体系。本来,应该先有章程,再有大学的各项制度,我们是先办了大学,有了各项制度。现在制定章程,等于"补课","补课"后,就应该用章程去审视我们既有的制度,看看哪些现有制度不符合章程,哪些制度缺失需要制定,就是说,需要做"立、改、废"的工作。但是,我们的大学基本没有做这项工作,因此,大学章程与既有制度存在一定的"脱耦",具体表现在三方面:缺失、冲突、滞后,这个观点我在有关的文章中表达了。所以,法律上既没有明确章程的地位,又没有做好章程与制度之间的衔接工作。那么,章程的权威在哪里?章程作用在哪里?章程意识在哪里?

宣:最终对高校的办学行为没有任何约束。

张:我认为,如果要推动依法治校,非常重要的几点是:一要明确章程的法律地位,二是教育部要推动大学章程和大学制度之间的衔接,三是高校要加强章程意识。我认为目前这三方面都有问题,但对这个问题我是有期待的,中国大学的治理,这个问题是绕不过去的。

要建设世界一流大学,实现依法治校这个问题一定要解决。就像您刚才说的,从法律上明确大学章程的法律地位,然后从章程的制定、审核程序等方面进行反思,使它真正具有权威性。最后,大学章程在内部如果真正要执行的话,还需要有相应的机制,包括监督机制,来保证运行。比如说,大学每年要发布大学章程执行报告,国家应当来考核、评价大学章程执行情况,首先看章程与制度之间有没有衔接,这是最起码的要求。因为我国高等教育是后发外生型高等教育,从最初开始,政府与大学关系就非常紧密,中国整个高等教育发展都是政府用政策推动,这个是优势,也有弊端。弊端就是大学跟着政府走,政府要大学做什么,大学就做什么,大学缺乏动力。目前,一方面要发挥政府推动作用,另一方面大学自身不断增强内生动力,要二者结合起来。

宣:我原来想过两条,第一条,我曾经试图推动地方人大立法来讨论这些事情,那时候我参加过省人大召开的关于立法库建设的专家咨询会。我当时还在浙江农林大学工作,刚好教育厅希望浙江农林大学先试点,拿出浙江省的第一份大学章程。我从一个学者的角度,在人大专家咨询会上提出建议,希望浙江在大学章程的制定上做些探索,我说总书记要求浙江走在前列,勇立潮头,在现代大学制度建设上,浙江省是可以走在前列的。我曾经呼吁过,但是没有实现。第二条,总书记非常重视依法治国,在十八届四中全会专门讨论这个问题,要求所有的政府官员上任时都要手按宪法宣誓。实际上我们在研究大学校长管理专业化讨论到依法治校时,设想大学的校长上任时,也应该按着大学章程宣誓,这样做之后,大学章程的地位、约束力可能会更大,这个问题是很值得思考的。我们在研究如何推进大学治理体系与治理能力现代化的时候,这是个很重要的问题。

张:这是个很重要而且绕不过去的问题。

大学需要有自己的"文化印记"

宣：前面您说到"四座基石"，最后一座"基石"就是文化，我们也知道您非常重视大学文化建设，对大学文化也是非常有研究的。我们很想知道，您在大连理工大学的文化建设中，有一些什么样的体会？

张：我们可能都知道，1980年代我们就叫"校园文化"。后来我去日本学习，看了很多文献，我觉得"校园文化"这个概念太狭窄了。所以我1991年写文章就用"学校文化"概念。因为严格说来，校园是个空间概念，学校是个组织概念，所以我1991年发表了《论学校文化的内涵、类型及功能》。

宣：学校文化是一种组织文化，而不是区域文化或地域文化。

张：在1980年代，校园文化主要表现一种文化活动、文化生活，是表面层次的文化，大学文化是包括校园文化在内的层次丰富的文化。我把大学文化定义为：大学人在长期的办学实践中所共生、所共享、所传递的思维方式和行为方式。我把大学文化看作大学的基石，为什么呢？第一，我认为它是大学的灵魂，是大学发展的支撑力，也是大学发展的内驱力。大学文化看起来是很虚，但实际上所有事情都离不开文化建设。就大学治理来说，如果没有一个好的大学理念，设计不出来好的制度；就算有好的制度，但如果没有好的文化和理念，好的制度也执行不了，因为人的行为是受理念、价值取向、行为方式影响的，文化影响制度的制定与执行，文化是大学背后的"隐秩序"。第二，大学文化与其他组织文化包括企业文化所不同的地方，就是其育人功能。企业文化研究得火热时，大学文化研究并不受重视，企业老板比我们聪明，他们知道企业要形象、品牌、影响力，他们宣传企业文化无非是为了凝聚员工，凝聚人心。

宣：文化能够给企业带来价值。

张：能给企业带来价值，对内凝聚人心，对外树立企业良好形象，因此总是要有文化方面的一些表述,外塑形象,内聚人心,最后获取经济利益,这就是企业文化。我们说,大学文化具有管理功能,大学文化还具有独具的育人功能。大学的基本职能和根本任务是培养人,大学的理念、教师的思维方式和行为方式,最终都会影响到学生身上,所以大学文化是大学课堂、大学课程,是大学中的隐形课程,其育人功能非常明确。所以大学领导要注重大学文化建设。大学文化作为大学的理念,作为大学的理想,引领大学方向,使此大学区别于彼大学,大学之间的不同,实际上就区别于文化。对一个学校、一个组织来说,大学文化是标识。从治理来说,是治理背后的隐秩序。

宣:这就是华中科技大学涂又光先生的"泡菜理论"。他认为,大学文化就是一个"泡菜坛子",每个学生都是"白菜",不同的大学就是不同的"泡菜汁","白菜"泡进哪个"坛子",就是哪个味道。

张:大学里,"文化"这个大课堂无时不在,学生时时刻刻都在里面,每个学生走出校门,都打上了这个学校的"胎记"。

宣:杨绛先生称之为"母校的味道"。

张:我把这叫做打上这所学校的"文化印记"。外界经常说"清华人"、"大工人",每个学校校风、文化都不一样,所以我认为大学文化非常重要。我在大工任职期间也重视大学文化建设,首先组织制定了《大连理工大学文化建设纲要》。

宣:那很早了,而且也很少。

张:我们还在宣传部成立了"大学文化建设办公室",拨款,给编制。当然还有一些工作,比如凝练大工精神。在我去大工不久,组织同志们把大工精神凝练为16个字:"海纳百川,自强不息,厚德笃学,知行合一",这16个字,内涵着大工历史、传统、校风和追求。故事是文化的重要载体,我们说一个大学有文化,它就一定有很多的故事,要梳理文化、传承文化,就要讲故事,把一些令人感动、让人振奋的故事传承下去。当时,我让团委做了件事情,叫"走近老教授",让团委组织学生访问老教授,请他们讲他们听到的和经历的办学治校、治学育人的故事。通过这样的活动,进一步整理大工的文化,对学生也是很好的教育。好多七八十岁的老教授给学生们讲过去动人的故事,使学生们感受大学的创业,感受老教授如何精心育人,如何潜心治学,领教老教授的风范。每个故事都有录音、视频,放在图书馆,我希望到图书馆像借书一样,可以方便地看到视频。未来几百年都可以看到这些老教授的故事。

宣:文化以故事的方式传承是最好的。

张:如果不去做实,文化就是很虚的东西。大学理念需要用各种形式体现出来,需要以各种形式弘扬出去。同时,我要求大学文化从基层做起,大学文化不仅仅是书记、校长的事,每个学院都要有自己的文化,既要与大工的文化结合起来,又要有属于自己学科、学院的特色。做好二级学院文化,也是在做好思想政治工作。文化就是一种氛围、一种自觉、一种集体习惯。所以,我认为文化建设要从基层做起,虚实结合、内外结合、上下结合。我们开了很多文化方面的座谈会。我认为,领导者推动大学文化建设要动脑筋,要研究大学文化的建设规律。

宣:有人说,大学就是在把老师教的知识全部忘掉之后,留下来的那部分东西,这就是大学给予你的,而这恰恰就是大学文化给予你的。所以我跟浙外学生说,我们浙外学生跟对面浙工大学生怎么区分?我说浙外的学生就应该更有国际范,所以浙外的文化一定要多元、高雅、现代。多元,是因为浙外学不同国家的语言,要有多元文化,要兼容并包,当然还要高雅,要现代,要学习先进文化,所以最后体现在浙外教师和学生身上显现出来的这种精神气质就是国际范。这种作用对他一生其实是会产生持续影响的,浙工大的学生是"厚德健行"——做人厚道,能干事,做事情扎扎实实,浙工大给我的其实一直就是这种文化影响。学科给予我的思维方式的影响都很大,就是您前面说到的文理融合,我做高等教育研究,其实我都是用我学化工那种工艺的思维方式,比如系统论、控制论、信息论,用这种方式来思考问题,对我研究高等教育的影响也很大,所以张书记的大学文化建设是很值得我们学习和借鉴的。

张：当然校园文化也很重要，校园的各种活动要形成一些品牌。我在学校当党委书记的时候，学校每年办文化节、校园嘉年华，给学生大学生活留下很深的印记，学生毕业若干年之后还有回忆。另外我们提出大学要多些"三高"——高水平演出、高水平报告、高水平体育赛事。

宣：这些都是您讲的校园文化中的行为方式文化了，它的背后实际上还是大学的价值观、理念和校园精神，都是学校精神在这种活动、在这种行为方式中的一种体现，是一种载体。

大学的创新需要高度集成

宣：张书记，我们还想了解一个问题，跟高等教育发展是很有关系的。2013年我们国家曾经推出过"2011计划"，第一批入选的高校只有14个，大连理工大学是其中之一。您怎么看待"2011计划"及其它后续发展？

张："2011计划"提出之后，我在《中国教育报》发表了题为《协同创新：全面提高高等教育质量新引擎》的文章，我认为这件事情非常重要，因为"协同创新"提出了一个重大的高等教育理念，也是一种推动高等教育发展的内在的改革动力，会产生一些高等教育发展新模式，会影响未来高等教育的发展道路，所以，它是涉及理念、动力、模式、道路的问题。我在学校会议上讲，从高等教育发展来看，它不是一个简单的科研计划，而是一个新的高等教育理念，将大大推动高等教育发展。过去我们都是守在一个学科里、守在一个学校里去做事情，协同创新就要打破这些学科的边界。学校有学校的边界，学科有学科的边界，打破边界实际上是一种改革，改革体制机制，改革组织模式，改革人事评价制度，它可以创造出高等教育发展的许多新模式。所以我专门写了一篇文章，我对这件事报以极大的热忱。我们大工也是非常积极，大工积极申报还有一个原因，就是我们有很好的协同创新基础和实践，这也是为什么会一箭中的的原因。我在教育厅的时候，对大工有两件事情印象很深：一是大工老校长钱令希先生很早就推动了创新教育，大工创新教育两次获得国家教学成果一等奖，这是很不容易的；第二件事是和沈阳鼓风机厂进行深层次的产学研合作，很早和沈鼓联合办了一个研究院，叫大工沈鼓研究院，就是要解决企业长远发展的技术、工艺、产品问题。过去的产学研合作很多一时一事，有的打一枪换一个地方，还有"星期六工程师"。当时，大工沈鼓研究院，是实体，各自出人、出钱，围绕企业长远发展战略角度，解决一些重大问题，是一种深层次的产学研合作。中央电视台播了个纪录片叫《大国重器》，其中讲沈鼓的一些重大产品，有些就是和大工合作的成果。

宣：大连理工大学在国家重大战略中有一席之地。

张：我当教育厅长期间，在很多场合介绍全省高校的亮点，我常讲大工的两件事情，一件事情就是创新教育，解决了很多课堂培养解决不了的问题，另一个就是深度的产学研合作。

宣：实际上也就是解决高等教育办学的一个方向问题，就是服务国家和区域经济发展的重大战略。

张：我对"2011计划"报以很大的热情。我认为，这是服从国家重大需求和解决重大科学问题的需要，是高等学校的责任和机遇，是高等教育发展理念、模式的创新，也是学科知识生产模式变迁的内在要求。我最近写一篇文章，也想请教您，是关于学科生产模式变迁与"双一流"建设。我的基本观点是，学科知识生产模式经历单一学科生产模式、跨学科生产模式，但是现在有一种趋向，和跨学科不一样，因为跨学科还是学者间的交流、不同学科之间产生新的理论。协同创新和跨学科模式不同，我把它称为第三种模式，叫"超学科模式"。我认为"超学科模式"有三个特点：第一，以问题为导向；第二，主体多元化，主体不仅是学者，还有企业、政府、社会，联合解决一解重大的问题，比如航天工程问题等；第三，在前两个基础上知识的整合再创新，包括理论知识和实践知识的整合再创新。

宣：它会引发很多学科领域的一些革命性变化。

张：从历史的发展来看，大学发展的推动力主要有两个：一个是大学外部的需求，社会和人们对教育的需求；另一个是内在的学科力量，学科推动。学科推动受学科生产模式影响。大学最初只有四个学部，神学、医学、文学、法学。后来学科分化越来越多，所以才出现了德国的讲座制；随着学科知识分化和知识生产的需要，出现了美国的院系制、交叉学科、多学科中心等。现在要推动大学的组织变革、人才培养模式改革、科研模式变革、评价制度改革，我们就要遵从学科知识生产模式变革的要求。我们在大学变革中常常提到跨学科，其实，我们还要关注超学科的知识生产模式对大学的要求及其影响，特别是高水平的大学要关注这个问题。协同创新不仅适应跨学科知识生产，也适应超学科的知识生产。学科知识生产模式在变革，它一定会推动大学人才培养、科学研究、组织形态评价制度的变革。

宣：您刚才这个问题讲得非常好。以问题为导向，多元主体，包括政府、企业、研究机构以及很多大学，基于问题共同研究，然后在这个研究过程中推动了其他学科的发展，包括材料学、生物学，等等，其实这种模式在美国已经形成了，比如阿波罗登月计划，其实就是您说的第三种模式，它并非是某一个大学独立承担，必须整个社会来做。我们国家实际上缺少这种大的平台，而"2011 计划"实际上是在向这个方向努力。

我一直在思考这个问题，再发展下去大学学科会消亡吗？不会消亡的。现在的倾向是，知识生产模式发生变化以后，大学学科边界没有了？接着学科没有了？不可能！知识生产需要学科存在，它只是需要一种平台，让多学科参与到平台中，而不是学科消亡。

张：我认为学科不会消亡。因为学科是知识存在的形态，学科知识生产模式在变化，过去知识在单一学科内存在、分化、增长，后来，有了跨学科（交叉学科），现在，又有了超学科。每一种模式的产生，都不是对前面的模式的否定，而是更加丰富了。现在是三种模式同时存在，证明我们的知识生产更加多样化。

我觉得对"协同创新"问题，我们还要重视起来。所以我们应该呼吁，"双一流"中其实应该有一个指标，进入到"2011 计划"的高校应该进"双一流"名单。进入"协同创新计划"名单的高校一共才多少，第一批是 14 个，加上第二批也才三十多个，很不容易的。听说"双一流"建设有很多指标，比如 QS 排名、ESI……

其实咱俩的研究项目有很多相似之处，我知道你从博士期间就开始做关于学科的研究。从理论上来说，大学就是围绕着学科进行知识的生产。

宣：对，大学就是学科的组合。

张：学科是大学的核心。所以伯顿·克拉克教授说，学科是高等教育的实质与核心。从实践看，我认为学科是大学的基石。你我都很重视学科，一是因为我们的学术爱好，二是我们的实践与管理经验可能对我们的研究会有一些作用。

宣：为什么前面我对您用了"景仰"两个字？因为您既是高等教育实践的推动者，担任过国家重点大学的领导者、也担任过教育厅长，同时您又是高等教育领域前沿问题的研究者、引领者，所以这二者在您身上结合得很好。

访谈手记

张德祥书记算是我们课题组的老朋友了。早在七八年前由于承担教育部重大课题攻关项目的缘故，我与张书记的研究有了诸多交集，相同的学术志趣，我便有了更多向他讨教、学习的机会。张书记许多文章和书籍我们团队的老师和同学们之前都有读过，所以当张书记答应接受邀请来杭州时，大家都很期待。记得确定访谈时间的过程中，张书记夫人身体抱病，非常需要他在身边照顾，但是张书记说，因为我们是老朋友，所以还是如约而至，这让我们深受感动。为了更好地"用足"张书记,我还特意把上午访谈的时间和下午硕士生毕业论文答辩放在了同一天。

来到访谈现场的老师、同学很多,但张书记仍亲切、和蔼地同在场的老师同学一一进行握手。穿着白衬衫、西装裤的张书记气质温和儒雅,很容易让人想到"谦谦君子、温润如玉"八个字。之后与同学交流,大家也有同感,这许是与张书记本人的性格、他多年来担任教师且从事教育研究的经历有关。在访谈中,张书记回忆起沈阳师范学院那段艰难岁月中的坚持、勇气和魄力,在困顿的环境中张书记超乎常人的前瞻性、毅力和不服输的劲头让人动容。尽管张书记在讲述过程中语气轻松,似乎早已风轻云淡,但是,给我们每一位在场的人带来的却是实实在在的震撼。也许正如张书记所说的,教育是他一辈子的情缘,已经融入到了血液里。上午四个小时的访谈结束后,下午张书记以答辩主席的身份参加了硕士毕业论文答辩。作为教育学博士、高等教育专家,他深厚的学术修养让大家钦佩不已,一针见血而不失幽默的点评让大家受益匪浅。

李发伸：做西部文章　创一流大学*

　　李发伸，1940年9月生，四川万县人。兰州大学原校长、教授，第九、十届全国人大代表，国务院学位委员会第四、五届物理学天文学学科评议组成员，曾任国际穆斯堡尔谱应用咨询委员会委员。1951年至1957年就读于重庆育才中学，1962年毕业于兰州大学物理系，留校任教。1981年10月至1983年10月以访问学者身份留学德国鲁尔大学（波鸿）物理系。返校后曾任科研处处长，1989年10月担任兰州大学副校长，1993年2月至2006年担任兰州大学校长，长达13年。曾兼任国家重离子实验室事副主任、中国核物理学会穆斯堡尔学组副主任等学术职务。

---

* 访谈时间:2019年5月28日;访谈地点:杭州莲美术馆;整理人:凌健、许益。

扩招是有利于中华民族千秋万代的大事

宣勇(以下简称"宣"):李校长好!欢迎您的到来。我们知道李校长1957年进兰州大学,当时是17岁,一直到2010年也就是70岁的时候退休。在兰州大学学习、生活、工作53年,从1993年开始担任兰州大学的校长长达13年,可以说是土生土长的兰大人。成长起来的同时又回馈兰州大学,为兰州大学的发展作出了巨大贡献。我们大家特别期待您分享您对兰州大学的情怀和兰州大学对您的人生意义。

李发伸(以下简称"李"):我收到了这个访谈提纲,看了以后感觉题目很大:"与新中国同行"。按照我的理解,宣书记您给我布置的任务是要从兰州大学这个角度来反映与新中国同行高等教育的发展之路。我根据这个思路,就找到现在的校办主任,请他在秘书科帮我找来一些数据。1949年、1958年、1978年、1999年、2006年、2018年,整个在校的本科生和研究生人数,教师人数,教授人数,副教授人数,院系数、本科专业、博士点、硕士点、博士后流动站、科研经费的数目,国家和部委实验室的数目以及校园面积。从这些数据里可以看出,比如说本科生,从1978年的2000多人增加到2018年的19000多人,将近2万人,增长了8.4倍;更重要的是研究生,1978年,全校才119个人,到2018年是13131个人,增长多少?110倍!当然,相应的教师总人数、教授的人数、副教授的人数,这些实际上是为培养研究生、培养本科生服务的,所以说这些也都有相应的增长。比如副教授的人数增加了100多倍,教授人数,1978年只有8个人,现在增加到588个,增长也是七十多倍。当然为了要完成这个任务,也有相应的科研经费的增加,科研经费大概也都是300倍的增加,校园面积,也是大概都是七八倍的增加,当时我们只有800多亩地,现在可以到6000多亩地。不止两个校区,现在把医学院并进来了以后面积更大,如果这些都算进去的话,就不是6000多亩地了,实际上已经达到8000多亩地。

宣:这些数字很能反映变化,您觉得变化的总体基调是什么?

李：从总体来讲，我觉得主调是发展。研究生过去几乎是零，没有教育部层面的正规的研究生规章制度或者组织机构，这些都是在改革开放以后才开始的。总之，全国招生变化巨大，影响非常深远。我自己是 1957 年考的大学，当时全国只有大专、本科，研究生是没有的。一直到 1978 年前后，高考录取大概是 3% 左右。这 3% 左右的竞争也是全国招生意义上的毛入学率，就是所谓精英教育。精英教育的竞争是非常激烈的，如果没有亲历过，只是简单地回过头去看，很难想象那种精英教育下的考试和竞争已经达到一个什么样的程度了。当时我在重庆育才中学，那是陶行知办的，照说教学质量也是很高的。但考上大学、大专的整个加起来不超过百分之五十，也就百分之三四十的样子。在这么一个情况下，对于我们这样一个建设中的大国来讲，建设所需的人才是远远不够的。1999 年在京西宾馆召开第三次全国教育工作会议，当时我们都全程参加。那次会议之后才有扩招。扩招是一个有利于中华民族千秋万代的非常大的事情。所以，要讲新中国高等教育的发展，我觉得最重要的一件事情是规模的发展。高等教育是促进社会流动的一个主要通道，高等教育的规模发展增加了年轻人的发展机会，同时也为国家的发展培养了大量人才，这是一个非常了不起的事情。对当前、对长远，我觉得都应该给予最充分的肯定。

基础研究只有第一，没有第二

宣：你在兰州大学校长任期内，学校确定了研究型大学的定位，您当时好像特别重视研究生占学生总数的比例。

李：研究生的总量和学生占比必须要做上去，这是建成研究型大学的核心任务。

宣：研究型大学，从国外通行的标准来看，实际上研究生跟本科生的比例要达到 1∶1。刚才您说扩招是一件非常重要的事情，但是，据我所知，对大部分的部属研究型高校而言，比如像中科大，像清华，其实在扩招过程中本科生增长的并不是太多,主要增长是研究生。从宏观上来看,在扩招或者说大众化过程中,地方院校是主力军,贡献接近75%,研究型大学在这方面的贡献反而不是最大的。您是怎么来平衡本科生教育规模的扩张,因为兰州大学本科生扩张幅度是比较大的,同时您又要发展研究生教育、增加研究生的比例,两者之间怎么来平衡?整个办学资源,尤其在师资方面是有限的,您是怎么来考虑的?

李:还是回过头来说,研究生教育对我们的发展起了非常大的作用。我刚才说了,本科生和研究生人数、教师人数、校园面积,这些都是至少十倍百倍的增长。这里面有当时大的环境和形势,也有我们自己的一些主动的考虑,像研究生教育,我为什么一定要把它做上去?那时也没有提研究型大学的定位,这都是后来的事情了。这个蛮有意思,就是说规模发展体现在兰州大学的科研、本科生和研究生人数、校园面积,等等,现在想起来,觉得所有的推动和执行实际上都是有点像马克思主义中国化,也反映出我们兰大特色。因为兰大的研究生教育跟北大、清华那些学校不一样,而且到我当校长时才明白,尽管我们拼命想推动研究生教育,可那时候第一批、第二批、第三批的博士学位点评选都已经结束了,研究生院国家教委也都已经划定了,不让再增加了。我们两次想去努力争取研究生院,都被国家教委否定了。另一方面,要发展研究生教育,就应该从学科点的争取或建设入手去抓,可是那个时候我们又都缺乏建设学位点的自觉,当时没有这个意识。所以当时我们很可怜的,只有七个理科的博士点,其他的都没有;而且这种只有七个理科博士点的状况一直维持了好几年,我就感觉很紧急了。怎么办?仔细分析以后,我们决定先把研究生的规模发展起来,首先就是要发展学位点。

宣:研究生院和研究生教育这两个是互相关联的。

李:对。当时决定首先要多去教育部要研究生的名额,有一次碰见在学生司管研究生的韩建华(教育部学生司副司长),我就说应该给兰州大学增加研究生的招生名额,必须是计划内的招生名额。结果他说没有了,已经分光了,而且国家规定不能再增加。没有办法,后来东打听西打听,才知道可以自筹经费,学校自己可以先招。到第二年或者第三年了以后,再予以追认,叫"先上车后买票",大概就是这个政策。可是那会儿学校经费也非常紧张,我找财务处的处长。我就跟他说再困难也得给我一笔经费,至少100万,用于扩招研究生。这样才这么一点一点连着几年把研究生的规模逐渐做上去。与此同时,又抓紧通过各种各样的方式,增加我们学校的博士点和硕士点,就是建设硕士点也是由国务院学位委员会专家评审组审批。学位点评审是两年一次,大概经过几年以后就逐渐发展了学位点的规模。到2003年的时候,刚好是吴启迪副部长分管研究生,那是增加研究生院的最后一趟车,幸亏我们争取到了。有些学校一直到现在都没有争取到。

宣: 研究生教育的发展对于高校来讲,实际上存在很大的自主权制约,首先就是学位点,它需要申报。第二当然就是师资了,因为需要有能够带博士和硕士的教师。您当时是基于什么样的考虑做这些事情的?

李: 兰州大学要发展,就一定要把短板补上去。长远来看,各类各级岗位的领军人物一定是有学位的。如果说不发展研究生教育,很可能再过一些年兰州大学就会销声匿迹。不培养出高层次人才,在国内无论是人文社会科学、自然科学或者管理科学,就会处在一个次要的地位。兰州大学如果说要继续发展,发挥自己的作用,就要把研究生教育要做上去。

宣: 李校长您曾经说过,在德国学习的时候带给您两个启示,第一个就是大力发展研究生教育,这一点在您的办学治校当中已经充分地体现出来了。第二个就是高度重视科学研究,这是洪堡的理念,从德国柏林大学开始的。在兰州大学,您是怎么来推进兰州大学的科学研究的?

李: 我当校长之前当过科研处处长,主要任务就是抓兰大的科研。1978年,全校科研经费全部统计下来才200多万。兰大是一个文理综合大学,科研从哪里抓起来?我们也是动了相当多的脑筋,然后想办法做一些引导、鼓励的工作,适合于文理综合大学的一种抓科研的方式。

作为文理综合大学,外边能够争取的科研费也是很少,科研活动的范围很小,根本谈不上什么国家奖项这些东西,能够拿得到台面上、跟其他院校去竞争的几乎没有。当时只有很朴素的一个想法,就觉得科学研究特别要做好理科的基础理论研究。因为我们最强的实际上是数理化、生物、地理这几个原来的老底子。经过很认真的一些分析,确定要做好理科的研究。科学研究只有第一,没有第二,而理科的研究一定要走向国际,不能关起门来搞。

宣:兰大当时在论文发表方面在国内很有影响。

李:我当科研处长的时候就跟分管科研的副校长说,我们搞科研,包括文科的,一定要走向国际,不能关起门来。某省级学刊发了文章,这还远远不够,一定要走向国际,而且只有走向国际才能够判断是不是第一,第二没有任何意思。当时就出了一个政策,我们应该说是很早的,就是强调要发 SCI 的文章。当时甚至一直到现在学校里头都还有些老一点的教师,就经常说我发的是"三千三",实际上我们在 1980 年代强调这个事情的时候,SCI 的文章收录数目只有 3300 种左右,而国内的刊物只有一个《中国科学》,过了几年才有《科学通报》,其他的全都不算。当时要引导发 SCI 论文也挨了很多骂,很多跟我很熟悉的老教师,说话也比较随便,开玩笑说我跟着洋人的指挥棒转,跟着洋人的屁股后头走,好像发一篇 SCI 的文章,您就奖励。当时全年下来真正是作为奖励 SCI 文章下达的,一共只有 10 万块钱。

宣:1980 年代 10 万块钱也很值钱了。

李:之前的科研经费是切块分配到学院、项目,具体而言就是把经费切成多少块,比如切给化学系多少钱,然后报项目,就算有个交代。钱主要是分到系主任、教研室主任等人手上,真正需要钱的年轻教师是拿不到这个钱的。后来就把这个政策改了一下,把这 10 万块钱收上来支持发表高水平论文,发 SCI 的文章。只要老师把复印件拿过来,备案后就给一篇文章 2000 块钱的业务费,还不是直接装到教师口袋里头去的酬劳。2000 块钱的业务费对一个年轻教师是不得了的事情。

之后一些没文章的大教授就来骂我,说他发的《物理学报》《化学学报》,水平都很高,您怎么只认外国的呢?我们就讨论,然后就说一个大学科,有一个学报,可以报上来,《物理学报》没问题,《化学学报》也没问题,但是到生物这里就有问题了,当时还没有一个权威的《生物学报》。当时有学部委员提出来说《细胞生物学报》一定要有,但是《细胞生物学报》有了,《植物学报》自然也应该有,这样下来就等于下到二级学科了。好了,要是生物上有二级学科,那么化学物理这边又摆不平了。要引导到国际上面去很复杂,最后也是经过很多讨论,一开始是学术委员会讨论,再通过校学术委员会讨论。最后确定下来,坚持一个大学科只能有一个,由各个学科自己去推。执行下去的头一年,很多年轻助教、讲师就拿着复印件就来了,一下分了钱。结果一些大教授、年富力强的教授就跟我说您这个政策不合适。我说这样,就算亏您一次,您不说什么《物理学报》、什么《中国稀土学报》这些水平很高吗?比"三千三"都高,我就算亏您一次。以后您本来要投《稀土》的这些文章您就投到国外去,如果您这个水平比他高,那肯定会被录用,下一次就拿上奖励。其实这就是导向。

宣:这个导向取得什么效果?

李:大约是 1994 年或 1995 年我到北京去开会的时候,当时是教委科技司司长左铁镛和科技部情报所按 SCI 发的文章排序第一次公开统计,兰大是全国高校的第三名,第一名是南京大学,第二名是北京大学。清华、浙大都排在后头,实事求是地说,那个时候这些学校实力比我们强多了,只不过他们没有开始做。我们当时其实就是一个想法,我要抓科研,而我们学校的科研主要是理科,文科还不能做这些。我心里只有一个概念,理科要引着走向国际,科学研究特别是基础研究,只有第一,没有第二。其实后来的"211 工程"和"985 工程"都是要看科研,而兰大能够拿得上桌面的首先是论文。

宣:而且您刚才讲的关于对科研特别基础研究只有第一,没有第二,我特别认同。其实就是强调基础研究一定要跟国际接轨,走到国际的最前沿。要做就做最前沿的东西,这个我非常赞成。

李:其实当时就是这么一个想法。实际上一直到现在,发文章依然是兰大能够在所有这些强手当中拿得出手的一个指标。其他的,比如科研经费我们能比得过吗?我们到现在拼死弄下来也才6亿多一点的科研经费。

宣:主要是因为兰州大学工科不多,工科的比例上去了,科研经费就多了。

李:那还有就是教师队伍的建设、考核,学校的科研水平,院士数、长江学者数,还有拿到国家大奖的教师,我们能够有就算不错了。真正能够拿得出手的也就是每年公布的自然指数,这个指数我们还可以,在十几二十名。我后来就说科研经费应该抓,但是不要期望抓了以后就能够在直属高校里头得到什么样的位置。

宣:因为您重点做基础研究,也没有侧重去做横向项目,基本上都是靠纵向课题,而且关注的实际上还是论文的产出。

李:是的,兰大的传统就是先做好基础研究。

新校区建设一定要把教师的感受放在第一位

宣:高等教育大众化主要说的是本科教育的大众化。大众化之前,兰大校区占地800亩,按照现在的标准,只能容纳8000、顶多1万学生。在大众化战略实现过程中,作为校长,您所感受到的办学制约,空间肯定是一个问题,另外一个就是后勤保障可能跟不上,所以才会有了后面的新校区和后勤社会化改革。在这些问题上,兰州大学是怎么解决或者怎么来推进这些工作的?

李:其实在扩招之前,不光我,学校领导班子里头比较多的人都已经意识到了这个问题。兰州市位置特殊,黄河从中间穿城而过,北边是山,南边也是山,城市建设用地极少,扩展出去也非常困难。学生宿舍太挤,图书馆也很小,学生为占座位打架的事经常发生,而且闹到学校领导出面处理的都不少。那个时期,教育部对学校办学有很多评估,几乎所有的评估专家来了以后都说校园用地太少,体育工作评估也说体育场地太少,体育教研部的同志在评估前还提前就跑来向我诉苦。我说现在是整个校园用地都不够,所以体育教学的用地也不够。如果不把整个校园的用地问题统一解决,体育教学用地问题是无法单独解决的。连教育部人事司对学校人事档案管理的评估也说地方不够,空间不够。所以我就想方设法到处打听,看看什么地方能够增加校园面积。但是当时想增加校园面积谈何容易?一方面,得先要找到地方,评估能不能满足自己的需求;另一方面要考虑教育部会不会同意并给钱,同不同意学校买看中的地方,这都是问题。真是费了很大脑筋。而恰好在这个过程当中,就在1999年的第三次全教会上决定扩招,高等教育大众化的信号发出来了。这一下建新校区就有了尚方宝剑,我和教育部说大众化,学校要扩张,校园必须扩建,张保庆副部长认可了。当时认可的第一家,是中山大学,我们跟他们不一样,他们的新校区办在珠海,珠海非常支持,给了很好的条件,珠海市政府负责把校区全部建好,一分钱不花学校的。

宣:我听中山大学黄达人校长讲他们去选地的时候,说是只要看得到的,都可以划给新校区建设使用。

李:后来李延保书记领着我去看了一下,他就说就站在这个地方,用眼睛看到的地方政府都划给他。而且有一个很大的体育馆,还有一些教学设施,都是政府免费送的。您缺什么我再给您补钱。在甘肃那就完全不一样,我要去到处找,而且希望它降价,这边砍完价了,那边再请示教育部就去说这个价钱,你们能不能给钱,就这样一个折腾法,本来已经基本上定下来了,1999年校庆本来陈至立同志是要出席校庆活动的,我就打算到时候领着她去看一下场地,之后教育部就肯定同意我们拿那块地。可是,至立部长突然接到中央通知,要马上回北京开会。校庆活动的教育部领导讲话临时换成另外一位领导,但是这位领导对这个过程不太了解,部里也有领导觉得条件还不成熟,考虑校区离校本部比较远，交通、水电等基础设施还有些问题。后来停了大概一年左右，我又到处做工作。兰州大学的每一步的发展，都不是很顺利，每一步实际上都要结合自己的情况去做很多前前后后的工作。但总体来讲是发展的，国家是支持的，但在具体操作上，每一个学校还是有区别的。中山大学的土地，珠海市直接送到面前，让你挑选。但是新的校区下来了以后，李延保书记就跟我诉苦，地方不重视，像你们这样，很困难；但地方太重视了，我们也很困难，弄下来压力更大。现在黄埔区那边一个新的校区，1700亩，一分钱不掏，交钥匙工程，但是你就要把在珠海那边的搬过来。人家当时那么热情地给你提供了条件，现在拍屁股说走就走，就说不过去。我说我们有我们的难处，你也有你的难处。

宣：所以新校区建设过程当中，按原来的土地规划这块后面都已建成了。那运营管理两校区，有哪些问题和经验？

李：实际上应该说更多的是教训，当时这件事情做得非常匆忙。因为我们是第二个获得教育部认可的，拿着这个尚方宝剑赶快就往前推动。实际上在做的过程当中，我们多多少少有点违背了部领导的一些想法，搞了一些小动作。部里答应把兰州空军司令部的一块700多亩地买下，改造维修。其实那个时候允许学校贷款了，但是上面并没明确说可以，当时的情况下即使允许我贷款，我也不敢随便去贷。老校区只有800多亩地，现在好不容易能够有这700多亩地了，我们就想着趁这个机会再把它画大一点，就在把部队那块地买下来的同时，跟地方商量，取得地方政府同意后我们再增扩一点，就是在700多亩的基础上，再增加1700多亩，变成2400亩，地方政府希望我们把校园附近的山顶绿化起来，并帮我们把土地证给办下来了，又再增加了3000多亩的山顶绿化面积，这样一来，新校园的总面积达到了6000多亩地。不算山顶绿化，光增扩的2400多亩校园已经很宽敞了，比原来在市区里只有800多亩地的校区来说条件好了很多，办学也不拥挤了，总算可以满足学校扩招的基本要求。此外，在建设过程当中，部里边非常清楚地提出,同意我们建新校是有一个前提的,就是一定要在新校建立以后,尽快要把校部机关综合部门搬到新校区。结果这个事情还没有干成,我就卸任了。

宣:在规划新校区的时候,一般都要设计功能定位,当时在您的脑子里肯定会有一个新校区的功能定位,比如说学科、学院布局,以及学生如何安置,等等。

李:当时,校园规划是写进党代会的决议里的。功能划分简单来说就是全部本科和部分研究生搬到新校区去,学校本部只留部分研究生。到我卸任的时候,本科全部都过去了,四个年级全部都入驻新校区。

宣:新校区是2001年开始启用的吧?

李:对的,2001年开始启用,到2006年的时候,实际上已经毕业了两届本科生。

宣:那您当时做这件事情的时候,学校教师这里有阻力吗?特别是选择哪些学科、哪些学院,以及哪些专业搬去新校区?哪些留在本部?一般来说,多校区办学的学校都要面临这个问题。

李:有阻力,这个事情我还跟华东师大等几所学校的领导取过经。有一次在浙大开会,开咨询会。当时杭州的航班还比较紧张,我就坐飞机先到上海,当时有几所学校的校长、书记和我一起从上海过来。一路上我就取经,问华东师大的书记,你们学校在闵行不是要搞个新校区么?你们怎么做工作?交流下来,我发现这几所学校的工作简直细致得不得了,有的是书记、校长出面,一个系一个系地谈。这种征求意见肯定是五花八门,我当时就问有必要吗?而且对于开座谈会能够收集到的意见,实际上都有个预判,最后的结果也跟预判的完全一样。我说既然这样,你们还做这个工作干什么?开完座谈会还发调查表,每个人都要填,到最后再做决定。而我们的工作没做的这么细微,征求意见不充分。同时,建设过程中的指导思想也有问题,当时好像确实各方面都很紧张,特别是经费紧张,我就沿着大庆油田"先生产、后生活"的思想,认为首先要解决教学科研设施,再是学生的住宿问题，教师的住宿放到后边，把班车开的勤一点就行了，这思想的确太落后了。

2012年，现在的书记、校长来了以后，我在座谈会上就再三和他们说，教职工的生活条件一定要第一，交通第一。不要小看这个事情，如果放到后边的位置上，就造成了一个大家对校区始终有隔阂。因为它有实际困难，教师不领意到新校区工作。我在老校区上课，从家属院出来，步行五分钟就到教室了。我上两节课就是两个小时，到新校区上两节课是半天甚至一天。所以，我就再三和他们说一定要把教师的生活放在第一位，把教师的感受放在第一位。

宣：您刚才讲到这个问题，其实在浙江过去有很好的经验。当然有很多学校也碰到同样的困惑、同样的问题。比如有所高校的党委书记曾给我算了一笔账，大概是去上课拿到的课酬大概是一天80块钱。但如果自己开车去新校区上课，包括过路过桥费、汽油费，还不算折旧，还不算他的人工成本，要一百多块钱。这样算下来，老师去上一次课，每天还要倒贴，所以这种情况下办学的可持续就有很大的困难。您刚才讲到"兵马未动，粮草先行"，这确实是非常重要的。

李：那种"先生产、后生活"的做法，现在绝对行不通。在革命时期、在极端困难的特殊状况下，那种做法可能是能取得一定成果的。不过，在推行过程中有没有阻力我们也不知道，因为现在了解的还都是比较正面的信息，如果真的要把这个做法推行起来肯定还是有困难的。

宣：各个学校都会有问题，新校区都会有问题，因为校区的选择一般都是离开城市中心，大家会习惯于原有的校区和更便捷的生活方式。

李：这次新上任的校长、书记想方设法为学校发展创造条件，他们也做到了"生活优先、教师生活优先，教职工生活优先、交通优先"。现在从新校区到兰州市的50公里高速路也通了，50分钟左右就可以从本部校区到新校区。接下去要新修轻轨，甚至计划未来要把家属区住房的产权卖给教师；学校的幼儿园、小学、中学都往最好的标准修建，和北师大签协议办分校,也计划要把北师大的附属中学分校办到新校区。这些举措对新校区的发展会有很大的帮助。

"中国最委屈大学"的西部坚守

宣:您刚才讲了科研的推动和发展,实际上需要指导思想的引导,这个我非常认同。此外,科研其实关键还是人,是教师队伍。最近这几年出现了一些大学排名,网上也有网友做了一个"中国最委屈大学"的排名,把兰州大学放在了这个排名的榜首,其中讲到兰州大学流失的人才甚至可以再建一个"985"大学。您曾经发表过"我们不能够'引来女婿,气走儿子'"的观点,您如何理解兰州大学的"委屈"?怎么看待兰州大学人才队伍建设的问题?

李:这个问题我想稍微延伸一点。所谓"最委屈的大学"其实是一个媒体制造的一个舆论环境,是对兰州大学人才工作的"过度"解释。其实更开阔一点来说,媒体跟任何一个社会群体一样,如果说根据水平和责任感来分个上中下,中间是大多数,真正好的水平高的是少数,也有极少数是完全很差的。我对整个中国媒体深有体会,因为我当了十年的全国人大代表。从两会的媒体队伍中可以看出,那些扛着摄像机、背着照相机来回奔走的,其实就跟社会上的追星差不多。其实真正共和国的脊梁是不入他们的法眼的,事实大多数就是这个样子。所以说现在再回到这个新闻,它就是要抓眼球。后来我找一些比较熟悉的记者说这个事,人家笑话说,李校长您要理解,我们也要吃饭,而不是说怎么样真实地报道这个事情,有点儿唯恐天下不乱的味道。

宣:我认为这个最委屈大学排行是善意的,就是在为兰州大学抱冤。兰州大学付出了巨大的努力,但是兰州大学处于一个不太有竞争力的环境。所以可能就是在中国大学的排名表现,包括吸引人才这方面还没有太多的优势。换句话说就是它的获得和付出是不相匹配的,所以委屈是不是在这个上面?

李：或许您这么理解有一定道理，但是我的感受是什么呢？这是一种涣散军心的说法，客观上不利于我们引进人才，效果不好。但是或许他是出于善意，所以我说他是属于媒体当中还偏上的，还是有善意的，但是效果不好。其实这也不是事实。首先，在计划经济的年代，我们得到了国家的支持。如果说没有国家支持，兰州大学到不了现在这一步。1960年，红头文件定下来兰州大学是重点大学，各个方面按照国家这一级给予支持，跟北大、清华这些学校一样，就是您有多少学生、本科生生均拨款就是多少。而且兰州大学的教师队伍为什么能够一直保持到现在，包括兰州大学发文章能够排到全国的高校第三，这些东西都是得益于教育部的支持，因为我们都要去找教育部要人。我进大学的时候，物理系的系主任是南京大学的副系主任，从英国回来的核理论的专家，然后十几个全是北大的研究生，全是教育部给的人。另外就是像理论物理的段一士、有机化学的刘有成，这些都是从国外回来了以后，到教育部报到的时候分配到兰州大学。有的是当场就很愿意，也有的人不愿意，但也要服从国家的统一分配。其实我们最强的这些人才要么就是国家分配过来、国外回来的，要么就是所有这些老牌重点大学研究生毕业生，像经济学系主要是来自中国人民大学。当时有个说法，兰州大学的生源，本地的几乎占不到10%，百分之八九十以上都是外省的，全国各个省，很多都是大城市，比如上海、北京、武汉、沈阳，等等。可以说，当时所有经费和教师队伍的建设全靠国家支持支援。高水平教师和好的生源，这两条有了保证，大学就肯定就能办起来，而且能产生影响。所以在计划经济时代国家完全没有亏待我们，我们全靠国家的支持才能把兰州大学做大。

宣：市场经济条件下可能就有影响了。

李：当然，市场经济时代就有些影响了。不过，招生这个事情始终没有影响，一直是保持这样一个状态。主要出现的问题实际上是在教师队伍，教师队伍很困难。外省发展快的学校就会主动到我们学校来挖人，比如北京有所学校，他们的一个人事处长，后来好像做了副校长,干脆就住到我们学校旁边的招待所,甚至直接跑到我的办公室,对我说:"我们这次因为看了《光明日报》对兰州大学的介绍,你们的师资队伍非常强,我们是个新建院校,希望从你们这儿引进一些学科带头人。"

这事把我整得哭笑不得,因为那个时候确实是很困难的时期。但是包括甘肃省,我觉得我们都不能说人家不重视我们兰大,因为在整个省部共建里,都要求地方上要给予配套的支持,但是甘肃省就是拿不出来钱。最后我就说那你们多给予政策的支持,其他我也不好再多说,因为甘肃确实是很困难。整个财政的盘子2/3是靠转移支付,靠中央给钱。对照省属高校,我们是直接从教育部拿钱,我们的生均经费、人头费、各种专项都可以从部里拿,省属高校是没有的。在这种情况下,再去找省长要这要那,即便他同意了,但是这个钱还是从教育大盘子里面切出来的,省属高校的生均经费和基本建设的费用比我们少得多,所以不能说地方上不重视我们。在我做校长那段时间,真的挺困难,比如说人才的流动,在当时市场经济下,学校拿不出好的支持条件保障人才稳定,而且有一些人才流动也是完全正常的要求。我一上任碰到第一件问题就是有两个院士要走,一个是陈耀祖,有机化学的,想到浙大;另一个是刘有成,也是有机化学,想到中科大。我跟路甬祥就是因为这件事情不打不相识。他就无论如何想要,其实浙大那会儿的有机化学并不强,他就想把陈耀祖挖过去,加大名声,也因为马上要在京西宾馆开学术委员会,反正他们势在必得。准备这一次把有机化学的博士点拿到,中科大也是那个样子。刘有成自己是安徽人,陈耀祖是老浙大的校友。

这些都可以理解。在这种人才流动或者市场环境下,怎么能把我们的事情做好,这才是一个最关紧要的事情。而且我们至少要有点人情味,人家已经都六七十岁了,想落叶归根回到老家,这也完全是应该理解的。国家教委的副主任曾举过一个例子,说现在这个情况就跟能级填充一样的,优秀人才一定是从那些"最低能级"先填起来,等到他们都填满了以后,自然会就到你兰州大学来了,关键是你得要准备好条件,到那个时候他愿意上你这里来。所以我基本上就是这种方针,尽一切努力,不断改善各方面的条件,这个局势就转变了,根本不像外面讲的流失了那么多。我们传统的兰大人总有一个信念,坚守,什么叫坚守?就像至立部长几次到兰大,和省长、书记谈,希望省里加大对兰大的支持,还特别强调,"兰州大学是国家布局在西部地区的一所重点高校。"所以我就感觉到这是一种责任。在学校的发展过程当中,特别是20世纪八九十年代,山东、广东、浙江的一些地方政府领导跑到我这里来,说兰州大学水平很高,我们很欢迎你到我们城市来,无偿地提供多少土地,甚至是给您多少建设费用,就希望过来建一个分校。因为这个事情,人家都说我太保守,我是什么信念呢?我就觉得如果我去另一个城市,那我就要把我的教师,甚至我的一部分办学经费都挪出去。国家给我们兰州大学的经费,是让我在兰州把兰州大学办好,能够为西部地区的这些年轻人提供更多的机会。如果说把这个钱挪作他用,把教师迁移到分校,迁移到南方去了,可能就违背了国家建设兰州大学的初衷,其实南方也不缺兰大。

宣: 办分校不容易,处理得不好,很可能会稀释学校本部的教育资源。

李: 而且我的责任在这里,我后来跟一些优秀的毕业生座谈,比如一些很不起眼的西北小县城里的小孩考上兰州大学了,进来的时候考分可能是班上最差的,但毕业的时候是班上最优秀的学生。我就跟我们的一些老师说,我们能够在西部地区一些偏僻地方拿到非常好的生源,而他们是没有办法考上北大的。他完全靠自己的努力,因为教师帮不了多大的忙,他完全靠自己,他考到兰大的入学分数已经是非常优秀的了。我们后来就说兰大的本科教育有一个理念,或者说一个奋斗目标,就是即便我录取的是二流的新生,我兰大也要培养出全国一流的本科毕业生。这一点我们做到了。

宣: 我是不是可以这样理解,其实您刚才讲到这些二流的学生,其实就是没有像其他地区过早被开发出来的人才,就是实际上是块璞玉,他还没有被雕琢,但他本身的材质其实是非常好的。

李:对。所以兰州大学通过这样的一种培养方式,能够培养出真正的优秀人才,这个主要是指智力方面的,其实在情商方面或者说精神品质方面,学生的吃苦精神真是很难理解的一件事情。我举个例子,是1990年代全国有名的贫困县、甘肃会宁的一个考生跟我说的情况。他说他参加高考就从会宁的一个偏僻的山村自己到考点来。来了以后,早上第一门课之前,就在考点对面的饭馆里,去捡人家吃剩的饭,然后填了一下肚子去参加考试;中午出来又是到那去,捡人家吃剩的,吃了以后继续考,就这么考上兰州大学。考上来了后,他到食堂里一看,米饭、馒头随便吃。他第一个感受就是我还有什么困难克服不了,接着就拼命地学,到最后成了全班第一;而且毕业了以后还自己要求到海南那里去工作。我认为兰州大学存在的价值就在这。

宣:这个事情太感人了。

李:这个事情就说明我能够录取很好的学生,而且通过我们的努力能让他们成为和北大、清华相比都不逊色的本科生。

宣:或许在现在高考的制度之下,考上北京名校的学生中可能是被过度开发、过早开发了。从智力上来看,高中盛行的学习方式,很多就是靠记忆、靠背。有一个观点我经常讲,地方大学的生源并不差,可能就是晚熟一点,没有像人家那么过早地被开发,这些学生的潜力还很大。

李:基础教育对他智力的开发,基本上没有。从很偏僻的一些地方过来的兰大学生,经过兰大的培养以后,现在在北京或者国外发展。如果说兰大撤了,实际上对这样一批年轻人来讲,可能就失去了一个很好的受教育的机会。

宣:您前面提到,在计划经济时代,所有的人才、教师都是教育部派遣来的?

李:对。我讲影响,实际上就是队伍建设上人才可以自己流动,但就是说包括学校的经济来源、教育部的支持、政策上的投资渠道,这些其实都没有变化。我觉得对高等教育来讲,可以允许人才流动是进步，市场经济的发展相应地推动了人才的流动。但是，尽管有这样的环境，其实在很长一段时间内，学校还是可以用行政手段限制教师离职。

宣：有没有不要档案就要离开的教师？因为在浙江就可以重新建卡，可以什么都不要。

李：极少。那到后来，比如陈耀祖要去浙大，考虑到很多的因素，我们就同意了。但是这些大将走了以后，对士气的影响是很大的，所以后来我就和中科大的校长商量可不可以双聘。户口不要走，他过去你就拿着所有的成果，也可以算编制，同样可以去申报博士点。但是双聘的话，虽然人过去了，但是你的根基还在兰大，这样就可以稳定军心；当教育行政部门问起来的时候，我就可以说他确实出去了，但是人事关系还在我这里。

宣：那在这个时期，具体哪一年是教师流动让你备感压力的？有没有形成一种所谓的"潮"？

李：应该就是1993年我刚刚上任的时候，我刚到办公室就面对着两张申请调离的单子。两个人要走，但是后来我就说你们给我点面子，我刚来当校长，你们就要走，我太没面子。就这样，后来他们的户口人事关系其实相当长的时间仍然是在兰大。

宣：您曾专门讲到兰州大学立足西部的战略地位，强调兰州大学要服务于西部区域经济发展。从计划经济走向市场经济，是不是也给大学服务社会提供了更多的这种机会、更多的窗口？

李：我一直认为大学的主要任务是培养人才，大学的主要精力就是要组织教师培养人才。兰州大学开展的科学研究工作，更多的都是基础研究课题，主要是纵向的，科研经费主要来源都是国家自然基金委，主要的成果形式都是发文章，因为发文章可以把这个课题交代清楚。如果说去科技厅申请一些课题，就是在为地方经济建设服务那也可以。在我当校长期间，也是会跟着科研处去和地方政府讨论合作。地方政府有需要学校当然应该去出力，这也是大学为地方经济建设服务的重要责任。但是不同学科是不一样的,比如经济、医学、生物等或许可以为地方经济建设出谋划策,那真正基础性的物理、数学这些基础学科很难运用到地方经济建设中。再有就是一些成果转化,也不仅是地方的,主要还是应用于国家一些大企业。

宣:但是从培养人才和服务地方建设的角度来讲,兰大在人才专业结构上是不是会做一些调整,以更好地服务于西部产业结构的需要?

李:兰州大学是文理综合的大学,比如说管理,可能采取的是以绩效管理为中心的管理方式。实际上,地方政府需要和希望学校来做的工作,凡是学科能做的,我们都支持。不会从学校这个角度去干预现在教师的一些工作方向和内容。如果说真的有的话,那也是在学校引进人才的时候去考虑这个问题。如果要进行学科结构的调整,我们会从人才引进上来进行调整,从源头上进行调整,而不是人才进来了以后再来转换方向。

宣:那在学科和专业设置过程中有没有布点的考虑?

李:其实是会从学校的需要来布几个点,成立那些研究所实际上就是学校的现状促使我进行划分的。我在德国亲眼见过他们几次招聘教授,就深切体会到他们那个流程是合理的,为什么呢?你比如说原来我在德国的时候,我的老板63岁,退休了以后,但实际上研究所的编制依旧保存,之后就在 *Nature* 和 *Science* 上公布,进行职位招聘。但是招聘的方向却完全改变了,原因就是说考虑到经济的发展等这些原因,它招聘的就是一个半导体,直接跟芯片生产有关的,而不是之前的研究方向了。这就是因为考虑到学科的发展,考虑到要为工业生产服务。然后就招聘,招聘的目标也很明确,就是想要找这个方向的。其实当时我就很奇怪,就是说这个招聘不是招磁学的教授了,但原来的基础上建了很多设备,而且在国际上影响也挺大。但是现在完全招聘半导体方面的人才,就等于说之前的设备完全没用了。但是,他们也在所不惜,它就利用研究所的建制,完全引进一个新的领域。我觉得这才是真正的为地方经济建设服务,调整学科结构。可是,我们现在很多引进人才其实就是为了学校的排名，争资源，并没有真正考虑地方经济发展的需求导向和服务导向。我们现在所谓的世界一流大学建设都在慢慢变成指标化排序的产物。

职务职称评定不是论功行赏

宣：李校长谈到一个大学校长，或者是一名教育领导者，一心扎根西部的教育情怀和教育责任，非常让人感动。回到刚才讨论的话题，也就是大学的治理方式。大学校长要思考大学的治理。从研究的角度出发，我们很早就关注到了兰州大学的内部管理体制改革，关注兰州大学对基层组织进行的非常有效的改革，实行了学校—学院—研究所这样一种组织结构。而这个组织结构，我想也是您主政时期推动科学研究的一种有效的组织方式。所以我们很想听听您对于校内管理体制的改革，当时有哪些设想？我们关注到国内高校的内部管理体制改革大部分是在讲机关改革、职能改革以及校院关系的处理，很少涉及基层学术组织的改革，而兰州大学是国内高校中比较早地提出了基层学术组织的变革，您能不能介绍一下您是怎么推进这项改革的？

李：这个确实是个比较大的课题。我从当科研处长时开始参与管理，当时关注的就是科研，也推动了一项关于发文章的奖励机制，现在仍旧发挥着作用。接下来是当副校长，主要分管教学科研设备，也涉及财务管理；最后任校长的时候碰上了我国高等教育大发展的时期。因为有了这些年的经历，我就开始提出研究型大学的建设，进而思考本科院校与研究型大学的具体区别在哪里。为此，我查阅所有涉及过这部分的领导讲话，发现只有国务院学位委员会办公室主任赵沁平发表过几篇文章来讨论这个问题。我当校长后，在翻阅一些有关管理的书籍时候，会看到强调层次管理和扁平管理。印象最深刻的是扁平管理，因为这与我的理念非常接近。就扁平化管理来说，有一个最典型的例子——交响乐团，在指挥统一协调下，乐团的每个成员都是各个方面的专家,甚至水平都比指挥高,但是大家各司其职,互相配合,演奏的水平才能高。学校的教授管理,其实就像是乐团成员管理,校长创造条件,让教授发挥自己最大的价值。建设研究型大学,其实质就是培养更高层次的人才,为此应该很好地发挥教授的作用;而教授作用的发挥,关键在于如何处理学校管理当中的一些问题,比如说教授的工资、实验室、科研启动费,等等。

宣:这个交响乐团的例子特别生动!

李:在我看来,职务职称评定制度应当是一种披挂上阵,而不是论功行赏的一种制度。所谓披挂上阵,就是说教授一旦引进来了,或者上任了,就要全权负责,把这个课题或者项目做下去。不论是内部晋升还是外部引进,学校都面临一个问题,就是如何提供条件。那我的想法就是要靠制度,正式规定每一个不同级别的学科带头人,学校可以为其提供怎样的条件,而不是每次面对引进不同的人才,学校就得重新讨论。而后来的研究所,没有按照我的想法坚持做下去,比如我认为教研室需要配备秘书,校长、书记都有秘书,教授其实也是需要的,就如同德国、日本那样。给教授配备秘书可以帮助教授从琐碎的事务性工作中解放出来,很多时候只需要口述或者签字,就可以快速有效率地做好日常工作,从而可以把更多的精力投入到科研和教学业务上。刚刚划分了研究所,我就不做校长了。周济部长问我对研究所有什么具体想法,按理说我卸任了,业务工作也应该停了,但是我还是说想再干几年业务工作,想单独建立一个研究所,那时就叫做应用磁学研究所。我找年轻学者进入研究所,由我自己好好组织一下,看能不能把这个研究所按照我理想的方式运行起来,就如我在德国、日本看到的那样,研究所里教授、副教授、讲师一起围绕一个研究方向进行研究。

宣:这个改革方案是您2002年提出来的,学校的学术组织结构没有进行相对应的调整?

李:调整了的。研究型大学实际上和一般大学最主要的区别就在于本科生的教学模式上。我们也经常讨论,什么是本科生教学?本科生教学相对于研究生教学来讲,就是传送带生产高层次人才的一种方式:从大一到大四,就像坐传送带上,接触不同的老师,学习不同的课程;而研究生实际上是师傅手把手带徒弟的方式,它是结合一些具体的课题作为一种载体来教会研究生研究方法或者培养研究生研究能力、实验动手的能力。既然研究生教育是一种师傅带徒弟的方式,那学生和导师就是一个关系紧密的研究群体。所以,当时在基层组织建设的过程中,我也要求每一个教师都应该有自己的办公室,至少需要配备独立的办公桌,但到现在为止,文科很多教师仍旧没有达到这个目标。同时,我还强调研究生最好也要有自己独立的自习室,自习室就在老师旁边,这样的一种集群效应自然而然就会形成一种研究氛围。

宣:我们现代大学制度研究中心就是这么做的。按您所说,是不是我们还得提倡教研室的这种形式?教研室是基于课程的,需要立足本科教学。但是从研究型大学的定位来思考转向,实际上重点是基于研究的领域、研究的项目来成立研究所,其主要的目标指向实际上对研究生的培养更有利。那么在这样的组织结构之下,怎么协调研究生培养和本科教育的关系?

李:当时在咨询会上已经讲了这种框架结构的构造,实际上每个基本单元都是研究所,所有研究所里边相通的就是这些系。学院下面有系或者是学院下面就是扁平化的若干个研究所。然后本科教学的组织主要是从院一级或者系级来串起来,然后由研究所提供课程。

宣:对。其实您讲的这个方式跟我们早几年提出的一个学术概念非常相似,是"基于学科"的组织,当时不叫研究所,中国的大学办研究所大概是1980年代的事,比如像浙江大学在1980年代中期,"研究所"就是与"系"平行的,当时的提法是"系管教学,所管科研"。最早改革的时候也是把教研室改成"所",但是"所"带来的最大问题是教师的研究意识增强了,教学的功能却削弱了,因为毕竟是研究所。所以浙江大学曾经恢复到基层组织还是教研室,但是系的这一结构还在负责教学,同时研究所还管科研。在您的设计当中怎么来解决教师对本科教学的关注问题?

李:简单来说,学院存在那种实体形式的研究所,需要在院里边串起来。本科教学都是落实到一个一个教师身上,一个教师管一门课。问题是要有人来总体协调,协调实际上就是学院来抓。研究所里安排哪个教师教哪门课,互相衔接,甚至是在所里边还会出现"一人三课""三人一课"等形式。就算一位任课教师出国学习交流,还可以照样保证这门课可以有另外的教授来授课,保质保量。不管怎么说,研究生和教师的这种接触是比本科生跟教师的接触要求更高,甚至可以把研究生视为研究所的成员,所以说研究型大学的最基层的存在形态就是研究所,那里的秘书和教授,就是大学的实实在在的桩子。

宣:我们研究中心曾经提出"学科制"的概念,主要思路就是"基于学科",其实思路上是跟您刚才讲的是完全一致的,所以我们当时非常关注兰州大学内部管理体制的改革。我们叫"基于学科"的方式,名称上不叫研究所,一般称作"学科"或者"学科组织",在这学科内部是可以有更多的研究团队,实质性的运行机理是完全一致的。

李:改革方案下来了以后,当时我就提出校部机关在内的人员大幅度缩减,科研处、研究生处的科长、副处长都可以弄下去,去担任研究所里的秘书,实际上是一种打通流动的一种方式。直白地说,就是让小年轻不是坐在办公室接电话,而是主动帮教授准备材料,减轻教授不必要的日常琐事的困扰。如果碰到申请国家科学基金的时候,部门很忙碌,大可以再回到原单位投入工作,因为毕竟申请基金最忙的也就一两个月。

宣:接下来有一个很重要的问题,就是成立研究所的标准,你怎么来确定?比如说我们很简单,我们就是按照学科分类,在二级学科基础上建立学科组织。但是你研究所是基于项目基于研究,那么这怎么来划分?您的标准是什么?

李：也是按照学科，按照二级学科甚至三级学科，不过同时也要承认历史。比如德国在划分的时候，它干脆给你整得很笼统。日本似乎比德国更严格更科学一点，就是说一个教授、副教授、讲师、实验技术人员，还有个秘书，就是五个人，而且实际上整个这套系统就已经把每一个在高校工作的教师职业发展路径都已经规定得差不多了：大概就是说博士毕业30岁左右，然后在他去当十年的讲师，差不多40岁升副教授，副教授再干10年左右，一般情况下就到教授。所以他们就很奇怪：你们中国怎么才当讲师，就急慌慌地非得要提副教授、提教授？他们不理解，对他们来讲，一旦进入轨道，只要跟着轨道走，就可以做到教授，不需要着急。

宣：这里实际上就涉及我们对职称的理解问题。您刚才讲的这个概念，我觉得说得特别生动。教授应该是一个岗位，应该是有一个职责要求的，应该就是叫您刚才讲的叫"披挂上阵"，但是我们过去就是把教授作为一种身份了，他始终是一个职称，不是一个职务，所以"论功行赏"。这样一来以后教授的激励就成为了问题，实际上随着这种体制运行出现了不少问题，一些学校也试图进行一些人事制度的改革，实现从身份管理走向岗位管理。

李：这是个大难题。我1990年前后做副校长的时候，校长胡之德教授对我说："你得要好好锻炼。"在国外待了挺久的经历让我觉得当然也有个参照，我就觉得教师管理的指导思想可能有问题。在这之前不久，教育部的一位主要领导说，年轻教师够了标准就要提升职称。什么叫"够教授标准"？我觉得这个事情是一个不可持续的事情，实际上是一种比照着行政系统的方式进行的提职。行政上这么做没有人有意见，行政上提升一般说已经工作了足够的时间，完成了几个非常艰巨的任务，应该提处长了，但是只要有一个处长，其他人就不会再说应该在同一个部门再提一个处长。但是，就教学、科研岗位而言，教师队伍里就经常同一个教研室，十个人有九个是教授。当时有些人干脆就直接找我，说干了这么多年，我早就够教授水平了，我没有功劳，也有苦劳。

当时我管这个事情的时候,就提出来说"提职是一种任务",不是论功行赏,不是选劳动模范,而是披挂上阵,给你戴上这顶帽子是要承担更重的任务,是对你一个非常重要的一个考验。现在的问题就是在提职以后只有好处,没有意识到自己的责任。

宣:人事制度的改革实际上任重道远。我刚去农林大学工作的时候,收到的第一封群众来信,是一个年轻教师写给我的,指出学校里只要评上了教授以后,无论干什么活,无论上不上课,写不写文章,都是拿最高的待遇,因为学校按照身份来分配。针对这个问题,后来我们也进行了改革,从身份管理走向岗位管理,把教授作为一个岗位,这个岗位就像您讲的,它是要承担一定责任的,而且要求会更高。

李:其实职务职称这个事情,在操作的时候,指导思想有问题。1978年,职务职称制度改革的提法是"落实知识分子政策",这个思路或多或少一直延续到今天。刚开始是全校拿出个标准,文科教师就极力反对,因为这些标准文科教师根本就没办法达到。我们学校理科比较强,操作上就有很大问题。这个思想跟行政岗位提职一样来考虑教授的问题,阻力太大。其实提职了以后,对教授或者说各个级别的考核现在可以说全国都没有一个好的模式。有时候要考核,也是为了发津贴,才去收集一下他做了哪些工作,没有约束性的机制,比如要让他做更多工作的这样考核的机制或者办法。

宣:其实也有过,比如说最早就是记工分,教授发一篇文章,记几分;发在哪一个刊物上,影响因子多少几分;科研到款多少,记几分。记工分的方式,也曾经在大学发展考核绩效中起过一定的作用,但是现在大家也很诟病这种方式。

李:直到卸任以后,我才想到采取一种更实事求是的方式——考核GDP的方式。每个人在晋升教授的时候,肯定要通过答辩和评审。晋升教授时的科研业绩、教学业绩、社会工作业绩等,起码可以作为一个基数。教学的课时数达到要求就可以,但可以要求每年能够至少有多少科研,比如在科研上有个增长率,这样就有一种约束。

宣：对。比如说浙工大1999年改革的时候，我们把岗位职责设计好了，教师要来聘任一个岗位，就得完成这些工作。上任其实是作为一种任务，后面的考核实际上就是符合性审查，看有没有按照聘任之初的承诺去完成任务。

李：制定标准就很难办，因为学校拿不出统一的方式，学科不一样。甚至就是在物理系，有搞理论的，也有搞实验的，有搞半导体的，也有在搞哲学的，学科不一样，杂志的数量就都不一样。与其这样不如拿出个统一的标准，就以他提职的时候作为一个标准，作为一个基数。每个人都有自己的基数，我只是要求至少要正的增长，不能负的增长。就跟考核GDP一样的，我就公布这个。在原来的基础上的增加，然后公布，公布下来了以后起码对每个人都有个警醒作用。为什么要是正的？你戴了更大的帽子，拿了更高的工资，你就应该做更多的事情，现在实际上恰好是相反。

至于基层组织建设的改革，实事求是地说，成效不明显。我后来意识到没有做成是有两个原因。首先，这确实是动了中层管理干部的蛋糕，比如说院长，尽管也是教授，他对国外的情况也比较清楚，但是引进的人才是学校用文件直接规定下来的，他只有按文件给人家办事，而不是人人都得找他求他。我也发现，让院长能够引进优秀人才的最好的办法，就是想方设法把院长的层次推上去，就是说一流的院长引进的往往是二流的人才，二流的院长引进三流的人才，只要比他高的，他会用种种理由阻拦。甚至即便引进了，人才也上岗了，可这个环境仍然是不完善的，效果还是不如理想。另外一种办法是给院长加大任务，而这种任务只能够依赖于引进的高职称层次人才才能完成，其实也没用。

第二，基层组织建设不光是要靠硬性的政策文件，还需要很多软件条件。比如，我都觉得研究所里都是我的学生，我把科研经费和设备都给准备好，研究方向都已经明确，组成一个团队，怎么还研发不出成果？最后我发现其实是需要一个科学合理的考核教师的方式。现在的考核方式是考核单干户的,可是,如果想要让基层组织存在下去,就应该是学校考核研究所,所长去考核手下人,然后上交手下人的考核意见,只有这样才可行。可是,现在这套考核制度就是培养单干户的一种方式,甚至是像国家自然科学基金这种支持的方式是设立青年基金,我都觉得青年基金完全不需要,为什么呢?因为刚毕业的博士生其实没有自己的研究方向,他还是依靠导师去申请国家自然科学基金,而一旦申请后,就认为自己拥有了独立的项目,是一个独立的学科带头人了,便不再听从导师的安排。

宣:关键取决于他研究的领域和方向,跟你主要要做的事情有没有相关性,是不是你要做的项目中的一部分。

李:不是。现在国家自然科学基金支持的青年基金就是由他自己撰写科研计划,然后拿来给我看一下之后,相当于他拿到项目后就独立负责该基金,不需要听我指挥。所以我觉得所有年轻人刚毕业,不论是跟着导师做课题,还是去教研室,跟着所长做大课题,其实都是在积累自己的能力和科研成果。

宣:然后他可以拿这一部分去报基金。

李:对,只要拿到基金项目了就不听你指挥了。

宣:我们团队的成员都很好,我们从2002年开始,到现在十多年了,我们这个团队依然在一起。我们现在的研究领域都非常聚焦,比如您刚才讲到的基层组织研究。

李:这取决于你的考核方式。因为很多人一旦拿到国家自然科学基金,就奔着提升副教授而去。就算没有国家自然科学基金,至少还有青年基金,或者说现在要求更高了,需要面上基金,所以他就要拼命去申请。

宣:那在考核方式上有没有按照你的想法去进行这个改革?

李:还没到这一步。其实这是我退休以后,自己实践后才体会到这个事情,就是说自己去做研究所以后才感受到需要有这种制度环境。比如研究所全是我的学生,他们拿到了基金以后,要么干脆就不想干,他不想干了，他就不来了，照顾家里的小孩就名正言顺地成为了理由。这样的话，就存在着管理的漏洞，导致整个队伍没有活力。另外一种情况就是团队成员有更大的抱负，想要自立门户。现在这种考核个人的方式就会促进个体自立门户。提供再好的条件，也没用，一开始我找了四五个年轻教师，最后我成了孤家寡人，就自己带着十几个研究生继续做军工项目而已。

访谈手记

  如果说仅仅是通过一次短暂的交流，就改变了我对一所大学的整体印象，这在访谈兰州大学李发伸校长之前，是难以想象的。然而，就是这一次对李校长的访谈，让我和我的团队对兰州大学有了一个全新的认识，借用李校长的话来说，"这是国家办在西部的大学"，"扎根西部就是国家战略"，"这是兰大人心底都有的一个坚守！"而在此之前，我们更多的在为这所备受媒体关注的"中国最受委屈的大学"感到唏嘘。

  初见李校长，第一印象就是特别忠厚的长者，不卑不亢，谦逊朴实，非常典型的西北人。他非常爽快地答应我们飞来杭州接受访谈，然而一到西溪湿地中的莲美术馆他就"吃了一惊"，反复说这里条件太好了，景色太美了，可以节俭一些。其实莲美术馆也只是一个带有公益性的艺术作品展示场馆，格调简约文艺，选择在这儿访谈是因为方便接待而且清静，不受外界打扰。李校长质朴的观点让我深受感触，这一点在随后接近四个小时的访谈过程中让我有了更多的体会。他17岁就进入兰州大学，在校学习和工作五十多年，其中担任兰大校长13年，可以说他将一生都奉献给兰州大学和中国教育事业。坚毅的品格，坚定的信念，艰难的办学的背后是浓浓的教育情怀。当讲述到一位西部的孩子是捡吃剩食以填饱肚子参加高考时，他眼中噙泪；当讲到坚持扎根西北,拒绝沿海地区的梧桐树时,他眼光坚定。他始终认为兰大不是"最受委屈的大学",因为中央和地方政府都没有委屈过兰州大学。事后,我和研究团队的一些师生交流体会,大家都认为兰州大学办学的困难和师生对初心的坚守是非常令人感动的,或许可以称之为"中国最有脊梁的大学"。

俞立中：共建、共治、共享的大学治理之道[*]

　　俞立中，1949年9月出生，上海人，教授、博士生导师，国务院政府特殊津贴获得者，现任上海纽约大学校长。曾任上海师范大学校长、华东师范大学校长、联合国教科文组织教师教育教席、中国地理学会副理事长、中国教育学会地理教育专业委员会理事长，先后获得美国蒙特克莱州立大学、法国人文高师、英国拉夫堡大学、英国利物浦大学的名誉博士，2013年获法国政府颁发的法国荣誉军团骑士勋章。1982年本科毕业，获理学士学位，1989年获得利物浦大学博士学位。1990年回国，任华东师范大学副教授，1994年聘为教授、博士生导师。1996年任华东师范大学校长助理兼科研处处长，1997年任华东师范大学副校长兼研究生院院长，2003年任上海师范大学校长，2006年任华东师范大学校长。2012年4月，担任上海纽约大学首任校长。其主要研究领域包括环境磁学、环境过程、环境演变与可持续发展、地理信息系统应用等，是我国环境磁学研究的开拓者，在环境磁学定量研究方面取得了一系列突破性成果。

---

[*] 访谈时间：2019年6月16日；访谈地点：杭州莲美术馆；录音整理：钟伟军、吴君玲、杨则扬。

教育是不能急功近利的事业

宣勇（以下简称"宣"）：今天是父亲节，祝俞校长、在座的各位父亲节日快乐！这是一个特别有意义的父亲节，我们能够享受俞校长的思想盛宴，俞校长是我和在座李春玲教授的母校领导，我们都是华师大的学生，所以特别亲切。2014年，我们承担教育部哲学社会科学重大课题攻关项目的时候就曾经到上海纽约大学，访谈过俞校长。当时俞校长对我们的研究给予了很多的指导和非常大的帮助，我们特别感谢俞校长。

俞校长的人生经历也是非常丰富，下过乡当过知青，又到英国留学获得博士学位；既是在地方院校上海师范大学当过校长，又到教育部直属高校华东师范大学当校长，还成为中外合作办学上海纽约大学首任校长。所以我们也特别想了解第一个问题，就是您对中国的教育特别是高等教育这几十年来发展的一些感受。

俞立中（以下简称"俞"）：谢谢宣书记，谢谢各位老师。希望今天的访谈能对大家有点启发。如果从1978年上大学算起，我和高等教育结缘已经41年了，在大学的管理岗位上也已有23年，所以对高等教育的发展过程和转型，有很多的感受和体会。对我们这一代人来讲，上大学改变了我们的人生轨迹。我1969年上山下乡，在黑龙江农场度过了十个年头。可能你们这一代人不太了解知识青年上山下乡的大背景，生活和劳动的艰苦不用说了，最难以忍受的，就是对未来的迷茫。

我离开上海时才还不到20岁，对于未来还没有具体的想法，不知道自己将来会干什么。其实我们这一批人是很想读书的，上大学就是我们的一个梦想。1970年代初开始推荐工农兵上大学，我年年被大家推荐，但都没有得到机会。最后一次是在我25岁那年，记得是推荐我上同济大学，但是不知道什么原因又给调包了，还是没能如愿。而25周岁是推荐上大学的截止年龄，眼看就没有机会继续念书了。因此，恢复高考的消息对我们这些人的鼓舞是非常非常大的，我们又看到了希望。我最后通过高考进入大学,从而彻底改变了人生走向。29岁以后,我就一直在大学读书或工作,大学毕业后留校工作,后来又出国攻读博士,回国后仍在大学当教师,最后走上大学管理岗位。其实,我并没有想到会当大学校长,而且一做就是那么多年。我63岁那年从华东师大校长岗位上退下来后,我跟市里领导说,你们如果还希望我做点什么事情,就让我回到业务上,利用这段时间,再带些学生,做些科研项目。但市领导说:"上海纽约大学是你在岗位上搞起来的,你不去承担责任,谁去承担?"所以我还不得不继续当这个校长,没想到一晃就七年了。

回顾自己的经历,我觉得对中国高等教育的发展,尤其是改革开放以来的这段历史,应该是有发言权的。改革开放四十年来,中国高等教育发生了深刻的变化,这是有目共睹的。第一步是恢复高考,从社会上选拔了一大批积淀下来的有志青年,在很短的时间里,恢复了大学教育;21世纪初,高等教育毛入学率迅速提高,从精英化高等教育阶段跨入到大众化高等教育阶段;这一两年里,中国高等教育整体上就要进入到普及化高等教育阶段。

首先,我们看到,中国高等教育这四十年来的发展速度,我想在世界上也是罕见的。更多的孩子有了接受高等教育的机会,中国社会经济的发展有了人力资源的支撑,这是一件好事情。从这个角度看,我认为中国高等教育规模的快速发展有其客观的需求和积极的意义。

其次,高等教育的投入和大学硬件条件的改善,也是难以想象的。简单讲一个例子,1990年我从英国回到华东师大工作,7月份参加了在学校召开的计量地理国际研讨会。正值盛夏酷暑,会议安排在教育部中学校长培训中心的会议室,应该是学校最好的会场了,里面安了立式空调,是唯一有空调的房间。会场人多,温度不下来,但大家还是感觉有空调的。等会议结束,门一打开,外国专家走出会议室时,看到走廊两侧的房间门窗大开,中学校长们一个个光着上身,因为没有空调,热得难受,外宾觉得难以理解。后来,他们到地理系去参观,办公室和实验室都没有空调,看到绘图员在那里绘画,汗水滴滴落在绘图纸上,这些外国教授简直佩服极了。

我回国后,学校给了我特殊的照顾:一是允许我在实验室里装一台窗式空调,因为我带回了一些比较好的仪器设备,需要恒温;二是允许我在家里装一部电话,大家可能想象不到,在那个时候家里装电话可是很高的待遇。这是1990年,在上海的一所教育部重点大学,就是那样的条件。现在呢?完全不一样了。2003年,我去上海师大担任校长,特别问了一下华东师大一年的预算是多少,我记得大概是几亿元,而现在是几十亿元,去年有八所高校的预算已经超百亿元了。这些数据可以说明,一方面是国家对高等教育的投入在增加,另一方面大学自身的造血功能也在增强。改革开放以来,随着中国社会经济的迅猛发展,中国大学的投入水平、硬件条件的改善,是举世瞩目的。

我到任上海师大校长之际,中国高等教育的发展重心已经从规模扩张转向内涵建设、质量提升、特色发展。今天,尽管大学的科研产出和社会服务已经有了很大的进步,但我觉得中国高等教育在质量和特色的发展上还有很多问题,尤其在人才培养方面。其中的核心问题,是大学理想和教育观念。

高等教育的根本任务是什么?教育的本质是什么?大学文化基础是什么?我觉得大家在这些问题的认识上并不那么清晰。同时,大学的领导经常变更,如何思考学校的长远发展,如何延续学校的文化,如何深入理解高等教育的内涵,不同的人也许有不同的考虑,对一所大学而言就是困惑了。在过去的四十年里,中国经济处于一个快速发展的阶段,曾保持了GDP的两位数增长,到现在仍然是世界领先的增速。但在经济快速增长过程中,大家都已经意识到社会上出现的急功近利现象,而教育的发展恰恰也是在这个大氛围里。我觉得很多问题的源头是没有理解教育发展是一个长期的过程,教育是千万不能急功近利的事业。

我们往往过多地看重一些所谓的评价指标,太关注当下,而不考虑长远。如果不从急功近利的情绪和氛围中跳出来,高等教育的质量提升,包括学生培养、科研创造力、社会服务,就很难得到有效的提升,这是当前中国高等教育发展面临的挑战。规模快速扩张,投入不断加大,硬件有很大改善,但在质量提升和特色发展上面临很多挑战,道路曲折,这是我对改革开放四十年来中国高等教育发展的基本看法。怎么能够让高等教育更符合人民群众的愿望、更符合社会发展的规律?我觉得需要在教育观念、办学模式、培养模式、评价体系等方面有大的变革,还有很多难题需要去破解。

学校发展战略中的"三个I"

宣:您刚刚谈到了,高等教育规模发展以后,我们遇到了一些问题,公众也质疑我们高等教育的质量。2006年的时候,您正好从上师大回到华东师大担任校长,这个阶段实际上国家也开始关注高等教育的内涵式发展、高等教育质量等问题。当时我记得温家宝总理还专门听取汇报,从国家战略角度要做一个调整,要放慢规模扩张的速度,要更加注重内涵发展,注重高等教育质量。那时候您到华师大任校长,作为一个学校的掌门人,您感觉当时面临最大的挑战,或者说华师大当时在办学、在人才培养当中最大的问题是什么?您是怎么切入来解决这些问题?

俞:我在上海师大任校长,一个任期还没干完,三年后教育部就调我回华东师大当校长了。对我个人而言,压力确实很大,无论是华东师大的教职工,还是教育部和上海市的领导都寄予了一定的期望。华东师大是1951年成立的,早在50年代,中央就确定了16所国家重点高校,华东师大是其中的一所;"文革"后,大学恢复正常运行,国家又一次明确了30多所国家重点高校,华东师大也是其中一所;后来又进入了"211工程",但当时尚未进入"985工程"重点建设行列,对学校发展的影响很大。这只是一个方面。我觉得更重要的是在新的时代背景下,这所学校如何能更好地定位,如何办出自己的特色,延续和完善大学文化建设,在师资队伍、学科结构、教育理念、培养模式等方面应该做哪些调整,使之适应时代发展的要求。这些问题都需要我认真去思考,并广泛听取师生员工的意见。

我在华东师大读的本科,毕业后留校工作,后来又出国留学,回来后还在师大工作,所以我自认为对学校文化是比较了解的。从积极的意义上讲,华东师大的文化风气比较踏实,对教育的理解比较深刻,不管外面有多大的风浪,能够稳得住,坚持自己的教育理想,相对而言功利性少一点,任凭风吹浪打,胜似闲庭信步。但如果从消极的角度看,我们国家原来实施的是计划经济,高校的任务和资源是国家分配的,包括科研项目;而从计划经济转为社会主义市场经济,大学的社会定位和社会关系发生了很大的变化。如果在转型过程中,学校的领导和教职工不能尽快转变思想观念,适应市场经济的变化,积极争取社会资源,那我们就会游离于社会的主流体系之外,很难得到发展的机会。华东师大的文化里恰恰缺少如狼似虎的精神,缺乏敢于拼搏、积极争取的斗志。所以,优秀的文化传统要传承下去,同时又要增添血性,敢拼敢争。我想,这也是校长要努力的,这个空间很大,因此压力更大。回华东师大后,我在这些方面花了很大的功夫。

宣:当时华师大面临着一种转变和挑战,那么在内部,比如说学校的定位、学校的组织架构,包括办学理念的转变,当时您去了以后有哪些举措?

俞:我到一所高校,一般要花几个月的时间去了解情况。例如,我就任上师大校长,一开始很少在公开场合发表意见,而是到各个院、系、研究所,找不同的管理人员和教师交流,向他们了解学校和学科情况。我相信没有调查就没有发言权,宁可多花点时间,把问题搞清楚,把思路理清楚了,再发表自己的看法。而且即便有了想法,也要先和班子成员沟通好。尽管华东师大是我的母校,我也在这里工作了很长时间,但是离开华东师大三年,学校有了很多变化,我觉得还是需要先调研。张济顺书记给我推荐了一些老教授、老领导,同时希望我不要调研时间太长了,因为很多事情在等着往前推进。当然,我是在广泛听取教师意见的基础上,和书记及班子成员进行了充分的沟通,才在教师干部大会上谈了自己的一些想法,其中的一些想法后来就写进学校五年发展规划里了。

一所大学的目标定位是各项规划的基准。"985工程"是国家为建设若干世界一流大学和一批国际知名的高水平研究型大学而实施的建设工程。我们既然要争取进入"985工程",就要立足在这个定位上,即国际知名的高水平研究型大学,当然我们还强调了"以教师教育为特色"。不要小看这句话,如果我们的定位是一所以教师教育为特色的国际知名的高水平研究型大学,在教育理念、办学品质、师资水准、人才培养、科学研究等各方面就都必须照着这个目标去提升。

然而,我们应该通过什么路径去实现这样的目标呢?当时我们听了很多教师的意见,也分析了一些世界一流大学,归纳了两条战略路径。一是推进学校的国际化进程,就是要在国际高等教育大平台上审视和谋划自己,而不是关起门来做规划,在已有的评价指标上做文章。如果不是在大学理想和长远发展的高度上思考问题,我们充其量只能跟在人家屁股后面跑。国际化战略不只是看人来人往的交流规模,更重要的是要有一个国际化的战略高度,创造性地谋划学校未来的发展。二是推进学科交叉融合,在学科交叉点上寻找新的突破口,争取和一流大学在同一起跑线上竞争。华东师大有很多传统优势学科,如教育学、地理学、文史哲、心理学等,也有一批具有竞争力的新兴学科,如信息科学、数据科学、凝聚态物理、生物医学、脑科学、生态学,等等。但真正要和国际一流大学处在同一起跑线上,就需要推进学科的交叉融合,在学科结合点上突破。我们可以看到,很多新兴学科就是在交叉领域中产生的。

至少在当年,我感到非常欣慰的是院系和处室的领导、广大教职工都能够讲出这两大战略路径,可谓家喻户晓,人人皆知,因为这是大家的共识。在这个基础上演化出了三个 I 的发展理念,成为我们与国外大学交流时的战略思考:第一个 I 是 Innovation,即创新人才培养与科研创新;第二个 I 是 Internationalization,即推进国际化进程;第三个 I 是 Interdisciplinary,即推进学科交叉融合。我认为,一个学校的发展理念和战略选择,必须渗透到每个教师和管理人员的头脑里,成为共识,化作行动。如果不能够落实到学校工作的方方面面,那就只是纸上谈兵。

坐在一条板凳上沟通

宣:这个太重要了,战略真正要影响教师的行为、影响我们的资源配置,这种战略才是有效的,我们很多战略规划就是墙上挂挂。战略思想怎么能够真正深入人心,并且在办学行为上都能够朝着这个战略目标去努力,这是很重要的。您是怎么做到的?

俞:我认为,大学的规划一定要坚持一个原则,就是从群众中来、到群众中去。这句话大家都很熟悉的,是吧?但真正要做到确实不容易,为什么?我们需要花很多的时间去搞调查研究、听取意见,而且要听得进不同意见,实际上这就是一个从群众中来的过程。人家讲外国大学校长最重要的工作,一是找人,二是找钱,是吧?中国的大学校长干什么?都是一把手工程,样样事情都要管。但是我认为,一个中国的大学校长,有两件事情最重要。

第一,校长一定要能很好地听取大家的意见,形成学校发展的战略目标和战略规划,然后转化成为自己的语言,表达出来,这是体现每所大学的办学特色和办学思路的重要方面。

第二,就是要善于沟通,我曾经对很多记者说过,如果我要写书,那书名应该是《大学之道在于沟通》,我觉得沟通太重要了。仔细想想,实际上我们所有的工作都是在沟通,谈话是沟通,调研是沟通,开会也是沟通。我们要和教师沟通,要和校友沟通,也要和学生沟通,了解师生员工的想法,也把自己的思考告诉大家,这样才能汇聚大家的智慧,制定适合学校发展目标的战略规划和行动方案,才能被大家认同并得以贯彻。我们要和各级政府沟通,和媒体沟通,也要和社会各界沟通,要争取政府的理解和支持,争取舆论的支持,争取企业及社会各界的支持和帮助。

实际上,校长所有的工作都是在沟通过程中完善和实施的。通过沟通,把教师的想法、大家的愿望、每个人的智慧都集中起来,成为学校的大智慧和大战略。通过沟通,学校形成的工作意图和措施得以落实,成为大家的行动,这才是有效的工作方法。校长千万不能凭自己的主观意志、一己之力来强推学校工作。集体的智慧、集体的意愿、集体的行动,需要在沟通中采集、归纳,被大家理解、接受,并化为自觉的行动。这些是我在校长管理岗位上深刻体会到的。

我相信,任何一个学校的领导都希望有各种各样的途径,听到教师、学生的想法。但是我们现在几万人的学校,怎么和每个人去沟通?这就需要智慧,也需要有效的渠道去实现。我们的师生员工都是有想法的,他们对学校的所作所为自然会有问号,如果没有人及时说明情况,问号就会打得很大,甚至成为反作用力。我觉得这是现代大学管理的一个核心问题。

宣:其实刚刚俞校长讲到的,作为大学校长最重要的两件事情,我是这样理解的,第一是决策,第二是执行,而执行实际上就是您的领导方法和艺术。您到纽约大学后,在几次访谈中谈到,美国的教育体系、体制、理念、文化怎么样能够本土化,其实这里也涉及不断沟通的问题。和利益相关者的沟通,其实就是治理的过程。在我们教育部重大攻关项目课题的研究中,我们也发现中国大学校长的素养跟美国大学校长比较,最欠缺的就是您讲到的沟通。您是最早开微博的大学校长之一,我们是不是可以理解为您很愿意用新媒体这种方式跟大家沟通?所以我们也很想听听您跟学生和教师沟通当中的一些具体的故事。

俞:在今天这个时代背景下,沟通渠道已经发生了巨大变化,信息技术的发展给我们提供了很多可能性。比如说一个几万个人的大学，面对面的交流机会，不是每个人都有，而且有些人愿意跟你交流，有些人不一定愿意。关键问题是有些交流不是平等的，尤其对学生来讲，别看学生年纪很轻，他们特别希望学校的领导跟他们交流。我们应该坐在一条板凳上交流，而不是居高临下。例如，领导来关心你，现在怎么样了？有什么想法？好像家长、大人一样。其实，这个年龄段的孩子，就是面对父母，他们都不愿意这样接受教育。居高临下的姿态，学生都不会喜欢。所以我觉得新媒体的产生，特别是社交媒体，给新时代的沟通带来了一个新的渠道。我想我是属于那种比较快看准这一点的人之一吧，实际上我利用社交媒体跟学生沟通是从上师大当校长的时候就开始了。

最早用的是学校BBS，学生帮我设立了"校长在线"。当接到上师大校长任命时，我就上了上师大BBS，看后大吃一惊。BBS上到处都有对学校的不满和指责，食堂的问题、授课的问题、寝室的问题、校纪校规问题，等等，学习和生活中的不满都会在BBS上吐槽，有的在学院平台上，有的在学校平台上。关键是，没有人理他们，所以有很多跟帖，情绪越来越激烈。到上师大上任后，我就想：我们应该建立什么样的渠道，能够直接和学生沟通？我觉得，BBS上学生讲的那些事，有些确实是学校工作没做到位，而有些则是学生不了解学校的目的和背景，甚至有些事只是学生找不到其他地方去沟通，所以就到BBS上来发泄一下。学校领导应该怎样面对这些质疑，怎么去解开这个结？这是个现实问题，我一下子找不到什么解决办法。

恰好，一个学生给我发了封电子邮件，说起她中学时，校长聘请了一批学生助理帮助处理学校的一些事务，她建议大学校长也可以尝试一下。很遗憾，至今我都没有见到过这位学生，她后来就毕业了。但是，我采纳了她的建议，也得到了其他领导的支持。结果学生响应很积极，每位校领导都招聘了几位学生当校长助理，任期一年。

我的学生助理分别是负责信息和国际交流的，正巧里面有一位就是 BBS 的版主。我和她讲了我的困惑,讲了我对 BBS 的看法。她说是正是如此,因为 BBS 是开放的,大家都可以发表意见。我问她,那我可以发表意见吗?她说当然可以,于是我们就开通了一个"校长在线",把有想法的同学吸引到校长在线,这样就可以和大家沟通交流了。很有意思的是,"校长在线"开通的第一天,就收到了几百个帖子,有对学校管理工作的意见,也有提出一些建议的,大多就是来打招呼的,每个帖子我都看了。我对同学们讲,大家对学校工作,哪怕对部门的工作,有什么意见,都可以发到这个平台上,"校长在线"一定会回应你们。学生提出的问题也有比较复杂的,我一下子没办法回答。我就会讲,这个问题很重要,我们会去讨论,涉及学校制度,需要通过相应的程序,集体讨论才能决策,大家要理解依法治校的重要性,不要以为校长一句话就可以改变一项制度,以后会给出明确的答复。但是,大多数问题我是可以直接回答的,学生助理也会帮助我在电脑上输入,他们打字比我快得多。哪怕学生只是一句问候的话,或者有人会问,是校长本人吗?我也必须回复,我是校长,欢迎大家来"校长在线"交流。我希望同学们看到,我们大家是坐在一条板凳上沟通交流,他们的问题一定会有回应。就这样,差不多就两三个星期的时间,学生吐槽的帖子在 BBS 的其他栏目上越来越少,有意见和建议基本都上了"校长在线",而且语气越来越缓和,气氛越来越好,反映出学生的心情平和多了。

我的体会是,在一般情况下,如果校长能够平等地去回答学生的问题,学生的情绪很快会稳定下来,很少有人会和你较劲。在我的记忆中,只出现过两次难以沟通的情况。经过多次在线交流,学生还是不能接受我的解释,情绪比较激烈。我没有办法了,就问了一下,我们能不能见面谈?因为我打字比较慢,也许见面聊会更有效果。结果,都解决得很好。其实,这两个案例都算不上是什么大事情。

一个例子是上师大原来有规定,如果学生英语四级考试没有通过,就不能授予学位,目的当然是为了促进学生学好英语。但中文系有个学生考了几次没有通过,眼看就要毕业了,非常窝火和反感。我们见面时，他谈了自己的想法，涉及合理合法的问题。我表示能理解，但还是向他解释了学校这项规定的初衷，至于能否改变这个规定，需要学校领导班子集体讨论和决定。我建议他不要有畏难情绪，并鼓励他再去考一次。结果他一考果然就通过了，学生高兴极了，及时报告了这个喜讯，并感谢校长的鼓励。

另一个例子是关于学校文明修身活动，要求在校学生有一个学期、每天三次清扫校园，就是在校园里扫树叶和垃圾，培养劳动意识和爱校精神。学生在帖子上发牢骚说，根本没有树叶了，我们还要一天去扫三次地，花了很多时间，学习怎么办？我就此事问了学校分管学生工作的领导，她告诉我这是学校领导做的决定，是学校的传统项目。但学生一直想不通，我就跟那个学生说，这样吧，你什么时间"文明修身"，我和你一起扫地，我们一边干活一边聊聊天。和她一起扫地的时候，我感到她虽然在网上发帖的语气很激烈，面对面交流时态度却很温和，没有很生气的样子。她就是认为这样的硬性规定不太合理，应该根据实效调整。我答应她会和学生部门沟通，但要求她还是遵守学校的规定，坚持参加活动。我们也聊到了学习，我因此也了解了学生在学习上的一些情况，大家心情都很舒畅。后来，学生部门根据学生的建议，对文明修身活动的时间作了调整。

我在上师大充分体会到了社交媒体对工作带来的帮助。回到华东师大后，我和分管学生工作的校领导也提出，能不能在BBS上开一个"校长在线"？因为华东师大有几个BBS平台，这项工作没有能落实下来。2006年正值华东师大部分院系搬迁到紫竹新校区，学生反映和老师见面的机会很少。我提议能否尝试本科生的导师制，每个老师带几个一二年级的学生，定期安排见面交流，关心学生的学习和生活。我自己每届也带两三名学生，两周一次共进午餐，问问他们的学习和生活情况，帮助学生解决问题，给一些建议。有一次午餐见面时，学生问我是否在人人网上注册了？我说没有啊，人人网是什么，我还不知道呢。他说我们都看到了，还有头像照片在上面，而且您对大家的问题都有很好的回答。我在这位学生的帮助下去看了人人网,真有人用我的名字和照片在人人网上注册了,而且和学生交流得像模像样。自此我知道了有人人网这个社交平台,并正式注册了个人主页,作为和师生沟通交流的一个平台。

随着网友数量不断增加,在学生的帮助下,我又注册了人人网公共主页。我利用人人网的主页发布了学校信息、个人感受,也通过这个平台征求意见、了解情况。2011年是华东师大建校60周年,举办怎样的校庆活动?体现什么样的大学精神?这是校领导很上心的问题。我们知道有些学校的校庆活动受到了校友、学生、教师乃至社会公众的批评,因为他们只是关注了有钱有权的校友,而忽视了广大师生员工和校友群体的感情。我通过人人网,讲了学校举办校庆活动的理念,希望搞一些有社会价值、有社会意义的活动,成为凝聚人心的过程,但具体怎么搞法,想听大家的意见。师生、校友跟了不少帖子,提出了很多好的建议。例如,早期毕业的校友没有穿过学位服,提出能否利用校庆返校,穿了学位服拍照?能否在60周年校庆前后发动大家为社会做60件好事?这些都是大家提出来的,学校全部采纳。我们要搞一个真正是华东师大广大师生和校友的共同节日,而不是少数人的节日,更不是学校领导的节日,所以大家对60周年校庆的反响很好。

我也利用社交媒体与师生员工沟通交流,解决了学校管理上的一些问题。印象最深的有这么一件事。我每天一早一晚都要关注一下网络信息,这是多年来形成的工作习惯,因此学校的部门领导经常会在不经意中被我打扰。那天早上一打开电脑,我就看到了几张河东食堂门口的照片,工人们在阴沟里挖东西,旁边配的文字是:"中北校区河东食堂书报亭旁边捞地沟油的证据,不知道捞这些油有何用途?也不知这些油流到哪里去了?"很快,不到一个小时,转帖和评论铺天盖地而来,从疑问到质疑到结论,最后是:"一所'985工程'高校竟然用地沟油,令人发指!"我的第一反应是震惊和不可思议,马上也意识到这是一次信任危机,必须认真应对。我立即给后勤处处长打了电话,请他尽快调查了解,并告知实情。很快,事实就搞清楚了,这是例行的下水道疏通。我立刻在网上作了回应:"经了解,这些照片里正在打捞下水道油脂沉渣的人员是我校后勤集团环境管理中心人员,打捞的目的是防止油脂沉渣堵塞下水道,打捞出来的油脂沉渣是倒入垃圾箱处理掉的。我们找到了他本人,并与照片中边上的人证实,是把油脂沉渣倒进了垃圾堆。请同学们放心,要相信学校。"

为了让同学们了解学校食堂废弃食用油脂的处理办法,我也把后勤处发给我的处置规范转发了:"我校后勤集团与上海普环实业有限公司签订了《普陀区废弃食用油脂有偿服务协议书》,食堂废弃的食用油脂,由该公司负责派人到学校回收,由普陀区市容环境卫生管理局监督,防止流入非正规渠道损害人民健康。哈哈。大家要支持后勤的工作,请搞清事实后再发表感想。"针对部分同学对食堂食用油来源的疑问,又发帖做了说明:"我很理解同学们的担忧,食品安全已经成为社会共同关注的问题。为了师生健康,后勤处加强了对食堂的监管,后勤集团食堂的食用油全部来自上海高校后勤服务公司(市教委下属的学校食堂配货中心),社会企业食堂也要求从超市等正规渠道进货。后勤处和卫生监管部门会经常查看进货单。特告之,请监管。"

几个小时内,事实得到了澄清。同学们不仅了解了真相、消除了疑虑,也经历了一次理性思考的过程。下午,舆论完全走向正面,同学们高度认同了学校和学生之间的及时沟通、积极互动,更是表达了对学校的信任、热爱和支持。已经得到媒体关注的一次"丑闻曝光"改成了"用社交媒体解决危机"的正面报道。

直到有一天,有学生跟我说,校长你已经out了,我们不再用人人网,改用微博了,我才注册了微博。"世博会"期间,上微博的人越来越多,我就把注意力全部转到微博了。当然,现在更多人在用微信,不少学生也加了我的微信。上海纽约大学每个年级都建了群,有的是学生建的群,把我拉进去了;有的是我建的群,学生加入的。我可以在群里了解到同学们在关注哪些问题,讨论什么事情。但是我尽可能不去打扰,在特别需要我解释时,才会出来说几句话。在新媒体时代,教育工作者应该关注媒体平台的变化。用好这些平台,有助于我们的工作,也可以化解很多矛盾。我觉得这就是有效的沟通渠道,用好社交媒体也体现了沟通的艺术。

坐在一条板凳上,开拓多种沟通渠道,追随学生的喜好,从BBS到人人网,到微博,到微信,我是跟着年轻人在走,他们是现代技术的娇子。我认为,学生喜欢的社交平台就是很好的沟通交流平台。

宣:所以您被称为最亲民的校长。用新媒体沟通的做法,您实际上是引领的,但是到目前还没有成为常态。我在工作当中也跟学生有一些接触,感受跟您一样的,就是学生其实是很爱这个学校,很讲道理,只要把问题讲清楚了,学生是非常通情达理的。那么怎么能够像您这样,使之成为一种常态,您有什么好的建议吗?

俞:实际上,我这样做也是有争议的。我在上师大开通BBS校长在线,就有人问我,作为一个校长,把那么多的精力花在这个上面,值得吗?我认为这就是校长应该做的事情。有很多认识上的误区,值得我们关注。我在上师大的学生助理曾经说过,他们原来以为校长就是坐在办公室里接接电话,看看报纸,批批文件,或者参加各种会议。在他们心目中,大学校长就是这么工作的。而他们在担任校长助理时,看到我经常不在办公室里,到院系找老师谈话,在食堂里和学生聊天,在网上直接和学生沟通,大家的感触是不一样的。

大学校长应该深入到群众中去,是你走近他们,而不是叫他们走近你。我回到华东师大工作后,一开始也会有人不理解。我在网上看到老师、学生的意见或建议,就会直接打电话给部门领导,问他们是否了解这些情况。有些事情,他们竟然不知道,我倒是第一时间知道,搞得大家很紧张。例如,有学生反映某个宿舍已经有两个星期没有热水了,报告了多次,还是没有结果,只能问校长了。我打电话给后勤处领导,他们也不清楚。最后才搞明白,是锅炉水泵坏了,厂商一直没有来修。这样的情况,如果有个安民告示,也不至于学生对学校有意见;如果想一个替代方案,就可以帮助学生解决实际困难。为什么责任人这么不以为然?又如,图书馆前的道路旁已经有一个月没有亮灯了,学生发现了这个现象,向我提出了,觉得对行人有危险。我问校园管理部门,知道这个情况吗?说是不知道,结果一查下来,原来是地面下沉,把电线压断了。如果遇到雷雨天气,电线走电,那可要出大事了。这些例子对具体员工来讲,可以说是工作责任心不强;但对领导而言,其实反映的还是办学理念问题。

几次下来,大家感受到沟通交流的重要性,有关部门的领导也上网了,而且也经常在第一时间及时回答和解决学生提出的问题。我不能用简单的行政命令来要求大家这样做,但可以通过自己的行动,用实例来带动大家,看到及时沟通对我们工作的帮助。据我所知,一些部门领导在我离职以后还保持着在微博上与学生沟通。少一点行政指令,多一点以身作则。我愿意花这个时间,希望大家看到这样做的价值,理解其背后的办学理念。如果大家愿意一起做,说明有了共识;如果不愿意做,我也不能去指责他们。没有这样的规定,是吧?

宣:所以您这样的做法实际上是真正在回归教育的常识、教育的初心,最后就是为了培养人,为了培养学生,愿意把时间花在学生身上,去关心每一个学生的成长。

俞:我希望大家理解这不是做秀,而是实实在在为学生解决问题,帮助学生成长。我从骨子里认为,学校的根本责任是育人,教育应该以学生发展为本,所以一定要善待学生。

宣:您希望学生能够热爱学校,日后作为校友就知道怎么样报答学校,而且又知道怎么样去服务社会、贡献社会,所以现在就应该善待学生。您用自己的行为说明大学应该是这样,所以我想这个事从根本上就是您的基本理念,并不是为了做这件事情去做这件事,所以您愿意花四天的时间跟华师大的每个毕业生合影,愿意做学生的背景墙。

俞:大学毕业典礼对校长来讲是每年一次,可是,对学生来讲,却是一生一次,因此,我们要站在学生的立场上考虑问题。校长是什么角色?在学生眼里,他代表了学校的形象,或者是一种精神。实际上我一直很愿意和毕业生合影,但有点顾虑,或许是多余的顾虑,主要考虑会不会给其他领导造成压力。因此,无论在上师大还是在华东师大,只要学生给我发 Email 或者在 BBS 上和我约合影的时间,我都会愉快赴约,而且觉得是应该做的事。后来,我知道毕业生大多都有这个愿望,干脆就在毕业季里公布几个时间段,在学校的标志性建筑前等同学们,不见不散。上海纽约大学也已经有了三届毕业生,我们学生人数不多,一年才不到三百。每年毕业典礼后,我就会站在学校的背景板前等大家,和学生、家长合影留念,这已经成了习惯。

对毕业生来讲,这张照片也许标志了他们人生道路上的一个里程碑。能够在这个时刻陪伴他们,是我的幸福。有人曾经建议我搬个椅子坐在那里,我坚决让他们撤掉。我不否定中国的尊师传统,但我不喜欢这样,大家一起站着更好。我的教育观念就是要和学生平起平坐,可能不符合中国传统思想观念,但是我觉得是现代观念,人和人就是平等的,老师和学生也是平等的。平等相处,才有教育意义,不管学生将来有什么样的地位,不要忘记平等待人。

教育需要改变畸形的价值取向

宣:作为华师大的原校长,我们不得不聊到华东师范大学当中"师范"两个字,因为刚才您也讲到了,学校的战略定位当中,教师教育是华师大的特色,应该也是作为华师大的一个底色。最近,任正非在一个访谈中说,他关心中国的教育,特别是基础教育,他认为我们应该建立一种机制,让最优秀的人去当教师,培养我们的学生。华东师范大学就承担了这样的使命,为中国培养了百万名教师。您去华师大到校长的时候,我们国家出台了师范生免费的政策,目的也是吸引优秀学生报考师范院校;可是,与此同时,高等教育也出现了明显的同质化倾向,不少师范院校试图摘掉"师范"帽子(更名),或者削减师范类专业。作为培养教师的重镇,当时华东师范大学怎么来思考"师范"的定位,或者说如何承担这一使命?

俞: 记得 2006 年,我在《光明日报》上发过一篇文章《建立适应创新型国家建设目标的教师教育创新体系》,核心意思是:"培养大批具有创新精神和创新能力的优秀人才是建设创新型国家的战略举措,而创新人才培养则必须从基础教育着手。因此,推进教师教育改革与创新,培养适应创新型国家建设目标的基础教育教师队伍是中国未来科技和教育事业发展的重要基础,对于建设创新型国家具有基础性和战略性的作用。"

我要表达的是,随着中国教育事业的发展,师范大学的建设和发展面临着新的机遇和挑战,其地位和作用也在发生变化。师范大学向具有教师教育特色的综合性大学发展,使教师培养有了一个基础学科和应用学科综合的大环境;高水平师范大学向研究型大学的发展,使教师教育建立在一个更活跃的创新平台上。这些变化不仅有利于引领教师教育的改革和创新,有利于师范大学在中国教师教育体系中继续发挥骨干中坚作用,也有利于凸显教师教育领先的综合性研究型大学在教师教育创新方面的优势和特色。

我们很认真地讨论了这些问题,认为教师的培养首先要从思想观念上转变。我们不能够把十几年二十几年前培养教师的理念和模式,简单地运用到今天的教师培养。任正非提出的问题,确实涉及教师教育的思想观念。对于教师教育,我们觉得特别需要从以下三个方面加强认识:

第一,教师是一个终身发展的职业,不是大学四年就能够培养出一个优秀的教师,优秀的教师一定是在教学实践过程中成长起来的。因此,我们要建立职前教育和在职教育一体化的培养模型,以支持教师的终身、持续发展。

第二,教师面对的对象是人,是活生生的人,所以培养一个教师,不仅在专业知识和技能上,更重要的是要懂学生,把着眼点放在学生的身上。能讲数学课或语文课的教师,未必就能成为一名优秀的教师。如果不懂学生、不懂的人的话,就不会成为一个好的教师。教师一定要有爱心,要爱学生,要懂得不同年龄段的孩子的认知过程是怎么样的,心理特征是什么样的,懂得如何启发学生。

第三,教师教育要与时俱进。随着时代的发展,人才的目标和内涵也跟着发生了变化,教学手段也发生了变化,因此,教师培养就一定要与时俱进。如果我们还是固守原来那一套东西,我们就不会进步。培养出来的教师,也不会符合今天教育发展的要求。

在这三个观念的基础上,我们具体做了几项工作:在学校层面,我们构建了职前教育和在职教育一体化的培养模式,面向教师的终身发展。正值国家师范生免费政策出台,我们提出了新的培养计划,让免费师范生本科四年毕业后,先在教师岗位上从教一段时间,有了一些实践经验后直接进入到硕士阶段的学习。两年后回来学习不需要再考了,直接攻读教育硕士,教育部采纳了这个意见。职前和在职一体化培养,就可以把教师教育放在一个更长的时间段来整体规划,理论结合实践,专业教育结合教师教育,分不同阶段,循序渐进。

在课程层面,我们重新规划了师范生的课程体系,分为三大模块:一是通识教育模块,以拓宽学生的知识面、加强学科间的融会贯通为目的;二是专业教育模块,强化专业知识、专业技能的学习;三是教师教育模块,主要是教育理念、教学方法、学生心理、教学技术等课程的学习。在教师教育模块里,开设了一系列课程,突破了老三门的格局,给予学生更多的选择权。在研究生阶段仍然可以选修这些课程,缺什么补什么,从理论和实践上理解教师职业发展的要求,加强对学生心理特征的认知,强化对教师观念和能力的培养。

在实践层面,我们加强了职前的教学实践,凸显了在工作岗位上带着问题的研习。另外,针对教育信息科学和技术的发展,强化了信息技术在教学中的应用,促进师生互动,等等。华东师大在教师教育的改革和创新中,转变观念,积极探索,在加强专业知识和能力培养的同时,更重视教师职业精神和教学能力的提升,这对教师的长远发展会有极其重要的影响。

宣:那么在这样一个教师教育培养的体系当中,从我们国家整个体系来看,您认为华师大的特色和优势在什么地方?因为我们知道教育学学科评价当中一般都是北师大第一,华师大第二,这个是从研究的角度。但是我想知道的是,在教师教育和人才培养方面,华师大如何在全国的师范体系中,既体现共性的东西,又突出自身的特色?

俞:1950年代初,教育部在构建全国师范教育体系时,是有一个区域布局的考虑的,六所部属师范大学分别位于六大行政区:华北的北京师大、东北的东北师大、华东的华东师大、华中的华中师大、西南的西南师大、西北的陕西师大。我认为,当时在师范教育布局中,考虑了不同地域的教育发展,每个大区都有一所重点师范大学(部属师范大学),由此带动区域的师范教育的发展。

从师范教育的空间格局来讲,华东师大更应该彰显什么特色?我觉得首先应该和所在区域联系在一起,和上海这个城市联系在一起。华东和上海的地域特色是什么?当然,华东是中国经济最发达的地区,上海是国际化大都市,一流的城市要有一流的教育。所以,我认为华东师大教师教育的特色首先是满足发达地区社会经济发展对一流教育的要求,体现国际化大都市对教育国际化的要求。同时,学校教师教育的特色也要体现在各自学校的优势学科对教师教育的支撑作用。我们当时也提出了"教育+"的概念,就是要把学校的优势学科,如教育学、心理学、社会学、地球科学、信息科学、数据科学、脑科学、文史哲等融入教师培养体系,影响基础教育的发展。前段时间,教育学部的陈玉琨老师和香港中文大学的汤晓鸥老师一起编了本《人工智能基础》的教材,这是第一本人工智能的教材进入到中小学基础教育,也是"教育+"的成果体现。

这就是《光明日报》上那篇文章阐述的重点之一,教师教育需要学科发展的引领,这是在研究型大学中培养教师的优势之一,学术研究和学科发展的环境有利于教师培养。

举一个例子,我1990年代初回国,正好地理系在举办中学地理教学论坛,让我去讲讲。我就讲了遥感、地理信息系统、全球定位系统(3S技术)的发展对地理学的重大意义。我在会上说,中学地理教育一定要引入3S技术,这将会成为一个公民的术语,使用电子地图、地理信息系统、GPS定位、遥感图像,将会成为一个公民的基本能力。这是中学地理教育需要考虑的问题,但当时中学地理教师对3S技术不熟悉,觉得离他们太远,也就不很重视。我是从事这方面研究的,能够看到学科的未来发展及其对社会可能产生的影响,因此可以对基础教育的发展提出自己的建议,其价值现在已经体现出来了。

宣:我曾经受陈玉琨老师邀请去华师大参加他主编的我国第一本人工智能高中教材的发布会,当时我能体会到他的价值意义,首先就是让校长们能够感受到人工智能进入到课程的重要性,然后接下来实际上就是师资培训。在教师教育当中,师资是非常重要的,而且我觉得今天的教师教育实际上要发生大的革命,如果我们的教育、我们的教师培养还是围绕知识和技能,将来这些东西都被会人工智能代替。教师不仅是知识和技能的传输,更重要的是一种情感的交流,是对学生个体的成长、人格完善的关注,所以,如果我们的教师教育没有一场根本性的变革,还是按照原来的模式去培养教师,那就会被淘汰,所以教育变革真的是势在必行。那天陈老师在发布会上做了一个专题报告,题目就叫《技术改变教育》。听完报告以后,我也是很受启发,当技术发展以后,很多技术来改变我们教育的形态、教育的理念、教育的方法,刚才您谈到了。

我们现在对中国的基础教育实际上是全民焦虑,包括我们在座的现在有孩子的同事,都有焦虑。其实我始终在想教育政策,这里头实际上可能涉及教育的宏观环境。我认为,师范院校一定有这样的使命和责任。您怎么看这个问题?

俞:最近这段时间,我谈的话题中涉及基础教育的比较多。在不同场合,大家都会问到对基础教育的想法。我觉得今天基础教育面对的问题,更应该从价值取向层面上去思考。我一直认为教育问题不是光靠教育界内部就能解决的,往往是社会问题。什么社会问题呢?那就是我们的价值取向的单一化,对成功的理解、对成才的理解、对孩子发展的思考,都太相似了,具有很强的功利性。在很多家长的心目中,考试成绩是衡量学生的唯一标准,成长、成功的标志就是进一所知名的幼儿园,一所知名的小学,一所知名的初中,一所知名的高中,然后进一所知名的大学,最后找一份大家认同的工作。

宣:对。社会普遍认为这样的人生才是成功的,才是正道。

俞:所以千军万马走独木桥,大家都在挤这条路,这样的竞争肯定是打得头破血流,家长和学生的焦虑心情我完全能理解。因此,要从根本上去解决问题,应该引导多元化的价值观。教育重在人格发展,无论将来从事什么工作,无论在哪个方向上发展,只要能体现自己的价值,都能得到社会的认同,都可以有美好且充实的人生。也许到整个社会物质财富比较丰富了,大家所向往的精神生活不同了,再回过头来看自己人生的时候,想法就会不一样了。

活到我这个年龄,才想明白一些道理。首先,重要的是身心健康。我看到一些优秀的孩子太刻意去追求第一名、第二名,最后心理上承受不住,酿成家庭的悲剧。我们注意到,在大学期间轻生的学生,大多数都是学习成绩优秀的学生,在竞争环境里长大,一直是佼佼者,而一次考试成绩不理想、一次人生挫折,就焦虑,就过不了心理上的坎,真的很可惜。所以孩子的身心健康,才是家庭幸福的根本。其次,孩子是否诚信、正直,对家庭、对社会都是至关重要的,如果孩子走了歪门邪道,不仅祸害了家庭,也祸害了社会。其三,我们都希望孩子能自食其力,自己能养家糊口。真能做到这三条,应该是很幸福了。至于孩子未来能对社会作多大贡献,既要靠自己的努力,也要看机遇。因此,只要自己有获得感,觉得幸福充实,那就体现了人生的价值。赚很多钱又怎么样?考试第一名又怎么样?进了北大清华又怎么样?如果成功、幸福的含义只是寄托在这些事情上，那注定只有少数人才觉得有人生价值。

从根本讲，要扭转全民焦虑的心态，真的需要全社会一起努力，逐步改变价值取向单一的社会认同。我认为，这种价值取向是畸形的，不正常的。在不同的岗位上，不同的人生追求都可以出彩，都可能成功，都能够被大家所赞赏，这很重要。从教育政策层面上讲，社会公众对高考选拔机制的改革一直有微词，但从现阶段来看，大家诉求不同，很难完美，只能一步一步地走，关键是要往前走。

为什么？仔细想想，农村地区，尤其是贫困地区，缺乏城里孩子那样的学习环境和素质教育资源，能接触到的东西也不一样。对于不少农村孩子来讲，高考也许是最公平的选拔，标准明确，分数面前人人平等。至少学生可以通过各种应试途径，努力把考试成绩提上去，那就成功了，而不需要考虑其他因素，这是摆脱贫困代际传递的一条路径。但是，从教育的根本意义上讲，把考试分数作为唯一评价标准，肯定不利于孩子的全面发展，也不利于社会进步。所以这是一个很矛盾的问题，在现阶段，不管什么政策，总会有不同的声音。如何兼顾各方面的诉求，又遵循教育的原则，确实是个难题。

上海纽约大学的招生录取不只是看高考成绩的高低，而是综合考虑学生在高中阶段的学业表现、各方面的能力和素养以及高考成绩。我们希望选拔学习能力强的学生，但仅仅学习成绩优秀是不够的。学校通过24小时的校园日活动，面对面地考察学生各方面的能力和素养。被选上的学生必须参加高考，且成绩至少在一本线以上才能最后录取，这也是教育部的要求。对于得到预录取资格的学生，如果到不了一本线，我们也没法录取，但是高考成绩高出一本线200分和高出2分，在录取上没什么差别。

这就产生了一个问题。家长会问，这个标准不明确啊，高考成绩占百分之几？高中学业成绩占百分之几？校园活动日活动占百分之几？我们可以有目标准备呀！甚至还有社会教育培训机构针对我们的校园日活动做应试类的培训。所以，在应试教育的观念下，无论什么政策，总会有疑问,总会有应试对策。

宣:刚刚俞校长谈到华东师范大学的战略当中,3I 印象特别的深刻。最后一个 I,也就是跨学科,华东师范大学除了教师教育之外,对应了传统学科的发展,包括新兴学科的支撑。大家知道跨学科这个命题提出来也很多年了,但要真正实现,实际上需要一种制度安排,需要组织结构的调整,需要政策的引领,当然最后还是需要人,作为学者,我们教师的理念和素养要能跟上跨学科的要求。所以我很想听听俞校长在跨学科这方面,华东师范大学在组织结构、体制机制、政策引导,包括教师的培养当中,有哪些举措来促进这种学科的协同、融合?

俞:首先,我认为华东师大在实施两大战略方面,国际化是比较成功的,落实了很多措施,也取得了成效,但是跨学科做得不太成功,当然也还是做了不少事情。可能大家都了解,作为一所传统的师范大学,基础学科的优势是很明显的,如中文、历史、哲学、数学、物理、化学、生物学、地理学等。整体而言,直接面对社会经济发展需求的应用学科,是学校的弱项。在市场经济条件下,如何更好地体现大学的社会服务功能?如何通过学科交叉,发挥文理学科的优势,在科学研究和社会服务上也能有较大的贡献呢?

我在担任华东师大校长期间,上海市科委推出了 HEAD 计划,作为科技研发的引导,即健康(Health)、生态(Ecology)、先进制造(Advanced manufacture)和数字技术(Digital)。为此,我们一起讨论了如何围绕 HEAD 计划,加强学科布局,提高学校的研发能力。在有优势的基础学科领域调整了重点突破方向,例如,围绕健康领域,我们从美国引进了生物医学团队,不仅在经费上而且在体制机制上有所突破,推进了传统生物学向生物技术领域的延伸;围绕认知科学领域,我们加强了脑科学、生命科学、心理学、教育科学、核磁共振技术的结合;围绕生态学领域,我们推进了地理学、环境科学、河口海岸学的整合。学校加强了两个学院的建设:围绕先进制造领域,我们把材料科学、电子工程、计算机科学的教授结合在一起,也引进了院士,成立信息科学学院;围绕数字技术领域,我们加强了软件学院和其他学科的合作。可以说,我们既发挥了传统优势学科的核心作用,也打破了学科的壁垒,在学科布局上对接了地方科技发展和产业发展的导向,从而可以直接参与到上海科技和产业的发展。

在人文科学方面,我们也做了一些学科交叉的尝试,例如冷战史研究中心、国际关系与地区发展研究院、思勉人文高等研究院等,都涉及不同学科的交叉融合。学校曾经设想过类似世界一流大学的教学与科研机构矩阵模式,即每个教授有两个身份,分别参与科研机构的研究和院系的教学。但是我觉得不是很成功,因为涉及学校的体制,也涉及人事制度,津贴、绩效、课时费等都搅在一起了,矛盾很大。华东师大有一批国家重点实验室、教育部重点实验室、上海市重点实验室,一批教育部人文社会科学重点研究基地,这些机构与院系的关系如何处理,我们一直在探索,包括人员、资源、成果等各方面,有些相处很和谐,但也有矛盾比较大的。

大学改革的关键在于转变观念

宣:这就涉及大学内部的管理体制的改革,特别是基层学术组织的再造。以前大学职能相对单一,按照传统的学科进行教学、科研活动。但是,现在学科发展迅速,面临的外部环境也有了很大的变化。在这种新形势下,如果我们面临综合性的问题,就可能要打破原有的教学、科研组织结构,重新构建一个新的体系,这个在国内高校有很多探索。我们团队原来做过一个研究,结论是要基于学科,组建研究中心,开拓新的研究领域,人才培养的责任交给学院,教师以课程为纽带可以在不同学院任课,学术研究交给研究中心,也就是您刚才讲的矩阵的组织方式,这样可以比较好地处理教学和科研的关系。

俞:教学与科研的协调,有搞得成功的单位,也有搞得不好的单位,激发了很多矛盾。问题出在哪里?第一,我们大学的教学和科研组织架构还在一个探索过程中，国家和地方不断有新的计划推出，同时就在打破已有的格局。要打破原来的格局，建立新的格局，一定是有人愿意，有人不愿意。一个核心问题就是我们的工资体系太复杂，不像欧美大学，教授就是年薪制，和学校签订合同，岗位要求和福利都很明确。教授是按照合同来完成他的工作，教学任务要做好，科研目标也要实现。因为涉及留用和晋升问题，所以教师是主动的，他要把自己归属到有利于他发展的地方。

第二就是考核制度，个人和单位的考核，也涉及成果归属问题。考核标准是定量的、细化的，晋升又涉及单位的名额，都会牵扯到个人的归属问题。类似于这样的问题，在中国大学里还是没有很好的解决办法。我觉得大学学术组织架构需要在一个大系统里综合考虑。

宣：这种现象就是大学的基层学术组织的碎片化，一个教师有多种身份，归属于很多的团队。然后他的整个时间、精力就是在应付，不断地去完成各种各样的任务。我曾经提过一个观点：中国大学的治理现代化的逻辑起点是大学的基层学术组织的再造。

俞：我是最近几年才意识到这个问题的根源在什么地方。上海纽约大学规模很小，教师 faculty 大概也就是 200 人左右，学生 1300 多人，将来会发展到 3000 个学生。学校有文理学部、商学部、计算机与工程学部三个学部。每个教授都归属某一学部，学部是教学组织机构，提出教师的需求，安排教学任务，监控教学质量。如果教授没有完成合同中的教学任务，或达不到质量要求，学部可以提出解聘。但科研项目是由教授自己组合起来申请的，他们的科研成果关系到 Tenure 和晋升。我们也和华东师大合作，成立了一批联合研究中心。教授们会主动参与这些联合研究中心，因为 Tenure 和升职要有科研成果，科研需要团队，需要合作者，他们也会积极寻找不同学科的合作者，所以跨学科研究并不是很难实现。商科教授可以和信息科学、数据科学教授合作，做数据分析和商业计算的研究项目；神经科学教授可以和商科教授、信息科学教授合作，做商业决策与脑功能机制的研究项目，科研组织架构并不复杂。也许这是因为我们学校规模比较小,在一栋楼里面,不同学科的教授天天可以见面,一起讨论工作。但是,上海纽约大学的年薪制度也是一个基本保证,教授不可以从科研经费中提取收入,如果拿其他单位的报酬,也必须向学校申报。

宣:但是,这样的模式有一个前提,就是说现在纽约大学的教师做科研的动力源自他自己升职的要求,学校并没有追求。

俞:学校不会考核每个学部的科研成果。

宣:问题是如果到哪一天上海纽约大学也有科研排名要求的时候,这里就有成果的归属问题、署名问题。

俞:只要有学校教授或学生参与的,发表的成果一定有署名。联合研究中心每年在 SCI 刊物上发表几百篇论文,作者中有上海纽约大学的教授和学生,也有华东师大的教授和学生,也会有纽约大学的教授。

宣:署名有排序的先后,还有通讯作者。如果学校有这种诉求的时候,就会影响到这种组织方式。现在学校没有这方面的诉求,所以教师他是可以自愿选择,可以主动地参与到不同团队当中去,这种模式是适应的。但是当学校有要求的时候,怎么办呢?

俞:上海纽约大学可能不会有这样的考虑。什么道理呢?因为我们体量太小,完全靠学校的终身制教授,做不了大项目,所以一定要合作,参与了合作一定要分享成果。谁的贡献最大,谁是第一作者,谁是通讯作者,这是课题组的事,让教授们自己解决吧。

宣:上海纽约大学可以不管,国内其他大学做不到这一点。国内大学讲"帽子",讲课题数量,讲文章数量的时候,要数篇数,要指标,对吧?所以学校不可能淡定了。

俞:关于评价问题,多年前我曾问过美国密歇根大学的校长怎么评价一个机构,怎么评价一个教师。她思考了片刻,说了一个词,impact(影响力)。然后,她解释道,很简单的,这个学科的教授们心里有数。我又问这是指社会影响,还是学术影响。她回答,三个方面的影响都应该考虑。一是学术影响,在本学科领域里大家认不认。发表一篇论文不一定就比发表十篇论文的影响小，也许这篇文章具有里程碑意义，引领了方向，而那十篇文章只是在边角里打转，没有影响力。二是社会影响，特别是人文社会科学的成果，社会认不认。如果大家一谈到某个领域，比如城市研究，就会想到某位教授。大家心里很清楚的，这个不是光靠论文数量去衡量的，而是理论或观点。三是学术活跃度，比如任学会理事长、学术会议主席等，也是体现这位教授是不是为学科专家们所认同的一个方面。

她说，对于影响力，本领域的专家都很清楚的，不需要学校领导做什么，他们更有发言权。我向她说明了为什么会提这个问题，因为我们很关注定量指标，如项目经费数、SCI 论文数、引用率、获奖数等。她笑着说，她们也走过这个阶段，美国一流大学在发展过程也有过这个阶段，但是现在大家越来越认识到用这样的定量方法并不很科学。项目经费多的人并不一定科研搞得特别出色，这只是一个因素，但不是绝对因素。所以，她认为 impact 这个词是最好地体现了教授和机构的水平。我觉得她讲得有道理，但操作上是有难度的，尤其在国内当下的学术环境里。

宣：所以您讲的这个问题其实又引发出另外一个话题，因为在中国大学发展过程当中，其实是追求学术 GDP 的。中国高等教育发展的一个特征是在政府引导下的，我们是叫建设，学科建设啊，"双一流"建设啊。这种建设实际上就是带有政府非常明确的指向，而且它跟随着资源的跟进，那么这种建设最后一定会有一个绩效的评估，就像我们 GDP 考核一样，它必须有量化的这些东西出来。所以，关于对世界一流大学，我们现在的评价基本上都是一套量化的东西，特别是 ESI 论文数量，某个学科排名世界前千分之几。所以前段时间我们在研究过程中提出的概念就是大学能力，我们要超越原来这种指标化的误区，真正思考一个大学的能力。您刚才讲的是一个学者的影响力。我们讲的是一个大学的影响力——大学能力。这是我们当前高等教育发展过程中面临的一个很大的问题,这个话题您怎么看?我们现在的"双一流"建设,在您心目当中,应该是一个什么样的概念?

俞:我做华东师大副校长时,学校派我去参加一个在南非召开的大学校长联盟会议,大家都有交流发言。不仅是西方发达国家的大学校长,也有很多亚非国家的大学校长,经常讲到"大学自主"和"学术自由"。我有点不解,在我的观念里教学和科研才是大学的主题,好像中国大学不存在这些问题。后来,我才逐步认识到在高等教育发展史上大学自主和学术自由是大学存在的两大基石。大学是产生思想、传播思想、发明创造的殿堂,只有在自主、自由的学术氛围下,才会有绵绵不断的创造,才会产生新的思想。这是大学存在的精神支柱,否则大学就是另一种概念了。从大学的原本意义上讲,相对的独立性有利于创新和创造。先进的思想都是经过争论,最后才被大家所认同的。大学只有提供了一个各抒己见、宽容失败的平台,才可能成为创新之源。我想,这些道理,对于今天的大学,还是有一定的价值。

宣:所以在2010年的时候,那时候《国家中长期教育改革和发展规划纲要(2010—2020年)》刚发布,其中涉及了热议的话题,就是大学的去行政化问题。当时我看您也发表过很多非常独到的见解。从您的角度,现在回过头来看,大学的去行政化和办学自主权,有没有得到根本上的解决?

俞:多年前,我在接受媒体采访时,曾经讲到过大学去行政化的问题。我感到今天社会对大学行政化趋势的批评可以从三方面去认识。第一,是政府的责任。由于给大学各级领导定了行政级别,如副部级、正局级、副局级、正处级等,因此就如行政干部那样任命、调动、管理、考核。观念上行政化了,忽视了大学是学术机构,不同于政府机构,不能按照地方干部的配置方式,频繁调换、安排干部。在客观上,这让大学领导滋生了行政化的观念,在学校工作中习惯于行政管理模式。第二,是大学领导层的责任。现代大学确实存在着学术管理和行政管理两个方面,有些事情必须通过行政手段来实现,但更多的是大学内部的学术管理,比如说学术机构的设置、学科的设置、教授的聘用、教授的晋升等等,这都是属于学术管理的范畴。但是我们现在把行政管理和学术管理混淆了,很多事情都通过行政的手段来实现,学术管理行政化了。第三,是大学领导个人的责任。一些校长、副校长或处长利用行政权力,获取学术资源,如多招研究生、多拿科研项目、窃取科研成果等,以权谋私,更增添了大学管理行政化的腐败色彩。

那次采访是2011年,我说在如何看待去行政化的问题上,没必要去炒作这个概念。因为我看到有些人还没有搞清楚问题就乱说一通,我们应该先看明白存在什么问题,再去找原因。现在来看,有些方面确实通过制度的建设有一些改善,但是很多方面并没有变化,甚至还在加剧行政化。我讲的制度建设,包括科研项目数的控制、申报院士、长江学者的规定等。

宣:浙江现在有个明确的政策,就是高校领导不能申报教育部长江学者,同时,正职还不能申报特级专家。

俞:我觉得从廉政角度看,国家出台的制度已有明文规定,限制了高校的某些领导以行政权力获取学术资源,包括科研项目、职称晋升等。这些方面比过去进步了,但是其他方面不乐观。在一些管理者的眼中,根本不理解学术管理和行政管理区分的必要性,还在用行政手段来管理学术问题。这让教授们感觉困惑,在大学里他们的价值在哪里?实际上,教学、科研、社会服务、文化传承、国际交流等学术活动,有很多需要决策的问题,应该让教授们更多地参与决策,更好地发挥教授群体的作用。

另外一方面,从政府对大学的管理角度来讲,我觉得现在大学领导更换得太频繁,而且很多是所谓的空降,类似于地方干部的轮换,这种做法都有可能加剧大学管理行政化的趋势,并不是一种好现象。把大学领导看成是某一级的干部,按照干部管理制度来调动和管理,忽视了大学作为学术机构的特点,强调干部交流、干部台阶,会成为影响中国大学发展的一个重要原因。对这个趋势,我不乐观。当然,如果整个社会都是依照行政级别行事,现在仅仅取消大学领导的行政级别,可能也不利于大学的发展。但是我觉得这不应该是一个最终的理由,我们应该慢慢淡化官本位的观念,不同类型的机构应该有不同的管理方式,企业有企业的管理办法,学术机构有学术机构的管理办法,政府有政府的管理办法,不能用统一的办法来管理不同类型的机构。

宣:我们也注意到您在华师大的时候,其实也有很多举措,去彰显学术权力,提升教师的地位。您刚才讲到 60 周年校庆的时候,不设主席台,不讲贫富贵贱,就是成为师生的一个节日。那么您在华师大当时当校长的时候,在这一方面还有哪一些举措?

俞:实际上就是我讲的后面这两个问题,是需要学校自身去努力的。尽管也受到客观环境的影响,但是我觉得我们还是可以做很多事情。比如说成立各种学术咨询和决策机构,下放学术管理中的一些事务,把决定权交给教授群体,让教授们更多参与一些学术管理。

当年,华东师大就把职称晋升的评审权下放到学院,由学院组成教授委员会讨论并投票决定。学校层面组成了以资深教授为主的高评委,对教授晋升进行终审。这样的做法当然也会出现一些问题,但教师们的观念渐渐改变了;由本学科的教授群体来把握学术质量标准,教授们的责任也在增强。在这样的情况下,教师不用因职称晋升问题来找校长理论了,因为这是教授委员会投票的结果,应该相信绝大部分教授是公正的,是有学术判断力的。我们把这一类决定权回归到了教授群体,而不是校领导和职能部门在操作。

这些工作在上海纽约大学可能体现得更好,所有的学术事务都由教务长牵头来实施,中美方校长都不介入,有些事情我们甚至不一定知道。由不同的委员会来把握学术标准,教务长实际上也就是一个组织者。所以我觉得这样的改革是可以尝试的,也许在过程中会出现问题,但至少是前进一步了,也有助于改变思想观念。

其次,我们也尝试了如何有效增强校部机关的服务意识。教育是一个方面,强调职能部门都是为教授服务的。同时,在办公室格局上也作了变化,把一间间小办公室改成开放式的大办公室,每个机关工作人员有一个小格子,教授来办事了,就可以坐下来谈。学校很多部门都已经实现了大办公室办公,特别是人事处、科研处、教务处、校办等,从形式上增强了大家的服务意识,而不是关门式的官僚机构。

第三就是学校领导以身作则。刚才讲到了一些理念,也是我的真实想法,有些事情只靠行政命令硬推,不一定推得动。但如果领导自己带头实施,在做的过程中,让大家意识到这样做法对学校意味着什么,还是会有效果的。

其实,观念是最根本的。我一直认为,大学的行政架构也好,管理模式也好,都是建立在思想观念的基础上。怎么去理解教育?怎么去理解大学?如果这些问题想不明白,很多措施会在落实中走样,或者根本没法落实。回想40年前提出的"改革开放"基本国策,如果没有一场"解放思想、实事求是"的大讨论,改变了人们的思想观念,各项改革措施怎么可能正确地贯彻执行?这八个字的含义实在太深了。我们很多人的思想观念往往被禁锢在原有体制下,禁锢在传统模式里,但这个世界在不断地变化,人类社会也在往前推进,很多事情都发生了变化。如果我们思想观念不改变,用老的观念面对新的环境和新的事物,后果不堪设想。

上海纽约大学的价值在于探索、改革、创新

宣:您刚才讲到三个 I 里头,有一个 I 是国际化。上海纽约大学就是华东师范大学国际化战略的一个成果,所以我很想听听,上海纽约大学的初心有没有实现?您刚才讲了要把华东师范大学放在国际高等教育格局当中来发展,另外,纽约大学是世界一流大学,上海纽约大学目标也是要成为世界一流大学。从这两个角度来看,华东师范大学、上海纽约大学对我们目前的"双一流"建设的示范作用和借鉴意义在哪里?

俞：上海纽约大学成立七年多了，当初的景象还历历在目。我微信上用的头像照片，就是在迎接第一届学生时被记者抓拍的，那时笑得很开心、很自信。我们看到，在上海市政府、浦东新区政府的支持下，华东师大和纽约大学全力以赴，学校的建设和发展非常迅速，很快得到了社会的广泛认同。上海纽约大学是新中国第一所中美合作举办的大学，也是上海目前唯一的一所具有独立法人资格和学位授予权的中外合作大学，其示范意义是显而易见的。

中美合作大学与中英合作大学相比，在办学过程中的挑战不完全一样。之前，宁波诺丁汉和西交利物浦都是中英合作举办的大学。所以，我对市领导反复强调，上海已经有那么多大学，毛入学率也非常高了，所以，上海纽约大学的价值和意义不在于多办一所大学，多招一些大学生。它的价值和意义是探索、改革、创新。我们要探索什么呢？首先，探索在全球化的时代背景下，不同文化、不同教育体制怎么能走在一起，怎么合作？这在世界高等教育史上也是有意义的。其次，探索我国高等教育改革与发展过程中面临的问题及其解决办法。我很有体会，像上师大、华东师大这种规模的学校，大船很难调头，几万学生的学校，一点变化都会产生很大的社会影响。我们能不能在一块小小试验田里探索一些可以被借鉴的东西？如，学生的评价标准和评价方式、培养模式、教学方法、课程体系、学生服务、学校架构、学术管理和行政管理，等等。在新的体制下，做一些探索、创新和改革。上海纽约大学的办学体制、运作机制、培养模式和国内高校的模式都很不一样，但我们也不是简单地把美国纽约大学的模式搬过来。为了适应中国的文化土壤，大家一起讨论，有很多创新，包括在制度建设、校纪校规、教师聘用、课程设置等方面，设计了以创新和创造力培养为核心的通识教育模式。

这些探索能不能成功？关键是看我们培养出来的学生是不是受到社会欢迎，能不能被社会接受、被世界一流大学接受。很自信地说，我们已经有三届毕业生，他们毕业后的走向应该可以和任何一流大学的学生媲美。从传统评价的视角看,读研的毕业生大多被世界排名前50位的大学录取了,直接就业的学生大多被顶级企业录用。如果从毕业生读研的大学和入职企业的名望、获取奖学金的数量、工资起薪等通用指标看,学生已经证明了自己。上海纽约大学学生规模小,学校在学生培养上确实是精耕细作的。但这只是一个方面,最让我欣慰的应该是我们学生在毕业时人生观和价值观的变化。进校时,很难说学生们都已经非常明确。但我们选拔学生的标准,决定了大部分学生是敢于走出舒适区,愿意去探索的,他们是愿意吃螃蟹的一批人。在大学四年里,学生在多元文化的学习和生活环境里,有了不一样的人生经历;他们在发现自我的学习过程中找到了自己的兴趣和志向,意识到了自己想干什么,应该怎么去实现自己的人生价值,尽管每个学生的价值取向、人生态度、发展目标不尽相同,有多样化的追求,但价值取向都是积极的,是有社会责任感的,愿意为社会发展做贡献,而不是自私的。我想我们大部分的学生都很清醒,知道什么是有价值的人生、有意义的工作。学校通过学生的表现证明了自己,这条探索之路是有价值的。

那么,这样的探索对华东师大的意义何在?这是我从一开始就在想的问题。上海纽约大学成立之初,我还是华东师大的校长,我们对这所中美合作大学是寄予厚望的。如果上海纽约大学办起来了,和华东师大没有什么关系,有违初衷。实际上,我们推进了以下几方面的合作。首先,从建校第一学期起,每学期安排二三十名华东师大青年教师全程在上海纽约大学听课。青年教师完整地听一门课,和老师交朋友,也可以把老师请到华东师大做讲座、做报告,建立合作研究的关系。以这样的方式,带动华东师大青年教师的成长。到目前为止,12个学期已有几百名华东师大青年教师来听课,后来根据市领导的意见,也吸纳了部分地方高校的老师来听课,包括上海大学、上理工、上师大的教师。老师听课结束后,都要写一份小结。前几年我都看的,我觉得大家是很有体会的,同时也会指出教学过程中的不足之处,可以借鉴的地方。也有老师提出了推进华东师大教学改革的意见,建议学校教务处做什么调整,等等。我觉得这会影响上海其他高校的本科教学改革,也会促进人才培养模式的改革与创新。

其次,我们和华东师大成立了六个联合研究中心,包括华东师大的国家重点实验室、上海市重点实验室。联合研究中心也吸纳了纽约大学的一些教授,包括诺贝尔经济奖获得者、美国科学院院士等,他们担任或曾经担任联合研究中心的联席主任,包括数学、物理、化学、神经科学、脑科学、社会发展、数据科学等,每年都在SCI刊物上发表一批成果。

宣:二百多教师能够出几百篇SCI那是相当厉害了,这个比例相当高了。

俞:其实,学校没有二百多个终身制的教授,特别在一开始才十几个。这些成果是产生于联合研究中心的平台,是几方面的研究力量加在一起,因此也促进了科研领域和研究生培养的多方合作。最近,我们还在考虑要对这些中心进行评估,可能会增加一些新的机构,去掉一些不够活跃的中心,或者要求调整运作模式。我觉得联合研究中心对华东师大和上海纽约大学的科研和学生培养都有积极作用。另外,华东师大各个部门也可以从上海纽约大学的探索成效中汲取有借鉴意义的东西,华东师大很多院系和部门都来这里考察、交流,也有在这里挂职的。你们可以关注到华东师大在一些新的空间改造中吸纳了上海纽约大学的格局,强调了以学生为中心的理念。这就是我讲的近距离观察世界一流大学的成效。

至今为止,学校迎来了很多访客,光我出面接待的就有2万多人。我总会认真介绍,回答问题,并带大家考察。他们考察后一再表示感谢,我说千万不要说感谢,这是上海纽约大学责任的一部分,我们希望学校的探索改革有示范意义,有社会影响,能发挥鲶鱼效应,助力中国高等教育的改革和发展。我们也希望通过上海纽约大学的探索来影响基础教育的改革,同时让社会公众看到教育模式是可以不一样的,从而推动教育观念和人才培养模式的改变。

我觉得上海纽约大学确实有不少值得借鉴的地方。六年前,华东师大招办主任带了一批人来考察学校的招生工作。看了校园日活动后,他回去就对华东师大的自主招生形式做了三方面的变动。一是给每个报考的学生三分钟时间,对老师和同学们讲讲报考华东师大的原因和对未来的期待,在这个过程中考察学生的思维方式和表达能力;二是把原来五位教授面对一名学生的面试形式,改成了一对一的沟通交流,且有两名老师分别和每位学生谈话;三是安排了两个教室作为休息室,放置了茶水、咖啡、水果、糕点,学生到了后可以坐下喝喝茶,聊聊天,相互认识一下,放松情绪,改变了学生在走廊里排队等候的尴尬,让学生感受到了学校的人文关怀。其实这些事情都很容易做到的,只是由于思想观念上的问题,没有往那些方面去思考。

这些年来,华东师大的国际化进程走得很快,在闵行校区和法国商学院合作建立了二级学院欧亚商学院,得到了闵行区政府和紫竹科技园的支持;在普陀区成立了上海以色列高新产业园区,得到了上海市科委、普陀区政府的支持。华东师大的世界大学排名也一路上升,特别在国际化方面。

宣:上海纽约大学的影响力已经在了,包括学生家长对学校的选择和认可,包括毕业生以后的认可。随着时间的推移,毕业生在社会上的成就,越来越多人都会看到。

俞:是的。这得益于大家的支持和帮助,上海纽约大学不仅在国内的影响越来越大,在国际上也有了影响力。第一届学生毕业前,我有点担心,世界一流大学也许不了解上海纽约大学,会影响研究生的录取。为此,我和我的同事跑美国东海岸的哈佛、MIT、耶鲁等名校,也访问了美国西海岸的斯坦福大学、加州伯克利、UCLA、南加州大学、华盛顿大学等名校,向学校领导说明上海纽约大学是什么样的一所学校,介绍了学校的理念和培养模式。现在已经证明了我的担心是多余的,第一届毕业生考研的平均拿到 3.6 个 offer,都是名校。现在是一年比一年厉害。

每年报考上海纽约大学的国际学生是 1 万名到 2 万名,这几年里学校录取的国际学生名额是149名到224名。在国际学生中,美国学生平均占到约2/3,尽管学校希望学生来源更多元化一点,但去年还是占到60%左右;其余40%的国际学生来自80多个国家。据我了解,今年报名上海纽约大学的学生来自100多个国家。当年,学校上报教育部的招生计划是最终每年招收500个本科生,51%的中国学生,49%的国际学生。前四年的年度招生计划300人,以后每年增加50个,直到500人,以后就按每年500名本科生的招生规模;教师队伍也同步发展,以保证充足的教育资源。从建校开始,我们就招收博士生,纽约大学设立了一个Shanghai Track,现在学校有30多位在读博士生,还有一批来自各国的博士后。上海纽约大学的教授也可以作为华东师大的兼职教授,招收授予华东师大学位的博士生。这既是人才培养的责任,也是科研发展的需要。但是,硕士学位研究生项目推进比较慢。因为这些项目也要得到教育部的批准,我们必须尽早谋划。到今年为止,学校已经有四个硕士学位项目在运行,其中社会工作硕士项目已有两届毕业生,英语教育已有两届学生,计量金融学、数据分析和商业计算的首届学生今年6月份开学。明年还会有新的项目启动。这些硕士学位项目都是上海纽约大学和美国纽约大学的相关学院合作,授予纽约大学的学位。

上海纽约大学的成立和发展的进程中有很多故事,对中国大学的国际化有借鉴意义,包括思想观念和运作模式等。正在筹划中外合作教育机构的单位大多都来考察过,我一定是认真介绍的,喜怒哀乐、辛酸苦辣都讲。

最后还想说一句,大家千万不要把中外合作办学看成是外方校长和中方校长的合作。也许中外两位学校主要领导在学校的运行,尤其在沟通协调上起了比较重要的作用,但必须清楚,中方校长的背后有教育部、市政府、市教委,他们支持着这所学校的发展,也承担了一定的风险。所以要考虑到领导的顾虑,要遵循国家和地方的法律法规。同时,我们也必须了解,美方校长的背后有纽约大学董事会、学校领导和教授、校友、法律顾问，还有美国的媒体、政客。无论发生什么事情，大家都会关注到上海纽约大学的运行，特别是办学自主权和学术自由的问题，我们必须出来解释、说明。中外合作办学是在这样的背景下运作，并不是两位大学校长谈得拢，签订了合作协议，就算成功了。其中有很多艰辛，也需要很多智慧。

我刚才讲了华东师大发展战略的三个 I，这里也想讲讲中外合作大学管理模式中的三 C 原则。一是 communication，中外双方一定要充分沟通交流。其实这对国内大学同样也适用，如果校领导之间不充分沟通的话，也会吵架，对吧？但对中外合作办学，充分沟通交流就显得特别重要了，因为有文化和教育体制的区别，沟通不顺畅很容易产生误解。

如，美国大学一般把学生的不当表现归结为心理问题，而中国大学有思想问题和心理问题之分。面对学生的不当表现，怎么把握好度？中国学生和家长往往不习惯去看心理医生、住院吃药。当然，真是严重的心理问题，如抑郁症，一定要就诊治疗，甚至休学。但有时候因为某些原因，心里过不了坎，也许有领导或老师和学生谈谈，就能解决了。中美大学在处理这类问题上的态度和方法是不一样的。美国大学一般认为学生不在学校出的事与学校无关，但中国大学是无限责任制，只要注册在学校，我们同样有责任的。

另外一个例子，美国大学都有学生隐私权保护制度，没有学生授权，学校不能向家长透露学生的学习成绩和表现。但是中国的家长不买账，他们认为出钱给学生来读书，凭什么不能了解学生的成绩？为此，我和美方领导沟通，知道了还有补充规定，如果学生签订协议，同意学校把学习成绩告诉家长，是允许的。但是家长不知道这个规定，所以会有质疑。因此，现在我们开学时都会把这些信息告诉家长，如果想知道孩子的学习成绩和表现，先和孩子商量，得到学生的同意，三方签约就可以。

二是 compromise，就是妥协或让步，两种不同的体制要让它兼容起来,如果双方都不愿意让一步的话,只有吵架,最后就闹翻。所以大家都需要冷静思考,在不影响教育原则的基础上该让步的地方就一定要让步。我们都是学习者,在一个特殊的合作体制和办学环境下,都需要学习,要有更高明的智慧。

三是co-operation,合作或补台。在合作过程中需要相互补台的东西太多了,我觉得中外合作办学还有很多问题值得我们去探索。不要简单化,签约了并不等于成功了,大家都要有积极的态度去面对不断产生的问题和挑战。

宣:非常感谢俞校长,您给我们分享了丰富精彩的人生体验和对高等教育的深刻领悟,也让我们领略到了您以学生为本的教育情怀。特别是注重沟通的领导艺术,也让我们见识到了俞校长能够把本土特征和国际经验完美结合的全球视野。

俞:我要声明一下,这只是一次坦诚的交流,只是现阶段的思考,也许过了10年、20年,回过头来看,很多事情都是微不足道的。

访谈手记

俞立中校长是我母校的领导,此次访谈自然就多了份亲近,更何况早在五年前在上海也访谈过他,记得当时是课题组承担教育部哲学社会科学重大课题攻关项目"完善中国特色大学制度建设进程中的大学校长管理专业化研究"期间,俞校长在华东师范大学内的上海纽约大学的校长办公室接受我们的访谈,他的亲和力、国际化的视野和专业化的治校能力给我们留下了深刻的印象。

尤其让我非常感动的是,访谈前一天,俞校长的夫人突然身体不适,发起了高烧,但他没有爽约,只身来到了杭州。由于俞校长早就"声名在外",又是第一所中美合作办学——上海纽约大学的校长,所以大家都非常期待。俞校长让人备感亲切,极具亲和力,与他交往,可以看出在场的老师和学生似乎没有任何压力。俞校长与每一位在场的人握手致意，在访谈休息间隙，俞校长不厌其烦地、笑容可掬地与每一位在场的老师和同学合影、握手。记得访谈的那天，杭州的天气非常热，俞校长在烈日下满足了所有老师和学生合影的要求。就像俞校长自己所说的，从内心里永远认为，人与人之间是平等的，是相互尊重的，他从来没有把自己视为一个高高在上的校长或者说是居高临下的管理者。这是我对俞校长访谈整个过程中最为强烈的感受，俞校长对于沟通的重视和践行，对于还在高校领导岗位上的我来说，非常受启发和受益匪浅。在访谈中，俞校长通过一个个鲜活的案例，娓娓道来如何通过用心的沟通化解一个个危机。俞校长丰富的大学治校经历使得其对中国大学的治理有着自身非常深刻的把握，不管是对中国的高等教育历史，还是对当前高等教育中的种种问题，如人才培养、大学内部治理、去行政化、大学评价、大学国际化，等等，以及未来中国大学的改革等重要问题的见解都是引人深思。尽管整个访谈持续近四个小时之久，但是俞校长风趣而不失深邃的谈吐让人觉得如沐春风。

朱崇实：从"南方之强"到追求"世界一流"*

朱崇实，1954年12月生，福建崇安人，祖籍福建建瓯，经济学博士，教授，博士生导师。1978年2月至1982年2月在厦门大学经济系学习，获经济学学士学位，并留校任法律系助教；1985年8月至1990年5月在南斯拉夫贝尔格莱德大学国际经济系学习，获经济学博士学位；1990年6月回厦门大学工作，任法律系副教授、系副主任；1996年8月受聘为法律系教授；1991年9月至1995年5月任厦门大学师资与职称工作处副处长、处长；1995年5月至2003年6月任厦门大学副校长；1999年8月至2000年8月作为富布赖特学者赴美国波士顿大学法学院和哈佛大学法学院进修；2003年6月至2017年7月任厦门大学校长。现为厦门大学一带一路研究院院长、中国教育国际交流协会副会长、中国朱子学会会长。主要从事经济法学的研究，出版《中南外国人投资法比较研究》《外商投资的经济社会效益评价》等著作，编写《经济法》《金融法教程》等教材。曾获孙冶方经济科学奖、国家首届人文社科优秀成果奖、福建省社会科学优秀成果奖、2010中国最具魅力校长、2015学生喜爱的大学校长等奖励和荣誉称号。

---

* 访谈日期：2019年6月21日；访谈地点：杭州莲美术馆；整理人：毛建青、高原、朱思颖。

宣勇（以下简称"宣"）：首先让我们热烈欢迎朱校长！在座的有我们浙江外国语学院教育治理研究中心和教育部哲学社会科学研究课题重大攻关项目"完善中国特色现代大学制度进程中大学校长管理专业化研究"课题组的研究人员，大家对您的到来很期待，理由主要有三个。第一，在座的大部分是从事高等教育学研究的。厦门大学是我国高等教育学研究的重镇，我们所有学者都怀有景仰之心。从2003年6月到2017年7月，朱校长是此重镇的掌门人，达14年之久。这14年恰恰是中国高等教育发展变化最快的14年，也是厦门大学从外延发展到内涵发展中变化最大的14年。第二，朱校长被学生称为"朱哥"，是最受学生欢迎、也最关爱学生的校长。朱校长也很关爱我们访谈组，径自一人直接来到了访谈现场。第三，朱校长是网红，我们都看过那个在厦大体育工作大会上的"直臂屈腿撑双杠"25秒的视频，当时您61岁，真的太厉害了！朱校长不仅在体育锻炼上身体力行，而且在办学治校的其他方面都身体力行。您是厦门大学培养的，之后又长期供职于厦大，大家对您的评价是爱校如家。所以，我的第一个问题是，厦门大学对您有何意义？

朱崇实（以下简称"朱"）：可以这么说，我的大半生是在厦门大学度过的。今年马上就65岁，从1978年2月上厦大到今年已有41年。因此，无论是事业还是生活都离不开厦门大学。如果说事业上有任何一点成就，也是厦门大学给予我的。我有任何一点点值得高兴、值得骄傲、值得自豪的，都跟厦大分不开。因此，厦大对我来说意义重大，甚至可以说跟我整个人生都连在一起。

宣：厦门有一个非常著名的诗人叫舒婷，她曾住在鼓浪屿上，写过的两句诗我经常引用，就如同您跟厦大的关系——"你在我的航程上，我在你的视线里"，其实您跟厦大之间是不是也是这么一种血肉相连的关系？

朱：是的。我到厦大的时候已经24岁了，用现在大学生的标准来看，是一个大龄青年。但无论从哪一个角度来说，不论是阅历、对世界的认识还是人生的追求,我都是到了厦大后,才得以开阔自己的眼界,提升自己的境界。厦大同时也给了我一种本领,就是更好地追求自己的理想,更加努力地为自己更美好、更理想的生活去奋斗。就像你说的,厦大对我而言,真是有着一种血肉相连的关系。

宣:有一组在网上走红的照片我看了以后非常感动。2016年台风袭击厦门大学的时候,您站在被台风肆虐过的校园里,一副很落寞、很无奈的神情。那时候我脑子里冒出了艾青的两句诗:"为什么我的眼里常含泪水,因为我对这土地爱得深沉。"其实我当时真的能深刻体会到您对厦门大学的这种情感。所以,我们是不是可以说,是厦门大学成就了您,而您也推动了厦门大学的发展?

朱:确确实实是厦门大学成就了我,而我也为厦门大学的发展作出了自己的一份努力。我在离任大会上说,我感觉担任校长的十多年过程就像一个接力赛,我尽自己的全力跑完了这一棒。对于这一棒,我自己的感觉是尽了全力,虽然在跑的过程中并不总是跑得又快又好、又平又稳,常有磕磕碰碰、跌跌撞撞的时候。但不管怎么样,我拼尽了自己的全力跑完了这一棒,而且没有掉棒。我感到高兴,也感到自豪。

通过"精英教育"弘扬"南方之强"

宣:您出任厦大校长的时候是2003年,这一年也是我国高等教育大众化发展得如火如荼的时候,全国各地都在强调扩大规模和高校合并。在这个大背景下,您依然坚持强调"精英教育"。您出任校长的时候,是如何思考"大众化"和"精英教育"两者之间的关系的?

朱:2003年6月我就任校长,正好是国内高等教育大发展的时期。以"985工程"建设为标志,中国高等教育进入了一个新的发展时期。特别是我们国家一些最好的、应该说是最优秀的大学在发展上都各有各的特色、各有各的形式,在这时期的一个重大发展举措就是在政府的支持下,把一些很有特色的、优秀的相关大学进行合并。比如说浙江大学,当时合并了杭州大学、浙江医科大学、浙江农业大学等。从1998年到现在,20年过去了,我个人认为很多大学的合并是相当成功的。因为从高等教育的发展规律来说,各个学科之间是有内在关联的,单科性的学校发展总体上不如综合性的学校。当然这个不是绝对的,有一些单科性的学校,也很有特色,也发展得非常好。但是总的来说,作为高等教育的一个规律而言,如果能够使学科之间相互交叉、相互融合、取长补短,就能够更好地提升人才培养和科学研究的质量。比如据我所知,浙大合并前的浙江医科大学、浙江农业大学、杭州大学,他们在历史上原来就是有渊源关系的,而且有的有很深的渊源,因此,我认为有条件的学校用合并的方式来推动学校的发展是很好的。

但是厦门大学的情况比较特殊。因为厦大在福建,相对而言,福建的高等教育是比较落后的,因此厦门大学要合并也没有合适的资源。这倒不是说厦大有什么先知先觉,或者是更加高人一等的想法,而是厦门大学在当时确实是没有合适的合并资源,因为周边的几所学校跟厦门大学在发展的层次和目标上都有着不一样的追求,不具备合并的条件,所以厦门大学就没有合并。在这种情况下,如何提出一个能够凝聚全校师生员工发展思路的问题就摆在了厦大领导层的面前。于是,我们就提出了"不求最大,但求最好"的办学思路。厦门大学要做到最大,肯定是不可能的,但是我们可以力争做到最好。这个思路提出后,确实得到了广大师生员工的认可,他们觉得厦大秉持这样的一个发展思路,是符合自身条件的。那怎样才能够做到最好呢?坚持"精英教育"的理念便应运而生。我们觉得在市场经济的大潮中,一所高校一定要扎根市场,一定不能够脱离市场。一所高校的发展,无论是人才培养也好,科学研究也好,都应该跟市场需求相结合。因为市场的需求,其实也就是社会的需求、国家的需求。但是,此刻你要特别注意的一点就是,还有一个关键点,这就是一所大学要根植于市场,同时又要高于市场;既不能脱离市场,又不能被市场牵着鼻子走,这就是一所优秀大学的价值所在。哪怕是今天,我还是认为,我国要真正发展大学,一定不能要求所有大学都只满足市场的需要,而应该让一批大学有自己的独立思考。这种独立思考就是既要脚踏实地,又要仰望星空;既要适应市场、扎根市场,但又不能被市场牵着鼻子走,而是应该要引领市场、引领潮流,而这就需要有"精英"。当然,这些"精英"不是不食人间烟火的人、脱离群众的人,而是这样的一群人:他们有远大的理想,有很高的追求目标,有愿意献身为社会和国家做贡献、做服务的一种情操;同时,他们又具备实现自己理想的知识、素养和本领,他们还能团结带动自己身边的人,共同为理想去奋斗。作为中国最好的大学,就要培养这样的"精英",这样的一群人。当然各个学校有各个学校的培养目标,不是说都要培养一样的人;但我觉得一定要有一批大学以培养"精英"为目标。如果中国没有一批以此为目标的大学,我觉得我们的高等教育不能说是成功的。

再通俗点来说,精英就是领袖。领袖和领导要区别开来,领袖不一定是领导;那么反过来,领导也未必都能够成为领袖。打个比方,我记得上海有一个叫包起帆的港口码头装卸工。他是一个普通的装卸工,但他有自己的理想和追求,就是想方设法地减轻装卸工人的劳动强度,让装卸工人更加安全、高效地工作,所以在工作中,他把技术创新放在一个很重要的位置。他一忙完自己的日常工作就读书、查资料,请教老师,想方设法搞技术革新。所以他完成了多项技术的革新,降低了装卸工人的劳动强度,又大大提高了装卸的效率,人们把他称作"抓斗大王"。总之,他不仅自己干,还带着自己身边的人一起干,在一个很平凡的岗位上干出了很不平凡的事业,引领和改变了一个行业原有的落后面貌。像这样的人,我觉得就是领袖式的人物,就是社会的精英。

宣:领导是一种职位,而领袖更重要的是一种思想的引领、人格的引领,靠这种引领来凝聚、调动大家的。其实历史上有一个非常著名的案例,就是马丁·路德·金,他什么领导都不是,但是他有号召力。领导和领袖之间是不是也可以这样去理解?

朱：我赞成。不可否认，不管是哪个国家，都会存在各种各样的人。这是一个理性时代，因为他用他的思想和行为促进社会的进步，让社会朝着更美好的方向前进。我觉得最好的大学应该要培养这样的精英，要朝着这样的方向努力。所以当时厦门大学就提出了"精英教育"的理念和目标。这十多年里我们一直朝着这个目标在不断努力。再过一年多我们就要迎来厦门大学的一百年校庆，厦大校主陈嘉庚早在创办这所大学之初就为这所学校立下了非常高远的目标——研究高深学问，养成专门人才，阐扬世界文化。我们这么做，其实也是在传承嘉庚精神，实现他的理想。

学科结构调整：适应市场、高于市场

宣：朱校长说得特别好，一所优秀的大学、高水平的大学，实际上要适应市场，但又要高于市场，引领市场，这也是一所优秀的、卓越的大学的使命。这让我想起了任正非先生的孤独。虽然实际上华为很多研究领域已经进入了"无人区"，但他一直强调，我们中国缺少在基础领域的研究和创新。如果我们的定位是要培养精英、培养领袖，那当然就涉及学科专业规划问题，要有所为，有所不为。那么，厦门大学是怎么考虑和平衡基础研究和应用研究的？因为基础研究实际上是需要大量的投入，需要十年磨一剑的淡定；但是大学又需要像您刚才讲的那样去适应市场，去做一些应用研究。

朱：我们在制定学科建设方向的时候，把握了两个原则。第一，要跟国家和地方的重大需求相结合，要满足国家和地方发展的需要。厦门大学是国家的一所重点大学，毫无疑问要为国家目标服务；同时厦门大学又身处福建，理所当然要为福建、为厦门做贡献。当然，为福建、为厦门做了贡献，这本身就是国家的需要。因为福建特殊的地理区位，厦门大学在两岸关系上可以发挥独特的作用，那么把福建把厦门建设好了，也就是为国家做了大贡献。第二，要跟世界科技文化的进步相结合,特别是要跟世界科技文化最新最前沿的成果相结合,而且要能够为世界科技文化的进步做贡献。应该说这两个方面并不矛盾,而是相辅相成的。大学在为国家、为社会作贡献时,如果不能跟踪、瞄准世界科技的前沿,那是有缺陷的。反过来,如果一所大学能够始终瞄准跟踪世界科技文化的最新进展,甚至引领世界科技文化的发展,那就是为国家做了一个很大的贡献。中央要求,要把我国一批大学建设成为世界一流的大学,而一批优秀的大学也都在朝着这个目标前进。厦门大学也一样,我们就是依照这样的思路进行学科建设的。所以,厦大作为我们国家重点建设成为世界一流大学的学校之一,我们一方面感到很自豪,另一个方面也感到责任重大。因为这是集全国之力,全国百姓都给予了支持和帮助。怎样才能实现我们的任务目标?我想这是一项光荣而艰巨的使命。

宣:校长的这种理念必然会面临资源的重新配置,要有所为,有所不为,需要在学科结构和专业结构上做一些调整。这实际上就涉及学科结构和专业结构的调整,在调整过程中也必然会面临内部的很多矛盾和冲突。您是怎么处理这些问题的?

朱:毫无疑问,每个教师都希望自己所在的学科能得到重视,能得到更多的资源。但在现实中,特别是厦大这样的学校是不可能的。既然不可能,那就只好有所为,有所不为。在厦门大学的发展过程中,我们就是围绕刚刚前面讲的这两个原则去做的。历史上,厦门大学是一所工科很好的大学,厦大成立之初是一所私立大学。作为一所私立大学校长,林文庆校长在长达16年的任期内,不得不在学科设置等各方面更多地考虑实用性。厦门大学最初设立的学科,都和陈嘉庚提出的教育救国和实业强国思想有关。厦大高等教育学在国内之所以非常优秀,跟厦大在建校之初就设立了教育学科是有关的。同时,应用性学科像一些工科、经济学等,在早期也是不错的,这都跟实业强国有关。1937年7月厦门大学改为国立大学,萨本栋校长从清华到厦门,担任厦大改国立之后的第一任校长。萨校长是著名的物理学家,在1937年中国抗战全面爆发的历史背景下，厦门大学下了很大的力气发展工科。厦门大学是国内最早设立航空系的大学之一，也是国内机电学科领域最强的学校之一。我们的化工和土木等专业都是在那个时期建设起来的，培养了大量优秀人才。所以，厦大在历史上是一所工科强校。

新中国成立的时候，为了满足国家建设的需要，又因为福建厦门地处海防前线，随时准备要打仗，所以厦大的一些应用学科被调剂到了其他学校。尤其是1950年代初院系大调整，厦大很多应用学科特别是工科就调整到了其他学校。1958年，为了推进福建的工业化进程，中央决定设立以工科为主的福州大学，厦门大学义不容辞要全力支持福州大学的建设，所以当时由卢嘉锡先生带队，把厦大仅存的一些工科力量全部带到了福州大学，支持福州大学的发展。到改革开放后，我们就遇到了一个问题：厦大应该要怎么建设和发展？如果厦大再去恢复一些传统的学科就比较难。在这种情况下，我们要恢复工科、建设工科，也应该有一个新的思路和目标，这里面就有取舍。

宣：取舍，就是学科的布局和规划。

朱：福建原有的工业基础十分薄弱，改革开放以后大力发展工业，重点发展电子、机械、化工等产业，因此福建亟需厦门大学培养更多的工科人才。为了满足福建、厦门的需要，厦大把恢复工科作为学科建设的一个重点。此外，福建还有一块最短的短板就是医疗卫生。福建省是一个十分"缺医少药"的省份，长期以来，全省只有福建医科大学和福建中医药大学两所培养医学人才的本科院校。百姓一有大病，常常都要跑到省外去求医。因此，厦大在恢复和建设工科的同时，还下了很大气力去创办医科。陈嘉庚当年建校时就希望厦门大学能够为国家培养医学人才，后来因为种种原因，这个愿望在他的有生之年没能实现。厦大第二任校长林文庆，是英国爱丁堡大学医学博士，当时陈嘉庚请林校长到厦大来，也跟他希望厦大能办医科的愿望有关。后来林校长到南洋一带去筹款，但筹到的款不足以办一所医学院；于是便办了一所医院,也就是厦门的中山医院,现在也是厦门大学的附属医院。从这个角度来看,厦大在学科的发展上要更好地满足了国家和地方的需求,必须要发展医科。后来,在国家和地方及社会各界的大力支持下,厦大在1996年终于办了医学院,办医学院是一件很难的事!在这20年里,厦大医学院得到了国家和地方及社会各界的大力支持和帮助,特别是新加坡李氏基金巨额捐赠,学校也给了很多投入和支持,从而有了一个比较好的发展。那时厦大虽然没有医科,但是厦大的生物学学科在历史上是很好的;因此为了支持医科的发展,就对生物学学科进行了改造和提升,让这个学科更多地往生物医学领域靠拢,原来传统的一些学科就只能做一些让步了。在厦大整个学科的调整上,我们有一个十六字方针"加强文理,保持优势,重振工科,建设医科",十多年来我们主要是秉持这样的原则和思路来进行的。当然在这个过程中,矛盾是必然的。因为每个教师都热爱自己的学科,当自己的学科面临调整的时候,都会有这样那样的一些想法,但只能想方设法地达成一致意见,让个别有不同意见的教师尽可能跟着学校的目标一起往前走。

重视但不囿于大学排名

宣:刚才您讲的学校学科布局中的两条原则,我觉得也可以运用到您所说的"不求最大,但求最好"的理念上来。"最好"这个概念实际上也有两个标准:一个是处在基础研究、科学技术的世界最前沿,论文发表的数量和基础研究排名在一定程度上可以反映一个学校的水平;另一个是满足国家战略和区域社会经济发展的要求。我们现在对一流大学的评价,既要关注论文的发表、学术的排名,又要关注他在区域社会经济发展中的价值和作用,特别是引领作用。

朱:确实很多人都在关注这个问题,这也是大学评价过程中最难的一个问题。陈嘉庚先生建校之初就立下了一个宏愿,要把厦门大学建成一所"世界一流大学"。用他当时的话来讲,就是要使这所大学"能与世界各大学相颉颃"。"相颉颃"是指，能够跟他们对话，平等地交流、竞争、合作。所以他希望这所学校首先能在中国成为"南方之强"。

另外一个问题，大学排名应该怎么看？前几天英国 QS 今年的排名刚刚出来。不可否认，这些排名和评价机构确实有他的合理性和可信度；排名指标的设定是经过了大量的研究和全面的比较后提炼出来的，确实有他的科学性。但无论如何，任何一个评价机构设定的指标，都难免会有局限性。特别是对于学校的实际贡献应该怎么去评价，对于一些不可量化的指标方面如何评价，这都是很值得研究的问题。具体地讲，像 QS 排名，有一个很重要的排名标准是国际化，主要有两个指标：一个是国际学生数量，一个是外籍教师数量。这两个指标无疑是对的，但是有一些东西，它不一定能够准确地反映出来。

拿厦门大学来讲，如果仅仅从这两个指标来看，厦门大学在国内的高校里排名肯定名列前茅，不会低，但不会那么突出。但有一个指标，如果能考虑进去，那厦门大学在中国的高校里乃至世界高校里，都要排得很靠前，那就是有没有、能不能在海外建一个分校。厦门大学在马来西亚办了一个分校，900 亩的校区，现在建起来的校舍面积将近 50 万平方米（是我们中国第一所建在海外的完整的大学校区）。目前有将近 5000 名学生，今年就有第一届毕业生，而且我们可以自豪地说这第一届的毕业生培养的质量相当好。因为很多毕业生都已经被很好的企业、公司给招聘走了。如果就这一个指标来看，我敢说，厦门大学的国际化水平，不仅在中国，在世界也是名列前茅的。马来西亚是一个很国际化的、很开放的国家。在马来西亚，现在有九所国外大学的分校，包括来自英国、荷兰、澳大利亚、新加坡等著名大学的分校。我可以自豪地讲，厦大马来西亚分校跟其他八所外国学校相比，无论从哪一个方面来看，我们都毫不逊色。所以说，像这样的一个指标在目前大学排名里就很难反映出来。

再拿学校对当地经济建设的发展来看，这方面也是同样难以评定。譬如说，就这一指标而言，我始终认为，不论哪一个排行榜对台湾大学的评价都偏低。其实台湾大学对台湾的建设和发展的影响和作用非常大。香港大学我也去过，毫无疑问，这是一所很优秀的大学。但是如果拿香港大学和台湾大学相比较，拿它们对各自所在区域的贡献来说，我认为香港大学未必能排在那么前面，而台湾大学也未必会排在那么后面。

宣：是的，我们有很多大学对区域经济社会发展的贡献是无法量化，无法用指标来衡量的。

朱：因此，厦门大学对这个排行榜不能不重视。如果哪个校长不重视排行榜，那么可以说，这个校长在治理学校方面丢失了或者说忽视了一个很重要的社会评价。因为如果你要治理这个学校，就要关注社会评价，不可能把自己关在一个象牙塔里自己发展，排行榜毕竟代表和反映了社会在某一方面对一所大学的认知度。当然，大学校长又千万不能被排行榜牵着鼻子走，为排行榜而忧，为排行榜而喜，这样就糟糕了。应该说，大学排行榜的影响力还没到达也不可能达到那个地步。所以，不能忽视他，但同时又没有必要过于重视他。

厦门大学提出，到建校一百年的时候希望排名能够进入世界前二百位，但在一些排行榜中现在还排在四百多位，对此该怎么看？其实这也是正常的。首先，各个排行榜选取的指标不一样。比如厦大在美国 *US NEWS* 排行榜中，就排得比较靠前，排在二百多位；而在英国 *QS* 排行榜上，排在四百位左右，我认为这个排行榜对中国的大学不太了解，而是比较熟悉英联邦的大学。当然世界上也有很多其他的大学排行榜，把厦大排在前面或后面的都有。我个人的看法是，中国的大学发展非常快，按照现在这样的发展速度，哪怕是在可量化的指标上，再过几年时间，我们完全可能有一个更好的排名。就我个人来讲，在校长任上的认识就是，要关注这个排名，但又不能去过于重视他，决不能让学校的发展被它牵着走，那会不利于学校的规划和发展。我们还是应该按照教育规律去发展大学。我很有信心，相信厦门大学再经过若干年的建设，一定会成为一所世界一流大学。这是因为：第一，国家有需求，需要有一批最好的大学；第二，国家有这个力量，能够支持和帮助这些学校成为世界一流大学。我知道中国的若干所大学，如清华、北大、浙大等现在一年的经费投入已经与世界上最好的大学相差无几了，在一些产出上也跟世界上很多一流的大学不相上下，如论文数量等。当然我们要承认，我们在原创性科技成果、基础科学研究等方面，跟最好的大学相比，还有很大的差距。

我前一段时间在商务印书馆出了一本《大学的进步》，主要是把我这十几年的一些文稿给汇集起来，我在前言中也讲到了排行的问题。我说如果按照可量化的指标，我们一些大学现在确实已经是世界一流大学，但如果把不可量化的指标考虑进来，就未必能排在这么前了。例如，我们的教师是否发自内心地热爱自己的职业，还是仅仅作为一个谋生的手段？我们的教师是不是真心地爱自己的学生？是不是都能自觉地上好每一堂课？可能在座的老师、同学们知道厦大的经济学科。2005年，我们在原有经济学院的基础上，成立了王亚南经济研究院。我们从康奈尔大学请了一个教授来当院长，这位教授现在也是我们经济学院的院长，三十多岁就是康奈尔的终身教授，非常优秀。我在任时，有一个"校长有约早餐会"，每两三个月随机地邀请20个同学跟我一起用早餐。这个早餐通常要吃3个小时，我们边吃边聊，自由地、无拘无束地就感兴趣或关心的话题进行交流。在一次早餐会上，我问一个经济学院的学生，印象中亚南院跟经院的老师最大区别是什么？结果他告诉我最大的区别是，给亚南院的老师发邮件，不管什么时候，很快就得到了回复，一定是有问有答；而给经院的老师发邮件，经常是石沉大海，发了邮件，也不知道老师有没有收到。不要小看这么一个小小的事例，实际上就是表明了一个老师对学生的态度。因为亚南院的那些老师基本上都是从国外最好的学校招聘的，他们在国外经过了系统、严格的训练，养成了及时回复学生的习惯，形成了这样的一种文化。同学有问题，老师一定要回答，而且是第一时间、尽快回答。所以那位同学说，有一次他12点多跟老师发邮件，当时老师可能睡觉了,但在凌晨四点钟老师就回复了。肯定是凌晨四点这个老师睡醒了,他打开电脑看到学生的邮件马上就回了。所以我认为,如果把这些不可量化的指标考虑进去——包括我们的管理人员是不是愿意为一线的教师和学生提供服务,有没有把"管理就是服务"的理念真正落到实处,我国大学的排名是不是仍然那么靠前,就要打个问号了。

既爱生如子又爱校如家

宣:刚才您提到,厦大有学生早餐会的形式,我想这仅仅是您关爱学生的一个很小案例。学生称您为"朱哥",反映了厦门大学对学生的关心,真正把"学生为本"做到了极致。其实我在国内做报告,讲到如何对待学生的时候,我经常拿厦门大学做案例。我最早关注到的实际上是厦大新闻传播学院的邹振东老师的文章《谁是最具有互联网思维的大学?》,其中就讲到了厦门大学是如何关心学生的,包括免费吃饭,还包括厕所在内的公共场所都有免费手纸。对学生的需求,学校是有求必应,对学生比对教师更好。这些案例背后都反映了朱校长的办学理念。所以我们非常希望、非常期待听一听在这些故事背后,您的一些思考,同时也给我们讲讲您关爱学生的一些故事。

朱:应该这么说,这是一种传承,或者说是我受厦门大学的教育和影响的结果。刚才说到厦大早期是一所私立大学,私立大学有一个共同的特征,就是特别关心学生。因为私立大学和公立大学不一样,公立大学的办学经费、资源主要是来自政府,有政府给他做后盾;而私立大学的主要来自学生,来自学生家长。所以私立大学如果不善待学生,这个学校就要完蛋。厦大早期是私立大学,虽然这个时期不长,但为这所学校打下了深深的烙印,给这个学校留下了永远抹不掉的传统和文化。

在厦大校园里,学校爱学生的故事太多了,比我的生动得多。闽南那个地方热、潮湿,又比较穷,所以孩子、年轻人经常都是不穿鞋子、打赤脚的。因此在我们学校，闽南学生经常习惯打赤脚。王亚南1950年到厦大当校长，在校园里看到打赤脚的学生，就询问原因。很多学生告诉他，一个是因为习惯了，另一个是因为家里没钱买鞋。后来他就把他的稿费放了一笔在学校的办公室，每碰到一个学生打赤脚，就给学生一个条子，到校长办公室去领五块钱，并且告诉学生："你拿了钱就去买一双鞋子，下次不要再让我看到你打赤脚了。"

然后再讲讲我本人的亲身体验。我是厦大1977级经济系的学生，当初我高考的分数挺高，足以让我去上其他的好学校。但那个时候不同于现在，并不因为北大、清华是最好的学校，高分考生就非去不可。我想学习经济学，厦门大学的经济学又很好，于是我第一志愿就填报了厦大经济学。说实话，初入厦大的头两个月，我失望透顶：我怎么跑到这样一个破学校里读书？那时候厦大的条件差得不得了！可能很多人都知道，我们住的"芙蓉二"出了很多名人。现在的芙蓉湖，从前是片菜地。当年"芙蓉二"后面有一个村庄，住了上百户的农民，每天一到早上鸡鸣犬吠，杂乱聒噪。那个时候的物质条件又差，农民就在自己住的房子边上养猪养鸡。每逢梅雨季节，空气流通不畅，臭气熏天。由于厦门是个岛，淡水资源匮乏，时常断水。因为排队接水问题，同学经常吵架。学校图书馆是一幢木质老楼，楼年久失修，人走到上面去甚至会摇晃，让人害怕这座楼会倒塌。所以我当时就很沮丧，懊恼自己进了一所条件这么差的学校。但一个学期以后，这个观念就改变了。为什么改变？因为我发现，这所学校的老师特别关心、爱护学生。我举一个很简单的例子，期末考试复习的时候每门课的任课老师都是带着书到宿舍来辅导同学。学生有问题，老师就解答；没有问题的话，老师便抱一本书，端个小凳子，坐在走廊上自己静静看书等待学生来提问。每一位老师都是这样，就让我深刻感受到老师是真的关心、爱护同学。其他的例子当然还有很多。那个时候老师的住房条件确实很艰难，有的老师家中老少两三代人就住在一间房子里，中间就用条帘子间隔一下。我们到老师家里去没地方坐，就坐在床上，和老师就像一家人，无拘无束。

从那时候开始,我就觉得这也是一种教育,而且是最打动人心的教育。我深深地被这所学校的校风、传统所影响、熏陶。我根本没有想到,自己后来会当大学的校长,而且是当母校的校长。所以,我在校长就职典礼的大会上说,我毕业后脑子里有上百种报答自己母校的想法,但是从来没有想过能以这样的一种方式来报答母校。现在既然有幸成为这所学校的校长,我就一定要尽我所能为这所学校的发展作贡献。既然今天有这样的机会,我就要把厦大对学生的爱给传承下去。所以你们看厦大的历史上学校对学生的关爱、关心与帮助,比比皆是,比我动人不知道多少倍。1937 年 7 月 6 日,萨本栋被任命为厦大校长,第二天抗战全面爆发。不久,日本鬼子也打进福建,厦门面临沦陷。萨校长到厦大的第一件大事就是组织厦大搬迁到闽西长汀继续办学。那时的长汀是一个闽西的小山城,什么都没有。当时厦大的图书馆就设在当地一座庙的大堂里。日本鬼子的飞机经常来轰炸,一轰炸就停电,他就把自己小汽车上的发动机给拆下来发电,让同学能看书。因此我感到高兴的是,我自己就是得到了这所学校的这种教育和影响;我也很高兴自己能够把这样的教育、影响继续传承下去。

宣:朱校长其实讲到了学校对学生关爱的传统,大学之"大"其中包含了大爱,当然这种大爱没有办法进入到现在的排行榜中。您也非常谦逊地讲了很多历史上老校长爱学生的故事,其实您在任期间同样关心学生的一些切身利益。我听说朱校长在 2008 年物价上涨的时候,拎了一袋大米去开校长办公会,关心物价的问题。然后就是从那个时候开始,厦门大学形成了学生吃白米饭免费的传统。我管过后勤,我也专门去学习过厦大对学生的关爱。不过我还是很想问一下,公厕免费用手纸,这背后是一种怎样的理念?

朱:我们中国的大学不重视厕所文化,这是一个极大的缺陷。1985 年到 1990 年,我在贝尔格莱德大学学习。虽然那时南斯拉夫算不上是发达国家,但是有很多方面令我印象深刻,其中就包括了整洁的厕所。

这个问题一直藏在我脑海深处,挥之不去。当了校长以后,便有了这样的想法。有一件事情给了我比较深的刺激,那是在一次外籍教师的座谈会上,外籍教师普遍抱怨说学校的厕所太脏了。我记得有一个外教会说一些中文,他用中文说,找厕所不用看牌子,闻气味就知道在哪里了。那次座谈会持续了两三个小时,谈与教学直接相关的内容并不多,主要在谈厕所等后勤方面的问题,这些看似小事,其实会给学生很大的影响。后来我反思,觉得那两三个小时对我来说很有收获。因为我们平常很难把厕所和教书育人联系起来,其实这也是培养学生的一个重要途径。如果学生对这样一个不卫生且不文明的环境熟视无睹,觉得无所谓,那他今后能做什么大的事情?厕所是文明的一个标志,这就包括得为使用的人准备手纸。有一个外教说,他是第一次来厦大,也是第一次来中国,上厕所以为里面有手纸,进去以后发现并没有,结果他出不来了。这次座谈会对我触动很大,我就想要把厦大的厕所彻底改造。

我把我的想法一说,结果后勤的同志马上提出异议,说这怎么可能,校长你这个想法简直是天方夜谭。他说把厕所打扫干净一点是可能的,放手纸得天天让人盯着、守着;不守着,一天就被人拿走了。我说,别一开始就说不可能,厕所放手纸先别全面铺开,先在南强教学楼试行。南强教学楼五层,每层有两个厕所,男女各一个,共十个厕所。我说,不管你派人盯着还是不盯着,先把纸放上去再说。但是有一条,必须要和后勤的员工、清洁工交代好,要让他们有责任心。另外,如果有人实在是要去厕所拿手纸,说明他一定是很有需要;如果没有需要,他是不会去厕所拿的。所以真的要拿,就给他拿一点,没什么了不起。我就不相信一放上去就会被人拿走。见我这么坚定,他也没办法。一个礼拜之后我问他,他说有被拿走,但是不多;第二个礼拜,他说少了;一个月以后,他说还负担得了,没有想象的那么可怕。所以一个学期以后,图书馆和几个主要的教学楼也都开始推广,一年以后发现没问题。厦大也并没有因为厕所里面放一些手纸,到年底财务部门经费就紧张了。

宣：一年大概增加了多少支出？

朱：也就几十万。我说，你看几十万就把这么好的事情给办了，哪有比这个效益更高的？一年以后，学校就全面推广开了，所有的公共厕所都放了手纸。厕所要保持卫生这个问题，第一个是需要加强管理；第二个也确实需要好的硬件。为了这个事，我还专门找了一些卫生洁具方面的书来看，看了以后我很有感触。我记得看到日本的厕所，书中介绍那里的洁具一代代更新。好的洁具，冲水的时间、冲水的角度都是有讲究的。看完之后我就说，不能都怪我们的保洁人员搞卫生搞不干净。我说几十块钱买来的洁具，肯定是没法冲洗干净的，而且很容易坏。以后学校厕所改造，别再买便宜货了。我问厦门大学总共有多少个厕所？他们告诉我总共是几百个。即便这几百个厕所的洁具通通都换上好的，也加不了多少钱。

有一次，我到学生宿舍去调查卫生情况。厦大很多学生宿舍厕所的冲水器开关是用脚踩的，有人反映有些学生如厕后经常不冲水就走了。我问同学，为什么有人不愿意用脚踩一下把大便给冲了。结果一个同学说，不是我们不愿意，而是有的时候一踩下去，水就溅起来，溅的我们一裤子都是。这样我们就都不踩或不敢踩了。我就发现，厕所的问题不能够简单地责怪清洁工，也不能简单地责怪同学，这里面有很多原因。后来我就跟后勤说，以后你们不准再买这样劣质的产品，买质量好的价格会贵一些，但是我们集中采购价格也会便宜。一套全部加在一起可能就多了百来块钱，但是这些问题都能基本解决。我可以这么讲，虽然厦大厕所的管理还很不够，还有很多人觉得不满意，但是在中国的大学里面可能算是做得还可以的了。

宣：我估计在我们这次对校长的访谈中，也只能跟您聊大学的厕所。事情虽小，但是却反映出了大学管理者的一种教育理念，教育就是播下种子，厦门大学在学生的心中播下了文明的种子，其实大学里所有的事情，无论事大事小都有教育意义。我们所有的高校其实都在讲"以生为本",但在很多地方只是一种口号,没有转化为行动,没有从点点滴滴的小事中真正体现"以生为本"。所以我就经常问,我们以学生为本,有没有具体的案例和事例来支撑?我们如何能够真正做到以学生为本,这个问题很值得大学管理者去思考。您给我们树立了榜样,是我们学习的楷模。

让校区间多融合、多交流

宣:刚刚前面我们谈了厦大的"好",谈了厦大的"情"。接下来我们来聊聊厦大的"大"。朱校长前面讲治校理念当中有一句话,不求最大,但求最好。好,朱校长已经谈了。不求最大,但并不是说不求大,而是不求最大。在高等教育大众化过程当中,厦门大学在规模上的发展其实也是非常快的。据我所知,您上初任时学生的规模也就2万人左右,而到现在实际上已经翻番,达到4万多人了。厦大的校区也从原来的一个到现在的四个,校园面积翻了好几番,如今将近1万亩了。所以我很希望朱校长介绍一下在追求规模发展中,如何平衡外延发展和内涵发展之间的关系?

朱:一所学校的大和好没有根本的对立和冲突,不是说学校大了就不好。中国的人太多了,可供选拔的优秀人才也太多了。因此,我们要从国情和校情去思考中国的大学到底该多大,应该按照怎样的思路去发展。厦门大学可能是国内少数没有并校的大学。我刚接任的时候学校的规模没有这么大,大概就2万学生。但厦大目前有4万多学生,本科生和研究生各占一半,有四个校区,土地面积近1万亩,理、工、医、人文、社科等门类齐全,可以说是一所很大很全的学校。在之前二十多年的时间里,厦大规模的快速发展跟学校的校情和所面对的需求是紧密相关的。有件事情我记得特别清楚,当时对我来说也是一个刺激。当时福建省的一位主要领导,有一次半开玩笑半认真地跟我说:"朱校长,你要钱的时候,我就看到你跑来了。我希望厦大能够多招些学生的时候,找你就找不到了。"他这话的意思是,福建省的发展需要更多的人才。福建省就厦门大学这一所重点大学,所以他很希望厦门大学能够为福建培养更多的人才。当时厦门大学在很长一段时间里,确确实实囿于条件,没有办法满足福建要求多招生的需要。地方有这么迫切的需求,大学规模就得跟上。那么如果招生规模扩大,超过3万人、4万人,怎么才能够成为最好的大学呢?所以,厦门大学实际上从2003年第一个新校区漳州校区,投入使用开始,就一直在扩大学校的规模。2007年开始,我们又一直在谋划第三个校区——翔安校区。2012年翔安校区投入使用,厦门大学整个招生规模才稳定下来。事实上,厦门大学的学生规模应该是6万多,而不是4万多,因为我们还有一个嘉庚学院。嘉庚学院跟国内所有其他独立学院不太一样,是完全由厦大办的非营利性大学。2003年开始招第一届学生,到现在有近2万名学生。另外,2016年厦大马来西亚分校招第一届学生,现在厦大马来西亚分校已有近5000学生。所以整个厦大的学生总数是6万多人。

因此,第一,学校规模到底是选择大还是不大,多大合适,还是要根据国家和地方对学校有没有这样的需求和要求,尤其是公立大学,更必须服从国家的需要,要有使命感和责任感;不能说因为大了,学校就成不了最好的了。第二,大和好之间有辩证关系,不是说大了,一定就不好,也不是好的大学都一定不大,这是相对而言的。因此,我们要在大的基础上想办法做到最好,也就是在规模扩张的同时,要更多地关注内涵发展、内涵建设,特别是学科建设、队伍建设,要让我们的老师更加满怀热情地教书育人,更加心无旁骛地做科学研究,要创造一个好的环境和氛围,让我们的老师和同学能够愉快地工作和生活。所以我觉得要在这样一个条件下做到既大又好,真正建成一所一流的大学。当然厦大现在也并不是在无限地扩张,这个大肯定也是有一个最佳的规模。众所周知,中国的大学有一段时期,为了解决办学经费不足等问题,办了很多的成人教育、专升本等。虽然这些没有算到正式对外公布的学生规模里，但是占用了大量资源，包括教师和管理干部的精力。厦门大学比较早提出，一定只做我们自己能够做到最好的事情。我们认为，只要福建省其他高校能做的，我们厦大就不要去做；国家给了厦大这么大的投入和支持，应该要做其他兄弟学校做不了的事，这才叫把国家的钱真正用到了点子上。所以，厦门大学决定从低端办学领域里退出来，专升本也好，成人教育的低层次办班也好，通通退出，这大概是国内最早全面退出低端办学领域的高校之一。

宣：那么，厦门大学在这个"大"的过程当中，您遇到的最大挑战是什么？

朱：最大的挑战还是对原有利益的冲击。说实在的，为什么原来这些东西会存在，或多或少都是因为有利益关系存在。因此，把这些低端办学退出、停掉的过程中，多多少少会涉及利益关系。

宣：学校战略引领和原有局部利益之间，会形成一种张力。

朱：是的。学校整体和一些单位的个体，甚至一些教师个体，会存在某些冲突。因此，第一，需要做思想政治工作，要让大家清楚地认识到厦大的使命是什么、目标是什么；第二，要有强有力的措施和办法，因为这是对的事情，是合乎规律的事情，哪怕有一些人思想不通，有抵触，也要做。只要是符合规律的，对学校的整体发展有好处，哪怕暂时想不通，最后也能想通。

宣：在多校区形成过程当中，厦门大学采用了什么样的管理方式？

朱：2012年之前，翔安校区还没有建成，只有漳州校区投入使用。漳州校区投入使用的时候，主要功能是一二年级本科生全部在那边，然后三年级回来。另外，漳州校区很大，有2700多亩，2003年就建了近60万平方米的校舍，1万个学生根本用不了。所以我们2003年在漳州校区建了一个独立学院——"嘉庚学院"。但是很快我们就发现，这样的校区功能分布不利于保证人才培养的质量。因为大学生在大学里四年，不光是老师可以给他帮助，同学也能给他帮助，特别是高年级的学长，也能给他帮助。如果把新生两年放到漳州校区，跟老生割裂开，那么他的大学生活其实是不完整的。所以,有学生就说,我的大学感觉跟高中没什么两样,同学戏称是读高四高五。那么倒过来,老校区都是三年级、四年级和研究生,这也不好。这是因为一二年级的新生比较活跃,各种社团活动主要都是靠新生,所以一二年级学生全放到漳州校区去后,老校区变得死气沉沉。因为三年级可以说是读书最刻苦的年级,他们不再像以前那样有激情去搞社团活动了;到了四年级,则准备要找工作,要写毕业论文。所以那几年老校区的很多社团负责人都向我抱怨说,我们社团的活动萎缩了,找不到人了。这是一个大问题。漳州校区投入使用的第一年,正好是我担任校长的那一年,没多久我就碰到这个问题。当时我们就觉得要想办法改变这个状况,就开始筹划建第三个校区。特别是2007年,朱之文同志到厦大担任党委书记,他有非常丰富的地方工作经验,也很善于跟各级政府部门打交道,所以他一来推动就很快。2007年正式开始谋划选地、办理征地手续。2011年刚好是厦门大学90年校庆,我们在4月6日动工。到2012年9月份,第一批学生就过去了。由于翔安校区投入使用,我们改变了原来新校区的办学模式,把两个学部(医学部和地学部)十个学院从本科一年级一直到博士都搬到了翔安校区,这就改变了刚刚前面讲的那个弊端。

宣:但这也会带来两个问题,第一是原来在一个空间中有多学科的融合交叉,不同的文化之间可以融合,现在这样显然会受到影响。第二是离开思明主校区以后,教师需要到另外一个更远的校区,这会在决策过程中可能会有一些冲突。你们是怎么解决这个问题的?

朱:你说得对,这个问题迄今为止还是问题。这也是多校区必然产生的一个成本或者说代价。多校区解决了学校扩张过程中原有校区空间不足的问题,但又带来了其他问题。一方面,我们想方设法让两个校区能够有更多的联系,不管是什么活动只要可能都放新校区举办;另一方面,针对学科布局的问题,因为医学和地学是属于人文社科性质比较弱的学科,所以我们后来又把国际学院、海外教育学院移到那边去。这两个学院的专业偏重于人文社科性质,国际学院最主要的专业是会计和金融;海外教育学院主要是留学生,留学生一过去,校区文化也就更多元、更活跃。除此之外,还在一些小的方面做些活动,比如让体育部举办两个校区的篮球对抗赛,翔安校区的十个学院,打出的前三名跟老校区的十几个学院前三名再循环比赛。再比如,举办巡回演出,等等。总之,就是想方设法让两个校区间多融合、多交流,不要被生生地切成两块。

第二个关于老师的问题,这是最头疼的。老校区这边是厦门最美的地方,服务设施很齐备,配套也好,有很好的幼儿园和小学,离家也近。新校区那边虽然也很美,但跟老校区比,各方面设施太不齐全了。说得不好听点,是从厦门城市最繁华的地方,一下子跑到一个类似郊区的地方,落差很大。因此,在这个问题上,很关键的一点是靠老师们的理解和支持。现在新校区那边的教学、科研条件慢慢好起来了,有些老师甚至自己在那边买房子、租房子,而我们也在努力完善新校区周边的配套设施,目前正要准备建小学、中学,希望这些配套设施能更加成熟。

所以多校区的管理确实是个难事。我记得有位校长说过,"单校区是一个福气",我非常赞成。但从中国大学现在的发展状况看,很难做到单校区。比如我们老校区思明校区虽然有2600多亩土地,但是其中约600多亩是山地,而且校园里还有两块很大的水面,这都无法建校舍,还有很多教职工宿舍都建在校园里,要容纳4万学生根本不可能,尤其是现在学科发展所需要的条件跟以前远远不同了,需要有更多更好的实验室和空间。所以,厦大的发展必须要建新校区。但是多校区的管理确实会遇到很多困难,这在世界范围内都是一个难题,能做的唯有想方设法地解决各种问题。

践行专心治校承诺

宣:接下来我们聊聊朱校长的"专"。您担任厦门大学校长的时间长达14年。按照我们现在的规定,一个任期是五年,连续两届必须轮岗。这说明您对厦大的作用得到了各方面的高度认可。我觉得其中有一个非常重要的原因,您是一个专业化的校长。实际上,您本来在学术上可以有更大的成就,但我们注意到,您担任校长以后,对厦门大学的发展倾注了全身的精力和心血,很少涉及自己的学术领域。那么,针对现在的"双肩挑",您是怎么思考的?您是如何处理个人的学术发展和办学治校的关系?

朱:就我个人而言,不能说在思想上没有斗争和矛盾:一个校长,应该尽一切努力去办好学校,那么,对个人的学术肯定会有影响。我一直带研究生,一直给本科生上课,带研究生也好,给本科生上课也好,应该说是很受学生欢迎的。我给厦大法学院本科生开的各门课,同学们都很喜欢。但是随着学校事业的快速发展,我越来越感觉到自己如果不全身心投入行政工作,就会影响学校发展了。

到2010年,当时我觉得确实面临两个选择:要么安安心心地做学问,要么要花更多的精力去把学校的事做好。到底做什么事情对自己来说更有意义,这其实是个人的一种选择。当时我的选择是,如果让我继续担任厦门大学的校长,我应该要把更多的时间、精力放在学校的管理工作上,因为我觉得在这样的一个机遇前,厦门大学处在这么好的一个发展时机,我有幸在这个位置上,应该要尽我所有的能力去做好这个工作。所以我就跟学院说,从2010年开始,我不能再给本科生上课了,因为给本科生上课,时间定得很死,不能随便调课。法学院又是最大的学院之一,上我课的学生人数都很多,更不能随便调课。

从2011年开始,我又提出停止再招新的研究生,只把还没毕业的研究生带完。所以我觉得作为一个校长,"双肩挑"的问题在中国其实是一个个人选择的问题,在国外是一个制度保障问题。当校长要有一个承诺,你必须全身心投入到大学事务中,要有职业的要求,不能拿大学开玩笑。当然,你在工作之余,利用闲暇时间看些自己的专业书,在假期去参加一些学术活动,以保持与学术同行的联系,这也是无可厚非的。

宣：您觉得大学校长专业化会在我们国内会成为一种趋势吗？

朱：我觉得应该作为一种要求，一种办学治校的要求，一种制度性的要求。你担任校长，就不能鱼和熊掌兼得。我一直认为，现在中国的大学跟二三十年前的已经完全不一样了，不可同日而语。像我刚入学的时候，整个厦大大概只有 5000 个学生，而现在一个学院，像经济学院各类的学生加在一起就 4000 多学生，也就是说一个学院的规模差不多等于原来一个大学的规模。更何况现在的大学要面对的问题要复杂得多，厦大单单一个外事活动，每天有多少，一年有多少！作为校长，你不可能整天说我要做自己的事情，外宾来你也不见，谁来你都不接待，这就太影响学校的工作了。

宣：所以您刚才讲到，我们现在学校的规模、功能和社会影响力，远非二三十年之前可比，所以校长在办学治校过程中，对他的专业化素养要求是非常高的，其中有很多可以借助智库，在高等教育领域叫院校研究。其实厦门大学有得天独厚的优势，我前面就讲到高等教育学的研究重镇在厦门大学。您作为校长，怎么看待和发挥厦大高等教育学学科在学校办学治校过程中的智库作用？

朱：从我个人来说，不仅注意听取高等教育学专家的意见，而且重用高等研究所里有作为的教师。从 1995 年 5 月一直到 2003 年 5 月，我担任厦大副校长 8 年。在担任副校长之前，我是厦门大学师资工作处的处长。1990 年 5 月我从国外回来，在系里工作了一年多后，党委书记找我，他说学校党委研究决定要新成立一个师资工作处，准备请我当处长。当时我刚从国外回来，对学术满腔热情，而且也很有这个条件。1991 年 4 月厦门大学建校 70 周年，学校准备出一套校庆丛书，大概是人文社科 10 本，理工科 10 本，这在当时是一件大事，因为 1990 年代初出书是很不容易的事情。于是在全校范围征集选拔，经过层层评选，我的一本著作被选中，编入《南强丛书》第一辑。那本书实际上是我的博士论文，回国以后，把它翻译成中文，再做了一些修改。出版了以后，我到出版社去领稿费，那也可能是有史以来给的最优厚的稿费，结果出版社的出纳不肯给我,因为那时候我还很年轻,才三十几岁。她说,这么多钱,让导师自己来签字来领。我跟她讲我就是朱崇实,出版社的人还不相信,说不可能,因为其他的作者年纪都很大。

我讲这个的意思是说,在当时我是很有学术热情的,也有学术基础,所以我说我不要当什么处长,但学校党委书记说不行。当时学校碰到了1990年代初师资队伍不稳定的大问题,一墙之隔是特区,离开校园,一个月的工资比在里面多一倍,甚至好几倍,很多教师都往外走,所以学校专门成立了师资工作处来加强师资队伍建设。1991年,我到师资工作处工作,先担任副处长,学校党委很爱护我,知道我管理经验不足,把人事处长调过来当处长,指导、帮助我,一年后提任为处长。1995年5月,我被任命为副校长。

宣:那您怎么重用高教所的人呢?

朱:我担任了副校长以后,师资处处长这个位置就空出来了,当时我就向学校党委推荐高教所的王伟廉当处长。后来王伟廉又做了人事处处长、教务处处长,但他后来到汕头大学去了,当时我是有点可惜的:一方面为厦大可惜,他是个人才,如果在厦大能够为厦大做更多的事;另一方面是为他可惜,到汕头去,可能待遇条件比较优厚,但是平台没有厦大大。王伟廉走了后,高教所的邬大光被任命为教务处处长,大光后担任了分管教学的副校长。我对高教所老师们说,他们对高等教育规律的研究肯定比其他的老师要更多,要充分发挥他们的作用,但是他们也要自觉地多关心多研究厦大发展中的各类问题。

宣:除了重用个人发挥作用之外,整个高教所的研究,有没有参与到学校的重大决策和专业规划中来?这个作用发挥得如何?

朱:一方面,学校很注重听取他们的意见。比如,当时我们要走出去办学,建马来西亚分校,反反复复多次听取了高教所老师们的意见。厦大马来西亚分校最初的筹建班子,多位成员是高教所的老师和专家,包括邬大光。像厦大这样能够在外面建一个完整的校区,办一所综合性的大学,在目前的中国高校当中是独一无二的。没有先例,究竟要如何办?我们都注意听取高教所专家的意见。大家研究后决定,厦大要搞就搞一个完完全全的、像样的大学。这些我们都反复征求过高教所的意见。除此之外,学校工作的很多方面,特别是厦大校内管理体制改革等,都会注意听取高教所的意见。高教所的很多专家对大学管理有理论也有实践,比如潘懋元先生早年做过教务处处长,后来又担任厦大副校长、顾问等职,经验非常丰富,所以学校工作一直注意听取他们的意见,充分发挥高教所的智库作用。

努力为学生提供多元发展空间

宣:我之所以问这个问题,是因为现在确实有很多高校在撤销教育学院,撤销高教所。原因是大家认为,高等教育研究很多不做院校研究,"灯下黑",对本校的办学治校没有多大的作用。另外一个问题,作为专业化的校长,我们除了内部治理之外,还要经常跟公众、政府、媒体等打交道。因此,能经受媒体和公众的质疑,实际上是大学校长一个非常重要的职业素养。您当校长期间,其实厦门大学也有过几次媒体的风波,把厦大推到了风口浪尖,比如说学术腐败、校内丑闻,等等。您作为一个校长,怎么看待和应对媒体的争议和民众的质疑等方面的危机?您觉得作为一个校长应该具有什么样的素质?

朱:厦门大学碰到了几次公关危机,或者说舆论危机,从"高尔夫球"开始,后来又出了"谢灵事件",等等。我认为,大学也是一个社会,并不是不食人间烟火的地方。既然是一个社会,有这样那样的问题或偏差,我觉得是正常的。关键是你怎么去对待。比如学术腐败问题,要认真,要严肃,不能够掉以轻心,一定要有一种零容忍的态度,但是不能就这些问题进行有意的炒作,从而成为博眼球的事情。现在中国有些舆论和媒体并不是真正地要解决问题,也没有严肃认真的态度,只是想借机发泄某种个人的不满或情绪,这很糟糕。如果你真的是要帮助解决问题,就要用一种更加客观、实事求是的态度来看待,用一种与人为善的态度来处理。

就当年炒得沸沸扬扬的"高尔夫球"事件而言,记者就是对我的讲话断章取义。我完整的话是说,我们现在希望学生要全面发展,力争创造各种条件给学生以一种更好的素质教育。当时我讲到,厦门大学漳州校区要利用一块空地建一个高尔夫球练习场,能够让我们的学生也有机会接触这样一项体育运动。我确实还讲到,我希望我们学校有几个专业的同学,比如学法律的、学管理的、学会计的、学市场营销的,今后都能够学会打高尔夫球,这对他们今后的职业生涯发展是有好处的。结果记者一报道出来,就说厦大校长要提倡精英教育,精英教育就是要打高尔夫球,把整个意思搞歪了。好在厦门大学有自己的定力,现在漳州校区、翔安校区和思明校区都有高尔夫球练习场,而且都是标准的、一流的高尔夫球练习场。特别有意义的是,我们的高尔夫球体育课是学生们最喜欢、选修人数最多的体育课之一。

宣:高尔夫球技能以后可能会成为厦大毕业生的一个"标签"。我曾经学过朱校长,提出"爬树课",那时我在浙江农林大学工作,我认为爬树课是非常适合农林院校的,学农林专业的人上山时但凡碰到点困难——比如碰到野猪——如果不会爬树,到时候都不能自救。所以我当时认为农林大学的学生不光要学会识树,而且都要学会爬树。我认为厦门大学做了很多探索,是非常有意义的。

朱:谢谢!有些媒体在写报道之前并未进行全面、客观的了解,就开始随意评论,这样做是不利于大学发展的。在厦大,游泳是必修课,必须要会游才能毕业。其实修一个标准的室内游泳馆,花的钱比高尔夫球练习场要多多了。因此,我觉得我们的主管部门要有定力,不能听风就是雨。其实很多时候,校长的压力更多的倒不是来自媒体,而是来自主管部门。这个事情谁过问了?哪个领导批示了?是不是会影响到社会的稳定?其实像我们这些学校,新开一门体育课怎么会引起社会不稳定呢?现在大家都知道厦门大学每一个校区都有一个很美的高尔夫练习场,高尔夫球课现在是最受学生欢迎的体育选修课之一。后来的爬树课、潜水课等,就没什么太难的了,因为大家习以为常了。

厦大最花钱的是我们的水上运动,帆船队非常花钱。那么,厦大为什么还要下这么大的力气去做这些事情呢?归结到一点,就是要让我们的学生能够真正地全面发展。讲得更直白一点,就是让学生能够见多识广,什么东西他都见过,什么东西他都试过,这就是一种培养,一种发展,以后不管到美国还是英国还是别的地方,去深造也好,工作也好,都不会让人家觉得厦大学生好像是个土包子。厦大学生什么都会,乒乓球也罢,棒垒球也罢,高尔夫球也罢,都会打,而且水平还不低;帆船有什么了不起,上去就能熟练操作——我觉得这对我们的学生来说就是一种发展。

惹出风波出来的漳州校区那块高尔夫球练习场,是块凹凸不平的山地,本来要把它绿化,绿化也要花钱。后来我们想稍微修一修,做成一个高尔夫练习场,这是一个好事情。因为修了练习场,土地还在,也没浪费。今后那个地方如果要建教学楼和科研楼,再建就行了。因此,我坚持认为,只要对学生有好处,我们一定要坚持做。后来我问了体育部,同学们喜不喜欢,体育部回答说太喜欢了。再后来,校本部这边的同学有意见了,说漳州校区有高尔夫练习场,本部什么时候也可以有一个?我说你们的意见我记住了,等学校找到地方以后,本部也建一个。厦大水库也就是著名的情人谷后面有一片地,原来我刚进厦大读书的时候,那个地方是个靶场,民兵训练打靶用的。后来厦门市政府禁止岛内打靶,靶场就荒废在那里了。朱之文书记来了以后,他找校友捐了一笔钱,整修水库及周边环境,建成了学生最喜欢的修读区,其中就包括把那个废弃的靶场改造成一个美丽的高尔夫练习场。我借口述历史这个机会,希望媒体和舆论给大学一个更加宽松的发展环境。这实际上是给学生们提供更宽容、更多元的成长空间。

协调党政关系经验谈

宣:最后一个问题,中国特色现代大学制度集中表现为大学的领导体制,即党委领导下的校长负责制。您在任时间比较长,任期经历了四任党委书记,在学校发展的不同阶段跟不同风格的党委书记共事。我们这样的领导体制如何更好地在大学办学治校中发挥作用,您有什么可以跟我们分享的?

朱:是的,我跟四任书记共事过。我觉得我们现在的这个体制符合中国大学发展需要。朱之文书记在 2011 年 9 月份调任到复旦大学,接替他的杨振斌书记是 2012 年 4 月份才到校,在这七个月的时间里,厦大没有党委书记。对我而言,我是共产党员,又是学校的党委常委,理所当然要负起责任来。所以当时教育部人事司的领导跟我说,在新任党委书记到位之前,学校党政工作我是第一负责人,出了事情我要负主要责任,这是教育部党组的意见。我说我是校长,负责行政工作,能不能指定一个副书记,代理党委书记的工作?但他说这是党组研究后的决定。那时我以为大概负责二三十天就可以,没想到是七个月。

在这七个月里,在一次学校中层干部大会上,我发自内心地说:大家一定要尊重书记,善待书记;特别是院长、所长、主任,你们的书记就是为你们遮风挡雨、排忧解难的人。我说一件平常的事,朱之文书记在任的时候,我晚上一到 11 点,电话就关了,因为我想 11 点后有事情肯定找书记。如果出事,要打板子,那也是打书记的板子。朱书记调离后的那七个月,我电话 24 小时必须要开着。哪一个党委书记的手机不是 24 小时开着?因为如果半夜出了什么事情,找人找不到,主要就是书记要负责任了。因此,书记承担着很大的责任和压力,是大家平常体会不到的。

我觉得对于当前中国的大学来说,这个制度是一个好的制度,党委领导下的校长负责制不是空的或者是虚的,是有实实在在的内容的。书记和校长共同为学校的发展贡献力量,各有所责,各有所担,形成合力,一起发展这个学校,是完全能够做得到的。至于有人耸人听闻地说,困扰和阻碍中国大学发展的最大问题,就是党委领导下的校长负责制,搞不清到底是谁负责。讲这个话的人,要么是不了解中国大学的实际情况，信口开河，要么是别有用心。怎么能说困扰中国大学发展最大的问题是党委领导下的校长负责制，是党政两个一把手的不和呢？没这回事！有没有矛盾？肯定有，书记跟校长、书记跟副书记，校长跟副校长，只要是人都会有矛盾，但这些矛盾没那么严重。我个人认为，两个一把手不团结确实对一所大学的影响非常大，伤害非常大，有时甚至可以说是灾难性的。但据我的观察，在绝大多数学校，两人都是朝着把学校办好这个方向努力和前进的。这是我的一个基本看法。

我担任校长14年合作过四任书记，我觉得我是很幸运的人，跟合作过的书记关系都很好，但也不可能没有矛盾。学校工作千头万绪，碰到的100件事中，可能有90件事两个人的看法都一致，但有10件不一致，这很正常。你们刚才问如何能够处理好书记与校长的关系，我个人认为：第一，要有共同的目标和追求，我们都希望能够为这所学校的发展作出自己的一份贡献，这是我们共同的目标；第二，要有制度上的保障，现在党委领导下的校长负责制已经越来越完善，当然还要继续加强；第三，两个人都必须有应有的个人修养，碰到问题和矛盾的时候，要有修养。中国有句话我认为还是讲得很有道理的：退一步海阔天空。如果对一件事情，两个人的看法不一样，那就退一步。慢一点、缓一缓，就好了。校长要做一件事的时候，应该和书记沟通。如果沟通后，书记觉得还是不妥，那么校长就应该停下来，缓一缓，校长要做的事情不一定都是对的。缓一段时间以后，说不定校长觉得书记是对的；当然也可能过一段时间后，书记会觉得校长是对的。办大学不像打仗——如果剩下的预备队不上去，这个仗有可能就打败了——没有那么紧急。大学的某些事情，缓一缓、停一停没有什么了不起。我就是秉持这样的看法来处理与书记的关系的。

我很幸运，和四任书记相处时，他们都很支持我、尊重我，年长的书记爱护我这个年轻的校长，年轻的书记尊重我这个年长的校长。根据我自己的体会以及对一些其他学校的了解，我的基本看法是，中国大学的校长和书记总的来说相互关系是正常的，团结的，对待学校整体事业的发展思路和见解基本是一致的。但不容否认,也有矛盾。这些矛盾通常是由一些小事或不是什么大事引起的,有时甚至是个人相互之间的性格、兴趣不一致导致的。因此,我是始终认为不要轻易去否定我们已经实行了几十年的管理体制,特别是要注意防止从一个极端走到另一个极端的倾向。

宣:其实我们意犹未尽,还有很多问题想跟朱校长讨教,但实在是时间太短。整个访谈过程中,我想大家都能感受到两个字。第一个字是"爱",教育是爱的事业。朱校长身上充满了对教育事业、对学校和对学生浓浓的爱。我说朱校长就是为教育而生,为厦大而生的——爱校如家,爱生如子。第二个字是"专",在朱校长身上,我们看到了一个专业化大学校长的风范。他对学校既能举重若轻,把握教育规律,谋划厦门大学的发展战略,又能举轻若重,实际上是落实细节,从学生的成长成才、全面发展的一些小事中开始抓起,真正把教育回归到学生的培养和成才成长上来。

访谈手记

与朱崇实校长的神交,可以追溯到十多年前我在浙江工业大学担任分管后勤的副校长期间,赴厦门大学的一次学习、调研。当时我就听说了朱校长在学校后勤管理方面一系列不同寻常的理念和改革,尤其是关于厦大学生食堂米饭免费、厕所改革等举措。我在往后的各类报告中,总会以厦门大学的案例来说明什么才是真正的"学生为本"。不过,由于没有能够听到他本人亲自讲述,我多少有些遗憾。所以此次对朱校长面对面的访谈,我充满期待。

访谈时间安排在6月下旬,时值江南雨季。果不其然,就在访谈当天,清晨突降大雨,访谈现场也因此略有躁动、唏嘘。正当时间逐渐逼近访谈开始的时刻,一个精神矍铄的身影踱步而入。朱崇实校长佩戴金边眼镜,白色衬衫捋起半截袖口;尽管是雨天,但是脚上的皮鞋依然锃光瓦亮;虽然身材并不高大,但腰杆笔挺且行走迅捷,给人以精干利落之感。他昨日抵杭城、今日遇大雨,但从头至尾没有烦劳任何一位工作人员接送,全程一人下榻酒店且准时参加访谈,并以一种朴实而不失高雅的姿态出场,其对待工作敬业、对待他人谦善的作风令人钦佩。

之后,朱校长在访谈过程中始终以一种娓娓道来的语态表达自己的观点,谈大学排行、聊学科建设、话综合治校、论校长使命,百年校史烂熟于心、故人旧事信手拈来。全场听众静坐聆听,以至于本是窗外雨滴敲打玻璃的聒噪成了朱校长叙述当中起承转合的伴奏。

在访谈过程中,也许是因为我好奇心驱使的追问,也许确实是朱校长引以为自豪的事情之一,他为了说明"学生为本"的治校实践,花费半个多小时的时间跟我们详细叙述了他在厦大推行"免费手纸覆盖校园厕所"的努力,其中有很多生动有趣的细节,这也弥补了我几年前的遗憾。在他看来,好的理念必须化为具体的行动,"学生为本"就要落到学生学习生活的实处。在所有的受访者中,能够针对厕所进行讨论的,朱校长是唯一的了。此外,访谈中还涉及有关厦大开设高尔夫球专业、校内学术腐败丑闻等较为敏感的问题,朱校长都毫不避讳、以诚相待地说明了事情来龙去脉,并表达了决策背后的教育初心。这足以体现出一位大学领导者的魄力和胸襟。

不知不觉,四个小时的访谈结束了。尽管时间已近下午一点,但我们在场的听众皆意犹未尽,似乎还沉浸在朱校长治校的心路历程当中。此时窗外雨水渐止、阳光乍现,与此相映衬,朱校长的形象在他的谈笑风生中愈加清晰和丰满。

瞿振元：一所百年老校的新发展*

瞿振元，1946年3月生，江苏启东人。1964年入清华大学自动控制系学习，1970年3月毕业后留校任教，1980年清华大学研究生毕业，获理学硕士学位。1984—1994年间，曾先后担任清华大学党委学生部副部长、部长，研究生处副处长，研究生院院长助理，党委宣传部部长、宣传教育处处长。1994至1995年在纽约州立大学社会学系及芝加哥大学经济系做为期一年的访问学者。1995—1998年，担任国家教委思想政治工作司代司长、司长；1998—2002年，担任教育部高校学生司司长。2002年4月—2013年7月，担任中国农业大学党委书记。2008年6月，获英国贝德福德大学授予的荣誉博士学位。2012年8月—2017年7月任中国高等教育学会第六届理事会会长。2013年7月起，担任教育部高校本科教学工作评估专家委员会副主任委员。此外，还兼任教育部考试招生咨询委员会副主任、教育部"双一流"建设专家委员会委员、国家教育咨询委员会委员、联合国教科文组织工程教育委员会顾问委员等职。曾任第十、十一届全国政协委员。著有《大学的革新》《世纪之交的中国高等教育（高考、招生与就业）》等。

* 访谈时间：2019年7月12日；访谈地点：北京中国高等教育学会会议室；整理人：张凤娟、吴正阳、徐甜。

今天应该是"与新中国同行——高等教育的发展之路"口述纪实活动启动以来最特别的一次访谈，因为今天的访谈地点就在中国高教学会大本营，接受访谈的是我们尊敬的中国高等教育学会原会长瞿振元先生，非常有意义。

大家对瞿会长都很熟悉，在中国高等教育领域，我认为他是一座富矿、一座金矿。他有非常深厚的学术造诣，在高等教育研究方面有大量的著述，如对办学治校、人才培养、学科建设、专业建设、立德树人等问题都有深入独到的研究，而他带领我们一起做的"中国特色高等教育思想体系研究"课题也是非常有影响力。不仅如此，瞿会长长期担任高校的重要领导职务，有着丰富的实践经验，可以说是中国高等教育发展的参与者、见证者、推动者。因为访谈时间有限，这么丰富的经历我们只能够聆听其中一段，主要是瞿会长主政中国农业大学的这一段经历。当然，后面我们也想听听瞿会长对整个中国高等教育的一些看法。

激情澎湃大扩招

宣勇（以下简称"宣"）：今天的访谈，我们对您的定位主要是中国农业大学的原党委书记，所以下面我就用瞿书记来称呼您。首先还是想请瞿书记能够跟我们聊聊，您1964年就进入到清华大学学习，此后一直没有离开过高等教育系统，您对中国高等教育改革与发展的70年，特别是这几十年的发展，您总体的评价是什么？中国高等教育对您的人生有哪些价值和意义？

瞿振元（以下简称"瞿"）：好的，那就从上大学时说起。我是1964年上的清华大学，从地地道道的乡下中学考进清华大学。我家在江苏省启东县，但我上的不是启东中学，启东中学在县城，那一年我们镇上的大江中学比县城的启东中学考得要好，两个考进清华，一个考进北大，我们大江中学因此在当时变得相当出名。我大学的头两年应该算是宁静的，学习和生活都比较正常，但接着就发生了"文化大革命"，处于"停课闹革命"的混乱状态。

"文革"期间,对我自己来说影响很大的一件事,就是1973—1975年参加"固体物理研究班"的学习。之所以有这个研究班,缘于周恩来总理的指示。周恩来总理接见杨振宁、李政道,他们两位说中国教育重视实践是好的,但不重视基础理论研究对国家长远发展不利。在听取意见后,周恩来总理指示:要在实践的基础上加强理论研究。这个指示传到清华,在学校教改组何东昌、滕藤同志(两位领导在"文革"后都担任了教育部等部门的重要领导职务)的直接主持下办了四个理科研究班(固体物理、物质结构、激光、有机催化),学员都是从当时清华的留校学生中选调的。我们固体物理研究班有14个人,其他班各10个人。我们班14个人中,4位已经成为院士。这说明当时选的人学习基础都很好,同时也说明高等教育对人的成长的重要性。当然,这中间也有很多曲折。比如,我们刚正常学了半年,就有人批评我们又走了"老路",是"右倾回潮"的表现,因此马上下工厂、下车间,和工人同吃同住同劳动,接受工人阶级再教育。我们的老师都非常尽心,和我们一起下工厂、下车间,自己编讲义、刻钢板、印讲义,在车间里给我们讲课。我们也都非常努力学习。大家都有一个信念:落实好总理的指示!不管怎么样,在那个特殊时期,我们多学习了一点。这段经历对我们的成长还是很重要的,后来又进入了正规的研究生学历教育的阶段,之后再留校继续工作。根据工作需要,我在工作上先是"双肩挑",后来,重心又逐渐移到了管理工作上,业务工作就做得少了。但这种教育给我留下的训练是永久的,无论是意志品格、思想方法,还是文化科学知识。

在回顾祖国70年光辉历程的时候,个人经历真是微不足道!但每一个人微不足道的经历汇合在一起,就构成我们共和国波澜壮阔的壮丽画卷。总的感觉:70年我们风风雨雨走过来,高等教育的进步是历史性的,变化是全方位的,影响是世界性的。而改革开放以来的40多年是我国高等教育发展最好的时期。新中国刚成立的时候才多少所高校?多少学生?205所,在校学生11.7万人,当年的毕业生2万多人,每个学校毕业生平均 100 人。全国高校校舍总面积仅 354 万平方米，平均每校 1.6 万平方米。所以说那时候的高等教育是非常小的规模，与我们今天的高等教育完全不是一个概念，与今天的高等学校完全不是一个样子。如今，全国普通高校 2663 所，在学总规模 3833 万人，高等教育毛入学率达到 48.1%。高等教育发展成就非常了不起！

宣：您是 1998 年到教育部高校学生司任司长的，正好赶上开始实行高等教育大众化的时候，赶上 1999 年开始的大扩招，能不能说说当时的情况？

瞿：1997 年亚洲金融危机以后，汤敏博士提出应对亚洲金融危机的对策建议，其中一项就是扩大高校招生规模。国家计委采纳了这个建议。对这一建议，各方面的看法并不完全一致。我记得北大教育研究的一个报告认为，扩招对经济的直接拉动作用非常小，但对于经济的长远影响非常大。

1999 年 6 月，召开了全国教育工作会议——这是改革开放后的第三次教育工作会议。在这个会议之前，政治局常委会讨论了扩大招生规模的事。我听过会议精神的传达。江泽民总书记、朱镕基总理、李瑞环主席、李岚清副总理等都对扩大招生问题发表了重要意见。我觉得江泽民总书记的思考很实际。他说，我原来也有担心，就是大学生就业难的问题怎么解决？但反过来想，现在参加高考的孩子们，18 年前就已经出生了，他们总之是要就业的，如果不扩大招生的话，他们就要马上就业，就是现在的就业难的问题，而现在扩大招生的话，就能缓四年就业，而且学了一些本事，四年后就更好就业。因此决定扩大招生。所以，6 月份开全国教育工作会议时，李岚清同志在会议总结的时候说这次会议的要点是扩招。于是，我们马上部署工作，7 月份高考，9 月份要入学，多紧张的一件事情！那时候就是在这样的节奏下做下来的。招生那段时间真是高度紧张，因为各省具体布置比较仓促，相关的政策也不是特别明了，办学条件也十分紧张，比如，学生来了以后在哪里上课、在哪里住、在哪里吃饭，等等，一大堆问题。但大家上下同心，克服困难,顺利完成当年扩招工作,带动了后来的大改革、大发展和大建设。应该说,1999开始的大扩招具有历史性的意义。

宣: 我们毛入学率1992年的时候是5%,到1998年应该已经快到10%了吧?

瞿: 高等教育规模过小是我国教育长期存在的结构性问题。当时,我们也将中国和其他一些国家进行了比较,特别是跟美国、印度、俄罗斯等一些人口大国作比较。我们高等教育的规模比美国落后是肯定的,比俄罗斯小一点也正常,但是比印度落后很多,这是我们原来没想到的。总之,那时候高等教育整体的规模是非常小的。对这个问题,邓小平同志讲得特别透彻。他在1989年3月就明确指出,改革开放十年来我们的最大失误是在教育方面,对青年的政治思想教育抓得不够,教育发展不够。邓小平讲了两个"不够"。在当时的情况下,我们在解决政治思想教育不够的问题上做的工作比较多,取得明显成效。但是,当时对教育发展不够的问题重视还不够、解决得还不够好,高等教育发展更不够。所以我觉得,1999年的扩招实际上也是完成邓小平同志希望高等教育和整个教育事业有更大发展的遗愿的一个实际行动。

宣: 这是您当时作为学生司司长面临的最重要的任务,那您觉得,当时最困难的事情是什么?

瞿: 其实也没有什么特别困难的事情,因为招生的直接责任还是在省里、在高校,但每个环节、每个地方都不能出乱子。省里主要是对一些政策界限不是很清楚,就要求我们对他们面对的具体问题作出"明示",但我们给省里和高校的回复往往比较具有原则性。他们希望我"明示",我希望他们根据自己的情况独立处理。我记得当时的江西省教育厅厅长更半夜给我打电话,让我赶紧明示他们的学费到底收不收、收多少,实际上,当时可以收学费,该收多少根据各省情况定。所以,在中央的大政方针明确以后,我们对大的原则坚定不移,具体执行的权力放下去,比较妥善地处理了当时的问题,而且形成了许多好的做法和新的经验,在总结交流这些经验后,第二年的工作就更好做了。

宣：我记得浙江在1999年的时候，政府希望我所在的浙江工业大学要多承担扩招的任务，因为当时的基础条件、校园设施、师资力量等都还跟不上，校长把领回的扩招任务下达给各个院系。当时，院系领导们对于多招收学生的积极性还不是太高。

瞿：但总体上说，各方面的办学积极性还是非常高的。当然，困难也是很多的。首先，学生来了以后住在哪儿，基础条件跟不上。有一次开会，我开玩笑说，最大问题可能是学生宿舍，食堂饭菜可以轮着吃，但睡觉不能轮着睡。大家哈哈大笑。那个时候，李岚清副总理立刻启动高校后勤社会化改革，非常重要、非常及时！特别是吸收社会资本，在学校周边盖房子，地方政府非常支持，企业和学校周边农村参与，让大学生有地方住。我们看到，这些年的大扩招，使得高等教育资源不是成倍，而是成10倍、20倍的速度迅速增长。高等教育资源量如此快速增加，是求之不得的，在过去是很难想象的。高等学校也贷了一些款，实际上形成了一大批优质国有资产！

宣：您说的这些我也经历过，2000年起我正好在浙工大担任副校长，分管新校区建设，五年时间我们建了60万平方米的建筑；我也分管后勤，经历了后勤社会化改革。对中国高校来说，确实是风起云涌的几年，影响深远、意义重大。

促校区融合画蓝图

宣：2002年您到了中国农业大学，然后在2003年，召开了中国农业大学的第一次党代会，这对中国农大来讲是一个大事。因为我们都是通过党代会给学校未来发展定愿景、定目标、定方向的。我想了解的是，为什么中国农业大学直到2003年才开第一次党代会？在这次党代会上，提出了一个目标，就是要"建设世界一流农业大学"，当时是在什么样的背景下提出这样的战略目标的？

瞿：党代会对学校来说，当然很重要。中国农大长期没有开党代会，实际上是因为没有实现实质性的并校。我和陈章良校长是2002年4月22日到中国农业大学的，教育部副部长张保庆代表党组到农大宣布任命时，讲的最重的话就是：能不能实现实质性并校是对你们、也是对新领导班子的严峻考验。这个话讲得非常清楚。

我在到校前，做了一些功课。知道这是一所百年老校，是我国现代农业高等教育的起源地。最早的部分起自1905年成立的京师大学堂农科大学。1949年9月，战火未灭，硝烟未去，在准备新中国成立的日子里，中央决定由北京大学农学院、清华大学农学院和华北大学农学院合并组建北京农业大学。这说明党中央特别重视在一个农业大国中建设农业高等教育。1952年10月，北京农业大学农业机械系与中央农业部机耕化农业专科学校、华北农业机械专科学校、平原省农学院合并成立北京农业机械化学院，1985年10月更名为北京农业工程大学。1995年9月，北京农业大学与北京农业工程大学合并成立中国农业大学。

但到校看了以后，真有一种"历史很辉煌、现实很骨感"的感觉。当时学校面临一堆的问题，首先就是并校问题。中国农业大学在1995年9月合并后，东、西两校区相距11公里，要说也不算很远，但毕竟是两个空间。并校七年了，没有实现实质性并校。第二个突出问题是学校的基础设施老旧。第三个问题就是院系相互割裂，比如，一个学校两个计算机专业，学生和学生、老师和老师之间都没联系，但发的都是同一个学校、同一个校长签的证书。还有一个突出问题是，师生的士气比较低，觉得农大没有太大的前途。在这种情况下，该怎么去解决这些问题？当时学校的领导班子觉得最重要的一点还是要首先完成实质性并校。首先就从合并机构开始，机构只设一套，比如只设一个财务处，不能搞两个。

宣：当时的校级领导班子是不是也是两个？

瞿：当时已经合成一个班子，但谁是东校区的人、谁是西校区的人很明显。在做机构合并时，当时所有处级干部都是按岗位竞争上岗，那时候竞争是真竞争，但是这个经验今天不适用。

宣：那时候好像全国都有这个氛围，都这么干。

瞿：那时候就是这么一种氛围。在这种氛围下，做的更大的事是把校领导班子全部趴倒，竞聘上岗。除了我、校长、常务副书记、常务副校长，我们四个人是明确的、也是新任命的外，为了实现班子调整，其他人通通趴倒，重新竞聘上岗。这个在局级干部层面上的整体调整，我们是全国第一例。当然，这样做，我们事先专门请示过教育部人事司、北京市委，他们同意进行这个试点。我还是有组织有纪律的，工作进行得很顺利。具体的工作步骤是：首先是按岗位报名，一共24个人报名，其中有四个是外校来的，因为我们是向社会公开的。我们成立了一个聘任考核专家组，有清华、北大的校领导和本校的院士、教授代表共十多人，我任组长。同时，200多位学校师生代表一起听取每一个人的报告，并投票。竞聘是按岗位一个一个上台演讲，师生代表按一个岗位选一个人进行投票。教育部人事司和中组部、北京市委都派观察员来监督。投票后，专家组再讨论、投票，意见高度一致。最后决定老班子六个成员中的三个领导留下，三个处长新聘为副校长，三个原班子的成员没有进新班子。这件事在学校是很大的事情，由于做得公开、公平、公正，产生了大家选择出来的干部组成的领导班子，在校内反响非常好。班子成员的干劲也非常足，觉得不能辜负大家的期待，至少要做到竞聘时自己的承诺。我们这次竞聘当时在社会上也是一个热点新闻。

宣：这个事情是学校党委主导的，还是上级组织部门主导的？

瞿：学校党委主导。

宣：这个也很少见，照理校级领导班子的建构应该是上一级的组织部门来主导。

瞿：当然，这种做法也是一种探索。但实际上有几条前提性的保障因素：一是书记、校长和常务副书记、常务副校长四个人明确是核心成员，而且很团结；二是与上级组织充分沟通，认真按组织原则办事，而且经过组织部门同意，在竞聘的过程中，教育部人事司、中组部、北京市委都派出观察员，进行全过程监督、指导；三是对参加竞聘的人员进行比较充分的资格审查,确保参加竞聘人员的资质。这样重大的事情,书记的责任很大,我也是战战兢兢、如履薄冰,精心做好每一步工作。当然,这是特殊时期的一个特殊做法。

宣:对没有进入班子的三个人怎么安排呢?

瞿:他们三个人都是副局级干部,要按干部政策,有人情有耐心地做好他们的安排。在党委换届的时候,考虑到群众的意见和党委的形象,他们都没进班子。但也要为他们的发展着想。比如,一个副校长的科研教学业务工作没有断,不能进班子之后,就得考虑为他能够继续做好科研工作创造条件,我们考虑给他一年公费到美国去作访问学者的机会,他原来是留学日本的,再去美国一年,可以在业务上有新的提高。这样安排,他很高兴,说组织上考虑得真周到。实际上,他后来并没有去美国,但科研教学都做得很好,达到申请院士的水平。其他的两位,一个回到农业部系统工作,一个在校办企业工作,学校都作了尽可能周到的安排。

宣:在学院层面呢?因为学院层面的合并也很重要啊!

瞿:是的。学校学术资源的整合是非常重要的,也是非常困难的事情,涉及院系的调整,教师工作环境和条件的变化,核心是涉及老师的利益,既要大胆果断,又要耐心细致。比如,原来东西两校区各有一个食品学院,要合成一个食品学院,而且要在一个地方办公,西校区的老师要到东校区工作,毕竟相距11公里,难度很大。但是,我们非常尊重教师,特别是老教师,重视教师的意见,同时尽力改善工作条件,做增量调整,老师们通情达理,最后也顺利解决了。类似的还有计算机专业等都实现了合并。

宣:那么,世界一流农业大学的目标是怎么提出来的呢?

瞿:在学校领导班子、机关部处以及院系的实质性合并取得决定性进展以后,需要回答的问题是:我们到底要办一所什么样的大学?如果这个问题回答不好,已经初步凝聚起来的人心还会散掉,实质性合并也会失去基础。陈章良校长和我都觉得应该明确这个问题。于是,当年

10月我们到教育部去向教育部部长陈至立同志汇报工作，说我们已经到学校工作半年了，学校各方面的工作都取得了一些进展，当前在考虑应该把中国农大建设成为世界一流水平的农业大学。陈至立部长当即表示支持我们建设"世界一流农业大学"。她说，中国的农业很重要，农业生产也与别的国家不一样，最有中国特色，应该建设世界一流的农业大学。"世界一流农业大学"的目标就是在那个时候得到了陈至立部长的肯定和支持。

回校传达了陈至立部长的讲话精神后，建设世界一流农业大学的愿景得到全校师生的拥护，成为团结全校师生共同奋斗的一面旗帜。

我们还成立了"世界一流农业大学"课题组，我任组长，研究国外著名农业大学的发展历程和成功经验，加深对世界一流农业大学发展规律的认识。

周济部长也曾经问我们，什么是世界一流农业大学？陈章良校长和我回答说，我们肯定不是哈佛、MIT那种样子，我们要建类似得州农工（Taxas A&M）、康奈尔（Cornell）、荷兰瓦赫宁根（Wageningen）这样的农学很强的大学。对标这些大学，他就明白我们要建的大学是在学科布局上真正以农业科技为核心的大学，而不是一种趋同化的发展。

2009年5月，胡锦涛总书记到农大视察。他在与师生代表座谈时，明确希望我们早日建成世界一流农业大学。后来他还给我校师生回信，再次希望早日建成世界一流农业大学。

2012年9月，习近平同志到中国农业大学视察。他在讲话中提出，希望把这个学校建成中国特色、农业特色的世界一流大学。我们就按照习近平同志的提法确定了学校的办学目标。

宣：但至少你们那个时候开始对标就是世界一流，对于中国农大来说，这是一个非常宏伟的愿景。

瞿：所以在第一次党代会上明确了学校的发展战略目标，世界一流农业大学成为全校师生心中共同的奋斗目标。这确实起到了凝聚人心、加快发展的作用。

启动"316"聚人心

宣：明确学校的发展愿景后，围绕着发展战略，您又是如何让战略落地的呢？

瞿：明确了办一所什么样的大学后，紧接着就要明确怎样办这样的大学的问题。这是不能靠喊口号解决的，而是既要有清晰的思路，又要有踏实苦干的精神。分析当时学校的状况，最急迫的问题是房屋和人才。人们常常用清华大学老校长梅贻琦先生的话，"所谓大学者，非谓有大楼之谓也，有大师之谓也。"特别是这种"非"、"有"的强调型语句，在理解上往往会产生偏颇，似乎不用谈"大楼"，谈大楼就俗气、就矮三分，谈大师才高雅。其实，梅先生的讲话是有当时的语境和目的的。梅贻琦1931年出任清华校长。在此之前，前任校长罗家伦已委托清华校友杨廷宝所领导的基泰工程司主持了清华的规划，建成了生物馆、气象台、明斋和图书馆二期，被称作清华又一个"四大建筑"，采用西洋古典建筑的布局，恢宏大气而又有象牙塔之风。梅贻琦担任校长时，大楼已成，且经费充足（来自庚子赔款），同时也面临着当时国家政治中心南移而导致的人才激烈竞争。因此，梅先生认为，应该防止当时清华校园大兴土木之风的思想继续蔓延，更加强调人才之难得，用更多的经费延揽人才。今天，在思想上认识这一点，重视学校的基本建设，重视大楼和装备，是非常重要的。

我们刚到学校的时候，由于长期缺少资金投入，校舍相当破旧。学生宿舍很破旧、住得也挤。李岚清同志专门为这个事情在北京高校调研，作过批示，大意是：全国高校后勤社会化改革取得很大成绩，但北京拖了全国的后腿，外地学生宿舍改善相当明显，北京反而不行，尤其是像中国农业大学和中央民族大学，贫困学生又多，要重点解决。我们就借着岚清同志批示这个东风，赶紧启动学生宿舍建设。但是教师住宅也要盖，教学科研实验楼也要盖，当时测算了一下，大约各需要16万平方米，于是就用了个代号——"316工程"，也就是三个16万平方米：学生宿舍、教师住宅、教学科研用房各16万平方米。不过，在当时的情况下做这个事，也挺复杂的。

宣：土地是原有土地还是新增土地？

瞿：原有土地。当时东校区800亩，西校区1200亩，西校区限高，只能盖五六层，东校区面积小，但可以盖得高，这种情况下怎么弄？

宣：校园重新规划。

瞿：是啊！当时有李岚清同志批示，学生宿舍建设还容易一点。教学科研用房呢，不管怎么说也还能解决。最难的是教职工住房，但教职工住房也一定要建。教育部副部长张保庆到学校来视察，我们向他汇报，说要在学校的边上沿着马路边盖一点教职工住宅。他说农大是比较穷，农大老师也穷，应该同意。对在校园里盖教师住房，确实有不同意见。保庆同志说，从大局来说，校园里不能盖是对的，但总有特殊情况，农大的情况就特殊，不解决住房就稳不住老师。随后，北京市委副书记龙新民来校调研，在听取我们汇报后也表示支持。在教育部和北京市的大力支持下，很快办完了有关手续。

宣：现在在校园里头盖家属宿舍，已经不可能再批了。

瞿：是的，现在不可能了，当时也是特殊处理，因为农大确实穷，情况特殊。至今，我内心感念教育部和北京市领导给予的特别支持。

宣：那么，现在这个房子产权都给教师办了吗？

瞿：全部按照经济适用房办理。实际上，学校盖的不止16万平方米。

宣：整个农大的所有教师的住房问题都解决了？

瞿：当时所有的教师的住房问题都解决了，教授、副教授的标准比北大、清华的标准大20平方米，分别达到140和120平方米，就是为了吸引人才、留住人才。当时的想法是，北大、清华名气大，我们赶不上，但我们可以把住房建得比他们大一点。

宣：筑巢引凤！

瞿：是啊！当时感到学校发展最大的问题就是人才不足、队伍老化。那么，住房建设确实可以吸引人才，安家立业嘛，先安家再立业！

宣：当时房子建了，人才聚集起来了，变化比较大，对吧？一边有获得感，一边有事业发展空间，又有学校的一个非常宏伟的愿景，这时候人才就容易集聚过来了。

瞿：为了集聚人才，我们预留了100套人才房，而且给引进人才科研启动经费，这个条件在当时还是蛮优厚的。

宣：那钱从哪里来？

瞿：一部分是正常的拨款，也向银行贷了一部分。

宣：你们建教师宿舍，教育部给钱吗？

瞿：学生宿舍建设还是给的，教职工住房就不可能给了。

宣：那当时允许贷款吗？

瞿：我们在党委常委会上专门讨论过贷款问题，贷款肯定会有风险，但是为了"316工程"的实现，觉得有必要贷。对于贷款，我是这么个理念，就是用明天的钱先干今天的事，先借别人的钱干我的事。为了发展，该贷还是要贷的，当然要控制风险，不能把资金链搞断了，弄得教师工资发不出来是不行的。常委会上我明确表态，贷款引起的风险，我这个书记负主要责任。

宣：这就是敢于担当啊！

瞿：也算不上什么大担当。2009年胡锦涛总书记来学校视察，我坐在他身边，向他汇报了我们学校贷了一些款，资金运转有困难。我说，其实我们是用了少量国家的钱，形成了相当大数量的国家优质资源，这个优质资源的价值已经翻了好几番了。刘延东同志说，正在研究化债的办法。后来这个债务问题国家出台政策也解决了。

宣：有一段时间，大概是在2005年左右的时候，发改委专门有一个调查组到各个省来，就高校贷款规模做过一个专门的调研。当时社会上有一种声音，对高校是很不利的，就是高校贷款欠了那么多钱，圈了这么多地，盖了那么多房子。我当时就说，高校都是自己勒紧裤带搞建设来发展高等教育事业，形成了这么多优质的资源，现在这些资源都是贷款额度的好几倍，不知道翻了多少番了，而且还要看到，我们培养了那么多的人才。

瞿：是的，说明我们的看法一致，都是从实际出发。

"985工程"要有中国农大

宣：我听说农大进"985"是有故事的？

瞿：故事是有的。2004年1月6日，国务院新闻办举行新闻发布会，是周济部长的教育专场，央视记者提问：为什么在最近流传的一份"985"高校名单里没有西北农林科技大学和中国农业大学？周济部长非常坦诚，面对那么多记者直接回答说，中国农大和西北农林不在"985"的名单里，这是一个失误！中国农大和西北农林肯定是"985"建设高校！作为一个教育部长能这样做，十分大度，让我钦佩！至今，我对周济部长坦诚面对大众的态度深感钦佩！

宣：你们进入"985"序列，对学校来说非常重要。

瞿：那确实是！确实是影响学校发展的根本性的大事。从1954年国家第一次确立重点建设大学以来，中国农大一直是重点建设的大学，如果这一次没有，那怎么得了？！当然，学校也有实力，无论是院士、长江、杰青，都有足够的数量，有重要的成果，再加上国家重视农业，三农问题很突出，需要发展农业高等教育。

回顾这一段历史，我认为"211工程""985工程"和"双一流"建设都贡献巨大。如果说高等教育经历过大改革、大发展、大建设，那除了量的扩张以外，另一个方面，就是以"211工程""985工程"和"双一流"建设引领的质量的提高，它们所起的作用是非常巨大的，包括在办学模式、道路等方面都起着引领和示范的作用。如果没有"211工程""985工程"，根本谈不到今天"双一流"的事情。所以，如果说对"985工程""211工程"有一些不同的意见，局部性的不同意见可以商量，但从大局上来说，对它们的批评是没有道理的。特别是当一个国家处在一种经济实力相对比较低、资源比较有限的情况下,"重点建设"一直是我们非均衡发展策略的一种重要路径。

营造追求卓越的科研环境

宣:"建设世界一流农业大学"这个愿景对农大的引领性作用主要表现在哪些方面?

瞿:它的作用首先就体现在人才培养的问题上——调整人才培养的结构,提升人才培养的层次。这个问题很重要。2002年,农大的一些老师花不少的精力在校外搞专科教育、成人教育,学校里也有大专班,包括一些农业推广的班,实际上不少是为了赚"外快"。后来,学校决定不许搞这种比较低层次的班,集中精力搞好本科教育和研究生教育,经过了一年多的时间,坚决停掉了。在这些年的发展过程中,因为学校资源比较紧缺,所以保持本科生数量基本稳定,而研究生的数量不断增长。这样就把农业方面的最高层次的人才培养的责任更多地放到了这所学校,这也是一个世界一流大学很重要的标志。中国农业大学研究生院是1984年8月由国务院首批批准试办的22所研究生院之一,有20个博士学位授权一级学科,95个博士学位授权点,29个硕士学位授权一级学科,144个硕士学位授权点,有很强的研究生培养能力,在学全日制在校研究生约9000人。中国农业大学每年招收的博士生数是兄弟农业大学招收的博士生数的两倍以上,而且要努力提高研究生培养质量!如果你说自己是世界一流大学,但是,你的博士培养水平很差,培养不出高水平的人才,那么,你就很难讲是一流了。所以,调整人才培养结构,提升它的培养层次,是作为建设世界一流大学所需要调整的很重要的一个方面。

除了调整人才培养结构,我们还着力提高人才培养质量。以后的几年里,学校先后建立了生命科学和信息科技两个实验班,着力培养拔尖创新人才。柯炳生校长到任后,推动本科生自由申请转专业,特别强调发现和支持学生志趣,要让学习不好的学生找到适合自己发展的专业。这个转专业的办法和许多学校的不一样,主要是价值取向不同,不是把转专业作为一种对好学生的奖励,而是一种对学生的补短,收到了好的效果。我们还率先在全校进行博士生招生"申请审核制",目的是让导师招到高质量的学生,培养高质量的博士。

  第二个就是科学研究。农大有抓科研工作的传统,但发展很不够。2002年,一年科研经费大概六七千万,科研论文七八十篇,非常少。这样的情况怎么跟国际对话?所以,当时我们就觉得非抓论文不行,要发表SCI论文。那时,陈章良校长做这个事情还是蛮有经验的,他亲自抓这个事情。当时,要请外教教老师怎么写英文论文,实在不行的,还要请外教帮着一起改论文,就这样来帮老师提高他们的英文论文写作能力。这样,就从七八十篇起步,逐年增加。但我们也并不单纯冲数量,我们当时想,如果能从七八十篇起,每年增加个一百多篇,可能到五六百篇时,就会有高质量的论文出现。果然是到大约五百篇的时候,我们终于有了发表在 *Science* 上的论文。

  奖励政策也起了很重要的作用。发论文是给钱的,奖励经费。另外,如果老师在 *Science*、*Nature* 上发表论文的话,一篇奖励100万元。但是,第一篇发表的论文是两个人署名,一个人是农大的,另一个人是中科院的,所以就奖励50万元。第二篇是在 *Nature* 上发表的,就奖励100万元。现在奖励还有,但是,额度降了。所以,我总是说科研论文从七八十篇起步,无法跟国际交流,到后来数量逐渐增加,现在就要说"不唯论文"了,但是没说不要论文,应该说还要有论文,而且要有高水平的论文,要有代表作。这跟刚才说的大师大楼的命题其实是一样的,就是要讲辩证法,不要绝对化。

  第三就是处理好实践性成果和论文的关系。我印象很深的是,在农学院作物学的老师春节团聚时,这些老同志非常爱校,感情很深,但是,有时候太爱校,放不下,用过去的一些观念来批评论文的事情。会上,在玉米育种上很有成就的老教授宋同明说,有一些东西不能用我们过去的想法来衡量，比如说，我们很注重育种，经过品种鉴定，然后有的进行推广，这当然不错。但是，我们也要注意育种的机理，把这里的科学问题想清楚、写成文章，这样呢，你研究更透了，可以和国内外同行进行学术交流了，还能促进育出更好的品种。说这话的宋同明老师，被称为中国高油玉米奠基人，获得过国家技术发明奖的二等奖，他在国内育品种，做了产业，也在国外发文章，所以，他说话别人就不反驳他，比我说的管用。这也是群众自己教育自己。总之，发表论文这方面就是这样不断进步的。今天学校的学科排名相对比较好，跟那一段的工作是分不开的。

宣：但是，作为一流的农业院校其实会面临一个矛盾：一方面要为社会服务，必须要关心农业、农村、农民，就是"三农"问题，这是个现实问题；但另外一方面又要做基础研究。那么，您是怎么来平衡这两方面的矛盾的？

瞿：关于高校的农业推广，其实是有争议的一件事。有的领导也提要建立以大学为中心的农业推广体系，实际上是从美国学来的。在美国，他们一个州通常建立一个以农业院校为依托甚至是主体的农业技术推广体系，威斯康星大学当时就是这么个体系，包括一批赠地大学，都是这样。但中国的情况不同，我国有农业部领导的农业推广工作的完整体系，一直到乡镇，有经费，有编制，所以，农业部就不赞成提建立以大学为中心的农业推广体系。今天，实际上是以行政系统为主导、多元参与的农业技术推广体系。这个多元，包括农业科研院所，也包括农业企业，因为他们要推销农用产品，就要同时进行技术服务，还包括大学的农业技术推广。所以，我们也建了"新农村发展研究院"，而且是刘延东副总理亲自授牌。这个"新农村发展研究院"主要是把大学里的农业推广方面的工作拢在一起，进行协调组织，机构挂靠在科研院。

在大学里，农业推广当然是工作的一部分。但我一直说，中国农业大学肯定不能做成农业推广总站。在中国农业大学，有一些教授做农业推广工作，有些技术推广也搞成了示范基地，我觉得也要承认是有效的工作,在职称评聘等方面也要兼顾。

实际上,大学的农业推广在很大程度上是科研的继续和延伸。举个例子:2009年,资源与环境学院的张福锁教授、李晓林教授等在河北省曲周试验站的基础上搞"科技小院",起因是把他们的测土配方施肥技术应用于农田生产。这项技术的小规模试验做过了,论文发表了不少,在国内外都很有影响。但是,他们不止步于论文,而要"把论文写在祖国大地上",于是来到曲周试验站,和周边的农民结合起来,把土地连片集中,引导农民高产高效生产。柯炳生校长和我多次到曲周了解情况,支持他们。以后,"科技小院"在全国发展,他们还把研究生带到田间地头,把学习、推广、科研高度结合起来;在大规模推广应用的过程中进一步研究和解决问题,又把论文发表出来,一些发表在 Science、Nature 等顶级杂志上,水平很高。张福锁教授也成为院士。这种把人才培养、科学研究、社会服务整合在一起的做法,是大学进行社会服务的一个创造。

宣:您说的问题其实与学校定位有关。

瞿:是的,不同的学校应该有不同的定位。中国农业大学既然要办成世界一流的农业大学,除了必须抓好人才培养这个根本,还应该十分重视知识创新,更多地去做科学前沿的研究、满足国家重大需求的研究。比如说食品学科,过去很长时间,中国农业大学的食品学科都是排名第一,但后来江南大学排名第一了。江南大学评为第一以后,我专门到江南大学学习,看过以后,感到确实很强,人也很多,由校长带领,组成很大的团队,而且和产业的联系非常紧密,这是江南大学的一个很重要的特点:更加注重运用,更加注重生产一线。可能中国农业大学的食品学科不能做那么多具体运用的东西,相对地要做更基础性的一些研究,这样在定位和分工上,两所学校的定位不同,也有利于错位发展,办出特色。

宣:我非常赞成您的观点。我在浙江农林大学担任书记的时候,曾经跟浙江大学的张曦书记有过一个交流和讨论,浙江农业大学并入新浙大成为农学部,我们俩达成一个共识,就是浙江大学农学部和浙江农林大学应该有所分工,他们更多地去做基础研究,而包括农业推广在内的社会服务更多地应该交给浙江农林大学来做。我后来就跟张书记说,我说你们是奔世界一流,我们更多地服务浙江。

瞿:确实应该这样。我听说,老师们也是这样选择的:原来浙江农业大学的一部分相当好的教授不愿在浙江大学而愿意到临安的浙江农林大学,成为浙江农林大学的台柱子,就是因为两个学校的定位不同,评价标准和考核体系也不同。

宣:对,浙江农林大学农学院实际上就是以浙江农业大学原来一部分老师为基础建立起来的。他们到浙江农林大学以后还希望多做基础研究,不太愿意去做农业推广和面向现实的问题。所以,我们也是花了很长时间才慢慢扭转过来。老师们倾向于做基础研究,发论文,而不太愿意面向三农的现实问题,这实际上就是一个错位的问题,当然也有评价导向的问题,这就是大学的定位出现了错位。

瞿:一个学校的定位,我觉得就要考虑学校应该做什么,不应该做什么。像中国农大,它定位是要建世界一流,就是要做基础研究,要对接国家层面的战略和做产业链的上游。一个大学只有在知识创新上持续作出显著成绩,才能被公认为一流,否则最多算是自吹自擂吧!我们学校里还有一批农业部产业首席科学家和专家,他们承担着很重的责任,这些老师对农大来说也很重要,是宝贵财富,我们当然支持他们的工作。也有人做产业链的下游的工作,如果确实做得很好,贡献突出的,我们也予以承认。对中国农大来说,小打小闹就没什么意思。

宣:那您在人员上有没有实行分流?比如说,新农村发展研究院就专门聘农业推广的人,做他所擅长的东西?

瞿:在物理空间上并没有放在一起,大家是分散的,但是,在管理上,我们实行统筹管理和分类管理。当然,农业推广类体量相对比较小。

宣:刚才讲到社会服务这一块,对世界一流农业大学的定位必须去做基础研究,还要服务国家重大战略。实际上,我们国家有一个特点,就是每年1号文件都是关于农村、农业、农民问题的,那么,我想了解的是,中国农业大学是如何去响应这个1号文件的,或者说1号文件里的重大战略、重大问题,你们是怎么去思考和响应的?有没有非常好的典型的这种案例。

瞿:是的,每年一个1号文件,中央把"三农"问题放在突出位置,农业大学党委一定要认真学习和努力贯彻,如果无动于衷,那就是党委的失职了。所以,每年1号文件公布后都要组织学习、研讨,相关学科要组织课题,争取进入新的科研项目。举个例子:2011年1号文件聚焦农业水利建设,我们的水利学院立刻研究,怎样满足国家需求,主动对接水利部的工作、积极争取水利部的支持。在与水利部的长期合作过程中,学院在农田水利、节水农业、水资源利用、农业灌溉排水装备等方面做出显著成绩,学科水平明显提高。学院也从教学为主的学院发展为教学研究型学院,进而向研究型发展。另外,中国农业大学也有老师参与了1号文件的起草工作。

宣:刚刚提到科研论文,中国农业大学增长也很快,但是根据我们了解,其实,农大对教师的科研考核并没有指标化,相对其他高校而言,好像还是比较宽松的。我觉得这是很有典型意义的,大家都在指标化、记工分的时候,农业大学没有采取这种方式,这里头有什么可以分享的成功经验吗?

瞿:首先是对我们老师工作基本情况的把握。到老师的办公室、实验室看看,就知道我们的老师都相当努力。科研项目不断增长、科研经费年年增加,争取来了都是要完成任务的,我看我们绝大多数老师很辛苦、很忙,所以,我们对他们可能要给予更多的信任和尊重。我很喜欢北大陈平原教授说的,对大多数人予规则,给优秀的人予自由,只剩下少数的人需要敲打敲打。那些特别优秀的人都是不用扬鞭自奋蹄的,你别啰啰嗦嗦没完没了,他们是以学术为志业的,你不让他做他还难受,所以,对这些人你还老去考核干吗?没必要。而对大多数人,应该说还是要有规则的。就拿教学工作量来说,这个东西不是到年底再算账,而是在学期初,你有什么课都已经安排好了的,课讲没讲好有督导组检查,有学生的反馈。科研工作他自己要去做的,不用你催。所以,一些基本的工作量考核的问题,对他们来说,就是规则。他也要填个表,这个表是放在网上,要求自己填了拿出来晒一晒,敢于说出来,而不是非得在学院来述职。但如果你瞎填,那别人是要说你不行的,那你自己也不好意思。所以,最后你会发现,只是少数人工作没做好,课没讲好,那么,要进行规劝、教育,让他对工作进行调整。

对他们的这种考核,实际上是有约束的,但首先是信任。教学、科研基本任务还是有的,要承担的科研项目及经费,你还是要报个数。同时,我觉得学校其实应该让老师们在工作中得到发展、提高,做出成绩,有新的进步。搞成记工分似的,搞所谓述职,其实都没什么用,所以,我们在考核的问题上不搞得那么死。我感到,建立有信任、有约束、有自由的环境非常重要,要张弛有度。

"三全育人"见成效

宣:您主要是把氛围营造好了,目标方向很明确,所以大家也很自觉。

瞿:你说的氛围问题,或者说文化问题,我觉得这个事情很重要。在学校里,论文、经费、人数、奖励,等等,这些指标性的东西都可以数得出来,效果、效率怎么样也看得见,但无法明确说出来的就是学校的精神文化。精神文化对一个学校还是非常重要的,学生也好,老师也好,干部也好,都有一个精神状态问题,在精神层面激荡。那种文化非常重要。

从学生的角度来说,第一志愿报农大的高分考生不多。因为农业嘛,在工业化、信息化过程中,大家本来就想要离开农业。我印象特别深的是,一次,在农大的毕业典礼上,本科毕业生代表上台发言,开口第一句话就是:"四年前,我们怀着一个不太圆满的梦来到了中国农业大学。"开口就是带着不太圆满的梦,说明四年过来,他心里头一直是不太圆满的梦。然后,陈章良校长发表讲话,原来准备的稿子他也不要了,就从学生刚才那句话说起。他用自己的经历说,我当时在海南的华南热带作物学院,比中国农大差远了,你看我后来也出了国,当了教授,还当了北大副校长,现在又到这里当校长,还是副部长级,所以,"出身是什么"并不重要,重要的是自己的意志、自信和努力。从入学第一天起,你们各位跟你的母校永远脱不了关系,你填履历也得写这个学校,不能始终以一种委屈的心情在学校学习和生活。这番话在学生中影响很大,帮助学生调整心态、振奋精神。

学生扭转心态很重要,让他们感到我也是"985"高校的学生,学农业不比别人低一等,在学校里显得有了精气神。当然,建立和维护优秀精神文化,也需要管理,以管理促进文化建设。针对当时学生存在的问题,让辅导员、班主任抓学习及格率、违纪率、入党率、毕业率、考研率、就业率等六个"率",该高的升起来,该低的降下来,以这种有形的指标落实到每一个班级,关心到每一个学生,考核到每一个辅导员、班主任。有力的管理使风气很快好起来了。

对学生面貌的变化,外界也有反映。我记忆很深的一次是韩国大使馆的一个官员到学校来,他的中文很好,就是在农大学的。他说他眼见着这个学校的变化,其中,最重要的是感到了这个学校的学生无论是从穿着打扮还是言语间显露出来的精神状态,跟他以前在的时候都很不一样,学生的这种阳光向上的精神气质很重要。这是韩国大使馆的人说的,是在学生身上反映出来的。

在教师身上也一样有明显的变化,过去多数教师就是讲讲课,然后就回家。现在,大家都是一边教学一边做科研。那时候,我在学校多次讲这个事情,我说大家都说清华大学水平高,但是,你是否注意到,大年三十的上午,清华大学那几个主要的科研楼前面还停着很多自行车,也就是说放假归放假,老师和研究生还在继续做科研,一定要做到年三十的中午才往回走,他们的成绩都是拼出来的。如果都只知道舒服,放假就回去了,这怎么出成果?成果一定是跟付出的劳动成比例的。后来,我就觉得农大里面这种努力工作的氛围也越来越浓厚,氛围营造起来了,精气神就足了,科研工作就搞起来了,大家都努力去做。如果一个老师长期没有科研项目,他就觉得很窝囊、有压力,跟别人比的时候,压力就出来了。所以,精神文化、精神面貌在一个学校里,都是从老师、学生身上体现出来的,要激励老师和学生认同这种校园文化。

回顾那些年里弘扬和建设农大的精神文化,百年校庆活动起了重要作用。2005年百年校庆,开展大量学术活动,包括有影响的高水平国际学术会议,增强了学术氛围;组织校史专家研究校史,组织人员研究提炼校训、谱写校歌,并且在校园网征求师生意见,在教代会上讨论通过;在人民大会堂召开纪念大会,等等。我觉得,百年校庆这种纪念性的活动做得好,对学校精神文化建设是有意义的,它是一个总结、一个凝聚、一个提升。

宣:刚才讲到校园文化,包括精神文化氛围,对学生、对教师影响都很大。讲到学生培养,实际上现在大家很关注的就是本科教育,叫"以本为本"。刚刚您也讲到了,在确定了世界一流农业大学的目标以后,对本科教育提高了要求,在课程体系、整个培养体系上都做了调整。所以,我们非常想听听,当时您对本科教育教学改革有哪些重大的举措?

瞿:在我任上有两次本科教学计划修订工作,总体上都是继承学校"理实并进"的好传统,以"有知识、有能力、有责任感"的创新人才为培养目标,建立"宽口径、厚基础、强实践、重创新、国际化"的研究型大学教育教学体系和培养方案。强调把本科教学中基础性的东西做得更扎实一些,其中,包括现在所谓的通识教育。我们现在的通识教育,我认为不算很好,一是课程内容整合不够,缺少跨学科综合性的课程;二是留给的学生可以自主安排的空间还是太小。我们还是想加强一些学生应学的共同的知识基础,提高学生的综合素质,还要能够让学生发展个性。在这方面,需要做的工作非常多。

宣:当时动力在哪里?为什么要做?

瞿:主要是形成了一种制度,就是四五年一轮,进行调整。所谓一轮，就是本科教学的一个完整周期，就可以看看一个方案的实际结果，根据结果进行调整。现在有的学校年年调方案，我觉得太频繁了，不一定有好效果。学校和学院两级有所分工，学校强调总的思想理念——加强基础，提高能力，提出总的教育质量要求，同时进行学校的专业结构调整，但各专业具体的方案由各个学院制定，每个专业的培养方案完成以后，再由学校教务处组织专家审核这些方案。做这些事情的难度也是比较大的，因为涉及增减学时、增减课程问题，涉及教师的利益，比如，原来讲这个课，现在突然不让讲了，或者课时减少了，他们都可能有意见。但再难也还是要做，还得按总的方向调整，否则，就不叫改革了。

宣：我们现在很多课程体系的形成实际上都是以教师为中心的，就是教师愿意讲什么课，或者有兴趣讲什么课，或者他擅长讲什么课，往往会想办法把它塞到这个课程体系里头，而不是按照学生培养的那种应然的课程体系来设置的。我不知道农大当时有没有这样的现象？

瞿：确实有这个情况。当然，这个东西可能更多体现在具体课程的教学内容上。比如，有的教材用了二十多年，二十年一贯制！现在科技进步那么快，怎么能不改呢？另外，课程和课程之间重复的也不少，这些都必须改。

宣：其实是没有建立起来课程与课程的衔接和它的内在逻辑结构。

瞿：是的。有些内容在教科书上有点重复还可以，因为需要保持学术自身的系统性，但具体教学就不要重复了，最多作个复习提要，讲课一定要有新的知识加进来。

宣：我是称它为有效知识体系的一种选择，这种有效知识体系就是老师对课程里头的有效知识重新做一些梳理。

瞿：是这样，需要进行有效知识的梳理，而且针对学生的特点来进行。

宣：您刚才讲到的这个情况，实际上就是我们现在要思考的另一个问题，现在不是讲教育质量监控吗，就是这门课程，比如说，教材的选择，包括教学内容，它的责任应该在谁，谁来监控？您刚才讲到学校层面，教务处不可能监测到每一门课程。那么，这个监控体系，也就是教育质量体系,应该怎么来建立?

瞿:学校教务处有一个负责内部监控的管理组织,他们组织了一个视导组,聘请了一批有教学经验的退休老教师,到课堂上去听课,然后反映情况。学期初有布置、学期中有交流、学期末有考核,非常认真。但这个做法也有两面性:一方面,这些老教师教学很有经验,也很负责任,至少对老师不负责任的现象还是比较容易发现的,也对年轻教师有指导;但另一方面,他们相对来说比较传统,他们更容易用传统的理念去衡量现在教育中的情况。因此,也要扬长补短。

书记与校长配合好是学校之福

宣:您在中国农业大学担任书记,从我们原来对校长专业化研究的这个角度看,在我们心目当中,瞿书记是典型的专业化大学党委书记,既有教育情怀,也有非常扎实的高等教育理论建树,又有非常丰富的领导经验。您任上又先后与陈章良校长和柯炳生校长搭档。有一件事情我印象很深,2014年我们在杭州访谈柯校长,谈话中我就感受到了你们之间非常融洽的关系。所以,我想知道的是,您在中国农业大学书记岗位上干了将近11年,您对当下的"党委领导下的校长负责制"的领导体制最大的感悟、体会和建议是什么?

瞿:校长和书记的关系可以说是回避不了的问题。两人团结是学校之福,闹矛盾是学校之祸。现在非常明确,"党委领导下的校长负责制"是公立高校的基本制度。今天,更加强调加强党对学校的全面领导,党委的责任更大,党委书记的责任也更大。大家都关心一个问题:书记和校长怎样相互支持、合理分工、共同做好学校的工作?我想,学校其实就是两三千亩地上的事儿,一个村的面积、一个乡的人口、一个县的财政,普通院校的书记、校长是局级干部,中管高校的书记、校长是副部长级干部,个人不能把级别看得太重,还是需要把事业看得更重。两个人一起在学校就是为了这个事业,为了学校的发展,两个人之间没有解决不了的难题。

柯炳生到农大任校长后曾经总结说:"如果书记和校长能够做到'性格相容、理念相通、相互坦诚、高度信任',那就不仅仅是书记与校长个人之大幸,更是学校工作之大利。"他总结的十六个字,是我们的共同体会。首先,办学理念应该是相同的,这是基础。如果校长、书记对一个学校的过去、现在和未来认识不清楚,思想不一致,那分歧肯定是越来越大了。所以,书记、校长办学的理念相通很重要。其次,工作过程中要经常沟通。那时候,我跟两任校长都是随时充分沟通,我们每天中午都一起在办公室吃盒饭,跟陈章良校长、柯炳生校长都一样,趁着吃饭的时间把学校的、甚至在社会上的消息都交流一遍。在这种充分沟通的情况下,一个事情来了,要说处理的意见,基本思路一致,无非是我先说还是他先说的问题。所以,我们几乎没有对重大问题的争议,个别的小事也会有不同的认识,但是,一开口就马上相互"懂得的"。

学校有一个"党委常委会三重一大"决策制度,也是学校的最高决策机制。陈章良校长是非中共党员、无党派代表人士,所以,那时候就采用党委常委会暨校长办公会这个方式。那时候怎么讨论党内问题呢?比如说,干部任免,他有对决定任用谁当处长的问题发表意见的权利,处长也是他行政工作中要用的干部。所以,事先要沟通,征求他的意见,而且他可以提名;开常委会时,他列席常委会,可以发表意见,但不投票。每次开党委常委会暨校长办公会,上会的重大议题,主要是我定的,但我会跟他充分沟通。每星期一上午,我先开个书记办公会,党委副书记都参加,把这一周所有重要的事情在会上先一起理一理,属于沟通和讨论的性质,不作决定。如果有的问题有不同意见,就先放一放,做点调研后再议。所以,在党委常委会暨校长办公会上,议题分工明确,不需要明说,就很自然知道哪个是我主持,哪个是他主持。实际上,这是一种对学校工作的共识和默契。

后来,柯炳生校长来了,他是党员,当时也考虑党委常委会、校长办公会分开开。但是,柯校长参加几次会议以后,他也认为还是可以合起来开。那些有关党的工作的内容,基本上校领导都是党委常委;而校长办公会,就只有几个副书记不参加。学校所有的工作党政领导班子的成员都应该了解,一起参加讨论,一起帮助决策。但有两点是明确的:一是班子成员对会议决定了的事情要一个声音,不能说我不知道,更不能拆台唱反调,大家都对学校工作负责;二是决策机制不混同:属于常委会的议题民主讨论决定,书记负主要责任;属于校长办公会的议题,由校长负责作决定,分工负责落实。所以,后来还是沿用这个方法。当然,现在这两个会议的召开有明确的规定,要按相应的规定来执行,也会更加完善党委领导下的校长负责制。

其实,校长有时候比书记更辛苦,他负责执行、过程操作,但其实这种执行本身也有决策,他已经处在学校的最高层级。只要不违反集体意见,他在这个框架里,总要做下一级的决策。如果什么都得请示书记,那也不行。所以,在学校里,我也曾经说过,党委领导下的校长负责制是一种摩擦性体制,校长、书记两个人总会有一种摩擦,事出公心、思想沟通很重要。也有人说,它本来就是一种制衡。当然,这种制衡应该是一种纠错机制,就是避免由于个人认识的局限而造成决策的失误;同时也应该是一种合力机制,党政共同推进工作。

宣:那么从您的角度来看,在这样的体制下,国家对现代大学校长的素养或者专业化能力的要求,您有什么好的建议?

瞿:我知道你专门在研究这个课题,而且很有深度。从我的角度来看,首先,作为领导干部,无论是书记还是校长,都要有政治要求、能力要求、作风要求、廉洁要求,等等,都必须符合要求,这叫符合共同要求。但作为大学校长,又要有一些特殊要求,校长应该对高等教育和学科发展要更熟悉一些。所以,我们也希望校长是这方面的专家,对学术发展的前沿、趋向能够有更清晰的了解,能把专业知识较好地用到学科建设和学校发展方面,有战略思维和组织能力,这样,他在主持学校工作的时候,就能够更好地进行学校资源配置,有效推动学校发展。

当然,每个人都还有一个跟岗位的适应度、匹配度的问题。每个人情况不一样,组织上要考察。有的人可能适合当书记,有的人可能适合当校长,也有的人可能书记、校长两种角色都适合。四川大学卢铁城同志曾经对党委领导下的校长负责制作了另外一种尝试,就是书记兼校长,党政两边各设一个常务,他曾对自身经验有过描述*。这也是一种模式,我觉得也是一种可用模式,但也不一定适合所有人,关键还是在人。所以,在这个意义说,人还是最重要的,如果人不行,什么制都没辙。

宣:我们在做调研的时候,发现这种体制当时在江苏的地方院校实行得比较多,包括南京师范大学、南京信息工程大学,都是书记、校长一人兼,后来都不分设了。

瞿:作为这一个层级的干部,应该要有一些基本素质,这是基础、是前提。如果这个前提都没有,就别说什么适合不适合了。书记、校长两个人的配合也是对高级领导干部的锻炼。当然,如果要做得更好,他应该在个性、专业特长方面更适合学校和行政工作的要求。

宣:我在之前的研究中发现:您和柯校长,中山大学李延保书记和黄达人校长的搭档合作都是非常成功的案例,就是在两人搭档合作的时间里,又正好是两个学校快速发展的历史时段,非常受人关注。我觉得这是可以作为一种楷模供大家学习的。

瞿:也不能说是什么楷模,只能说是我们力所能及地做了,别人也有自己的体会和经验,比如,清华大学就一直做得很好。

建设高等教育强国迎未来

宣:您身上其实也是有清华的基因的。2011年您还在农业大学任上的时候,我们国家高等教育界一件重大的任务就是制定大学章程。中国农业大学的章程应该也是在您手上制定的,当时您是怎么推进这

---

* 陈海春:《党政"一肩挑":一种有效的领导形式——访四川大学党委书记卢铁城》,《中国高等教育》2004年第6期。

项工作,怎么看待这件事情的?我们现在有个说法叫"后章程时代",可以说这也是在我国高等教育史上很重要的一件事情。作为现代大学制度建设,我们刚才讲到领导体制,那么在这方面,您有什么可以跟我们分享的?

瞿:这当然是一件很重要的事情。我一直认为,现在在中国说大学章程,首先必须要说《高等教育法》,这是所有公立大学的共同章程。任何公立大学都必须遵守《高等教育法》,《高等教育法》在学校的细化可以说就是学校的章程。我还认为,大学章程应该是一个法律性文件,按照我的想法,像中央管理的高校,章程应该是国务院文件,地方大学应该是省人民政府文件,而不应该只是教育部、省教育厅给的一个核准。所以,在大学章程起草的权力分割上,我认为各个学校对大学章程只是一个起草权而已。大学章程实际上主要是举办者意志的表达,但是,因为学校那么多,举办者一下子忙不过来,所以,就把起草权交给学校。

从这个角度来说,大学章程具有法律的性质。所以,校长也好,书记也好,到学校任职,首先应该读《高等教育法》和章程。如果你按章程把这个学校办好了,就继续任用,办不好就要另请高明。但是今天,我觉得章程的这种严肃地位并没有牢固地确立起来,而《高等教育法》——所有高校的共同章程,也还要进一步学习和落实。我们不断强调依法治国、依法治校,最重要的是依《高等教育法》和章程办学,所以我认为,章程本身是很严肃、很重要的,只是我们现在还没有严格落实到位,没有发挥好章程的法律效用。

宣:最后,我们转到您"老会长"的角色,您作为上一届高教学会会长,对中国高等教育在宏观发展上有很多的思考,而且发表了许多很有分量的文章。所以,我想听听您对当下中国高等教育或者说未来整个高等教育有什么期待?

瞿:十九大已经明确了"两个一百年"的奋斗目标,到2035年的教育现代化规划也有了,这就明确了大方向、大目标。所以,"加快推进教育现代化、尽早建成高等教育强国",这就是我们的期待!什么叫教育现代化?如何实现高等教育现代化?量化的指标是什么?非量化的指标又是什么?这一类问题还需要进一步讨论和明晰,这些深入的讨论和广泛的宣传对统一全党、全国教育战线的思想是非常重要和必不可少的。

"现代化、建强国",这六个字很重要。我们不仅要注意量化指标的研究,而且要加强教育理论的建设。今年,在清华大学苏世民书院开了一个多边国际讨论会,会上所有国家的学者都认为中国的教育所取得的成就是巨大的,了不起,但是,几乎没有一个人认为中国的教育提供了一种新的教育理念、新的教育范式或者可供学习的中国教育方案。确实,我们在这么短的时间里取得这么大的成就,非常了不起,但还没有形成一个大家公认的理念、语言、制度。

我们是后发展国家,要向先发展的国家学习,所以,我们很多东西是学西方的。现代化本身就是一种学习和追赶的过程,只不过在这个过程当中,我们发展很快。后发展的国家常常觉得国外的哪些东西好、学了有用,那就先学了再说。但是,也会有问题,首先就是自己的创造不够。其实,我们有自己的特点,比如,西方是在精英教育阶段就办成高水平大学、世界一流大学,再进入高等教育大众化和普及化,而中国是在大众化、普及化的过程中建高水平大学、世界一流大学,这种环境就决定了资源配置方式和发展路径的不同,因为大众化、普及化要钱,世界一流大学建设也要钱,这个钱的分配就是个很大的问题。

宣:我记得美国高等教育普及化在1970年前后,当时它的人均GDP已经达到18000多美元,我们现在是9000美元,相当于它的一半。尽管我们现在是说大国办大教育,但实际上,即使到现在,我们对高等教育的投入还是远远不够的。

瞿:你说得对!现在对高等教育的投入还是很不够,要考虑我们已经进入了一个科技竞争特别激烈的时代。中美贸易战背后是科技的竞争,科技竞争的实质是人才的竞争,而人才是要靠教育来培养的,高级专门人才要靠高等教育来培养。科技革命的迅猛发展改变着世界,也使各国在一些方面可以在同一条起跑线上竞争,机会非常难得。高等教育的发展、拔尖创新人才的培养尤显紧迫。现在,高等教育的世界性竞争也已经非常激烈,已经有三十多个国家提出了类似于我们"双一流"建设的计划。因此,我们不能以过去的方式思考高等教育的地位,以传统的方式发展高等教育,一定要以创新的思维重新估价高等教育的地位与作用,加快高等教育现代化的步伐,加快建成高等教育强国。

宣:时间过得很快,已经五点半了,非常感谢瞿会长,花了整整三个小时的时间给我们娓娓道来您的经历和对我国高等教育改革与发展的一些真知灼见,非常感谢!

访谈手记

中国农业大学是中国农林类高校的领头羊,自从2010年到浙江农林大学工作,我就一直关注着中国农业大学的发展,追随着瞿振元书记办学治校的方略,非常巧合的是我到浙江农林大学工作面临的第一个任务就是筹备召开学校更名升格为大学后的第一次党代会,从瞿振元书记的成功经验中,我学到了办学定位和战略谋划对于学校的发展而言是多么的重要。

真正与瞿振元书记熟识,是他担任中国高等教育学会会长以后,他同时兼任了学会学术委员会主任,我有幸成为其中一员,在他直接领导下参与学会学术委员会的相关工作,有了更多的机会向他学习、请教。而更为有幸的是我被邀参加了由瞿会长主持的"中国特色高等教育思想体系研究"课题的研究,在吉林与杭州封闭式的研讨、写作中切身感受到了他的情怀、格局、智慧和学识,并结下了深厚的友谊。

卸任会长后的瞿书记似乎更为忙碌,当初邀约瞿书记进行访谈时,瞿书记一口答应下来,然而,访谈时间却迟迟无法确定。经过多次电话沟通之后,终于确定在7月12日下午,由我们去北京中国高等教育学会进行访谈。访谈当天,瞿书记提前了将近半个小时到达现场,学会王小梅和郝清杰两位副秘书长、中国教育在线陈志文主编参与了此次访谈,并作现场的交流,增加了轻松的氛围。

瞿书记有点感冒,访谈始终他一直拿着水杯在不断地喝水。在他的缓缓叙述中我们强烈感受到的是瞿书记温和而坚定、睿智而担当的领导魅力。担任中国农业大学的书记之初,他便把"建成世界一流农业大学"作为头等战略目标。在这一战略目标的指引下,瞿书记与校领导班子对基础设施建设、人才引进政策、科研奖励制度、人才培养制度等方方面面进行改革、完善,为将中国农业大学建成世界一流农业大学打下了坚实的基础。这一改革过程应该是充满荆棘与挑战的,然而瞿书记讲起来却是云淡风轻,仿佛在讲述别人的故事,并未见任何的焦灼哪怕是一丝紧张,这或许便是所谓的"从善如流"吧!

李培根：传承、转化、开放、引领*

李培根，1948年生，湖北武汉人。华中科技大学原校长、教授、博士生导师，2003年12月当选为中国工程院院士。1977年本科毕业于上海纺织学院（现东华大学），1981年在华中工学院（现华中科技大学）获得硕士学位，1983年赴美留学，1987年在威斯康星-麦迪逊大学（University of Wisconsin-Madison）获得博士学位。曾任华中科技大学机械学院院长、华中科技大学副校长，国家863/CIMS主题、国家863/机器人技术主题专家组成员、国家863先进制造及自动化领域专家委员会成员、教育部机械工程教学指导委员会主任委员。现任中国机械工程学会理事长。出版著作5部，先后获国家级教学成果一等奖1项、二等奖2项，国家科技进步奖二等奖1项。1997年获国家人事部、教育部共同颁发的优秀留学回国人员奖，1999年获美国SME/CASA颁发的大学领先奖（University LEAD Award），2001年获湖北省政府颁发的杰出专业技术人才奖，2003年获中共中央组织部等6部委联合颁发的留学回国人员成就奖。

---

* 访谈时间：2019年7月15日；访谈地点：武汉华中科技大学梧桐语问学中心；整理人：郑莉。

好校长成就好大学

宣勇（以下简称"宣"）：李校长，谢谢您接受访谈！其实我跟您这样面对面是第三次。您有非常丰富的办学治校经验，也有非常丰富的著述，但是我们口述史在这么短的时间不可能全部都展现，所以我们只能够选取其中一些片段。我们重点关注您执掌华中科技大学期间，也就是 2005 年到 2014 年这一段时间。请您首先谈谈您对华中科技大学在这一历史时期的发展以及对中国高等教育在这个时期的发展变迁的感受，给我们分享一下。

李培根（以下简称"李"）：谢谢！的确，这个学校在中国还是很特别的。我在这里读硕士，然后除了在美国念博士那几年，其他的时间都在这个学校，对学校的感情也好，对她的了解也好，应该说是很深的。学校的历史不是太长，但是不得不承认，发展是非常好的。学校发展历史的特别之处，简单地讲，就是遇到了几任好校长。一个好的校长对一个学校的发展有重要的意义，比如朱九思先生。朱九思先生在我们学校的历史地位是特殊的。尽管我们好几任校长，比如杨叔子先生、周济先生等，他们都非常好，但是九思先生的地位是特别的，大家对他的怀念也是特别的。可以讲他真正地奠定了我们学校后面发展的基础。

他最明显的作用是什么？就是从"文革"结束、恢复高考到改革开放，这个时期他发挥的作用很特别。那个时候他做的最重要的一件事情是什么？延揽人才。这样的事情在今天看起来没有什么了不起，今天所有的学校，中国百分之百的书记、校长，大家都会说人才的重要性，这已经是一个常识。但是，那是"文革"刚结束、"四人帮"粉碎之后不久。他找的人才是什么人？他在社会上找的有些人，在当时的情况下甚至被认为是有点问题的。在"文革"期间，的确有很多优秀人才，由于各种原因被下放，受到不公正待遇。他就在其他学校还没有醒悟过来的时候，抓人才引进，这个起了非常好的作用。

宣：现在想要引进一个人花的代价就很大，而那个时候、那样的境遇中，被引的人都觉得是知遇之恩了。

李：他引进人才的一些做法，当时我自己有切身体会。我是1981年初硕士毕业，还没完全毕业的时候学校就已经在物色留校的对象，因为那时候学校希望从我们这一批人中间（我是1978年进校的第一届研究生）留下一些优秀的人。我们还没有毕业时就收到一个条子，我印象中是油印的，让我们填。条子上除了自己的简单信息，还有配偶的工作单位。就这么很简单的一个表，我也不在意，填了以后没多久，我太太的单位就收到一封商调函，当时我内心的感动难以言表。因为那种时候在中国想调动工作，不管你调进来也好，调出去也好，都是极其困难的，非常费事，要跑断腿。我们根本没提出这要求，是学校主动的。所以，由此可以看出朱九思的行事风格。也许在今天，我们人才引进不是什么不得了的事，但是在当时的确很特别。有了人剩下的事情就都好办了，所以我说他是真正奠定了我们学校的发展基础的。当然另外一方面就是在学校发展上他的见解也比较超前。他后来带了一个代表团到国外去考察，大概是在暑假期间，去考察了以后他觉得单一的工科不适应我们学校的发展。后来他就在我们学校推进文科，我觉得这些举措都是非常正确的，所以我对九思先生是特别佩服和赞扬的。

宣：除了引进人才之外，朱九思先生办学治校的理念应该说也是超前的。我记得您也专门介绍过他的一个理念，就是"敢于竞争，善于转化"，这些思想给我们后面带来的影响是什么？

李：我做校长期间，就把他的"敢于竞争、善于转化"这八个字反复地在学校里宣传。因为我们学校跟其他的好多学校，不用说清华、北大了，还有复旦、交大、浙大，哪怕跟北航、北理工、东南大学这些学校比，我们从政府获取资源的能力差得很远。有一次我还在中央领导同志面前抱怨，对于我们这样一所共产党一手办起来的学校，国家给的资源和支持相对而言太少。"985"也好，"211"也好，中央政府给我们的少，地方政府给我们的配套也很少。"985"，开始的时候中央政府给我们学校是3个亿,复旦、交大、浙大等都是给6个亿,地方给6个亿配套,加起来12个亿;而北大、清华有18个亿。我们就只有中央政府的3个亿,地方配套为零。九思时期我们获得中央和地方资源的能力一样远不如那些学校,但是我们学校干部教师的心气还是比较高的,所以九思提出要"敢于竞争,善于转化"。善于转化包括怎么把不利的条件转化成有利的条件,把劣势转化为优势,把理念转化为行动,把理想转化为现实,等等。实际上后来我们的一些举措,包括怎么通过社会服务,从社会中获取资源,都是九思办学方略的传承。周济同志在社会服务方面做了开创性的工作,他做校长的时候就提出"以服务求支持,以贡献求发展",这个传统我们现在发扬得比较好。可以说通过服务社会,融入区域、地方经济的发展,我们作出了贡献,也发展了自身。比如湖北武汉光谷,我们就是深度地融入光谷的发展和建设,后来学校争取到了光电国家实验室。这一点,好多学校都羡慕我们,认为我们做得非常成功。假如我们不去想一些办法,不去考虑怎么从社会上寻找资源,学校很难发展好。我那时讲,好风凭借力,送我上青云。尽管政府给我们的钱相对少,但因为我们紧密联系社会,实际上还是没有使我们在发展进程中掉队,我们还是能够跟上,至少还在中国大学第二梯队里。

智慧规划学科布局

宣:刚刚李校长您讲到的就是一个大学的发展从历史来看其实有好几任好的校长。您是2005年担任校长的,这时候中国高等教育已进入了大众化阶段。从1999年开始,以扩大规模为特征的外延式发展经历了一段时间,华中理工大学其实也合并了两所学校。到2005年的时候,我们国家就提出来要适度控制高等教育的规模,主要任务是提高质量。而这个时候您担任华中科大的校长,您也提出了"我有一个梦",要真正实现一流大学的目标,其实是提出了学校发展的战略愿景。当时您觉得您面临的最大挑战是什么?优势是什么?

李：表面上，最大的挑战好像来自我们的师生员工，包括我们自己的校友，因为我们自己的期望值太高。我印象中武书连的排名曾经把我们排到过第五名，所以大家的期望值很高。我上任之后有一个很冷静的分析，尤其到后来交大也合并了，虽然是晚了一些，但有上海的地域优势，所以他们发展得非常快；而且他们是国家重点支持的九所大学之一，这些学校在很多指标上超过我们是很自然的事。早期的排名，规模是很重要的因素，后来的排名多少要回归理性。我认为，不要为排名所累，重要的是办好自己的事情。记得后来有的排名把中国科大排到我们前面，一些学生抱怨学校，我跟他们说，你们不服气，我服气。

宣：我记得华中科大在2005—2007年，三年都排到第七位。

李：很多学生觉得我们的排名一年不如一年，在我做校长期间这的确是一个很大的挑战，就是师生员工的期望和我们获取资源的能力之间存在一个差距。另外的挑战我觉得还是规模发展要转变为内涵发展，这是最重要的。至于规模，我们曾经试图压规模。我刚做校长的时候，我们学校一年本科生招生数是8500人，曾经最高达到8900人。后来我就强调要降，在学校做规划的时候我说希望若干年后能够稳定在本科生每年招6000人，6000人的规模已经超过了浙大、交大。在我任上大概一度缩小到7200人左右。

宣：您同时有没有扩大研究生的招生规模？

李：研究生规模我们是扩大一些的。本科生招生规模没有进一步缩小的原因主要是上面不让变，本来还要求继续减的，后来因为一些原因教育部不让减。总而言之，我觉得学校发展，简单地讲，最重要的还是要内涵发展。在2011年学校党代会上，我们提出了三大战略转变，由规模发展向质量提高转变，由工医优势向综合优势转变，由以教师为中心的教育向以学生为中心的教育转变，写进了我们党代会的文件里。三大战略转变中最重要的、最核心的还是以教师为中心的教育向以学生为中心的教育转变，我认为这是最关键的问题、最重要的内涵。实际上我认为这也是中国教育存在的一个很普遍的问题。

宣：当时您提出的梦想就是要成为世界一流大学，当时有没有对建设世界一流大学有具体的一些指标或者对专业有一些要求？

李：我们当时提出，建世界一流大学是长远目标，也就是说希望在本世纪中期能够成为世界一流大学，不是说在我的任上实现，哪怕我们再过若干年都不一定实现得了。在本世纪中叶，中国如果崛起而成为世界一流强国，没有十几所世界一流大学是不行的。世界一流大学虽然是我们的长远目标，但现在一定要打好基础。现在如果不打好基础，怎么可能在本世纪中期成为世界一流大学？所以我们要让学校在教育方面、研究方面，能够保持一个持续的发展。

宣：医学是后面合并以后发展起来的吗？原来没有医学？

李：对。我们的优势学科是工医两条腿，但是要想成为世界一流大学，光靠这两条腿是不够的，因为本身我们已经是一个综合性大学，理工文管医都有。如果仅仅是这两条腿粗，其他的都薄弱，那是不行的。另外，从工科和医科本身的发展而言，没有一个强大的理科支撑，这个发展走不远。所以在一些具体的举措方面，那个时候强调要尽快地把理科搞上去。有一次我在学校给大家讲我的战略构想的时候，我们文科一个教师就在下面提问："你说尽快把理科搞上去，那文科怎么办？"我就跟大家讲，我说要把理科搞上去，希望明天能把理科搞上去。他说那文科呢？我说文科是后天的事。就为这个事情后来"群众路线实践教育活动"中还有人提。那时要求主要领导写不少于8000字的报告，开始我认为这不是个问题，就没有写，但工作组就说你要写出来，大家反映的这个问题你没有回答。我能够理解学校某些同志的心情，但我觉得这个提法没错。因为限于学校当时的情况，要齐步走，资源有限。我不是不重视文科，其实我在学校里也讲，好的人文社会科学对一个学校的声誉太重要了。我曾经这么讲过，在我心目中对中国社会影响最大的学校不是清华，是北大。现在比很多指标，科研论文、获奖，北大可能不如清华，但是为什么在我心目中北大是对中国社会影响最大的学校？因为他有很强大的人文社会科学。我不是意识不到，我早就意识到,但是这不是说你想要就立刻可以实现。其实在那个时候,文科也不是说不支持,我曾说同等条件下从外面吸引人才,学校愿意以 1.5 倍甚至更高的价码引进文科人才,比如长江学者这样级别的人才。当时理工科最早是 10 万,文科的可以给 15 万甚至更多。其实,哪怕我们有这个意识,也不是说文科人才就愿意来。有些优秀的教授,他也要看你学校这方面的势,你这方面的势要是太弱,他一个人到这里来,他也觉得很难发挥很大的作用。

宣:大学科研发展需要生态环境。

李:所以说文科总体上来讲要缓一步,我们发展文科也是有重点、有选择的。应用文科是我们的重点,包括像经济、新闻、公共管理这一类的,就是应用性质比较强的。

宣:在我们看来工科院校里,当然华中科大目前也是综合型的,在传统的工科学校里,华中科大对人文社会科学已经是相当重视了。杨(叔子)校长任上特别提倡人文教育,是中国高等教育的一面旗帜。没有一定的文科支撑,对学生的人文教育也开展不起来。在我们印象当中,包括您刚才讲到的应用的人文社会科学,比如高等教育学在我们国家除了厦门大学,华中科大的高等教育学也是非常强的。华中科大有两大杂志是很有名的——《高等教育研究》和《高等工程教育研究》。在一个以工起家的学校里同时有两本高等教育的核心刊物也是很不容易的,也体现了学校对这些学科的重视。但是因为华中科大是三个学校合并,在资源有限的情况之下,既要保持原有的优势学科,又要扶持新的学科,当时您在学科建设上主要是基于一个什么样的考虑?有什么样的举措?

李:当然那时候希望把理科搞上去,其实也是根据我们学校自身的特色。比如说我们的物理,原来我们有一个很有名的项目,就是在山洞里搞精密重力测量,负责人是罗俊教授,现在在中山大学做校长。这一块我们原来基础比较好,后来我们学校在这方面加大支持力度。他们搞引力测量,测出了当时世界上最精确的 G 值,从物理上测小数点后面精确到若干位,大概十位左右。从做学问的角度而言难度是非常大的。

我们学校现在有两个大科学工程,一个是脉冲强磁场,一个就是精密重力测量。这都和理科有关。多数传统的重点综合大学一个都没有,我们弄成了两个。总之,我们讲理科的发展,也不是跟着北大、复旦、南京大学这些学校的路子去发展,我们还是从和应用联系比较紧密的方向去推动理科的发展。在理科的发展过程中,实际上对工科、医科也是促进,如脉冲强磁场的建设也促进电气学科的进一步提升。当然纯理科发展也没有问题,如化学,我们的化学原来基本上就是教基础课。我曾经多次表扬化学是我们学校发展加速度最大的,我们也支持化学的发展。以前在 Nature 和 Science 上发表文章都是不可想象的事情,现在每年大概都有好多篇。

宣:主要是在物理学、化学学科?

李:我们生命科学也还可以。所以我们现在和综合性大学在理科方面的差距就正在缩小。

服务社会,反哺科研教学

宣:理科的发展,反过来对工科的发展有很强的支撑。我们在学校合并以后,在学科整体谋划布局方面,从学校层面有没有思考?您刚才提到了要服务区域社会经济的发展,您认为我们如何通过学科的发展来引领整个区域经济,产业结构的发展?

李:在对接区域经济方面,应该说我们做得非常有特色。比如说武汉光谷,我觉得光谷和我们学校的光电学科是互为促进的。我们学校的光电工程在有国家实验室之前,水平肯定进不了全国前三,不是很突出。原来浙大光电学科就比我们好,还有一些其他学校。但是现在我们的光电工程,有几次评估我们都是第一。我们光电的发展实际上也得益于我们跟区域经济紧密的结合,在这个过程中,我们获取到资源,有条件吸引人才,所以很快就发展起来了。我们另外还有一些传统优势学科、优势工科,比如说机械,服务区域经济表现得更为出色。我记得大概是 2003—2005 年,那个时候我分管科研,当时就在琢磨如何把国家级的科技创新平台延伸到地方去,具体讲就是在一些发达地区把工研院建设好,最成功的就是在广东的东莞。回想起来,在一开始甚至都有忽悠别人的成分。虽然的确是我内心的真实想法,但是如果没做起来,那就是忽悠。当时我们大机械学科有两个国家工程中心,也就是 CAD 国家工程中心和数控国家工程中心,这些都是国家级的科技创新平台。我们就跟东莞的副市长讲,希望把这个优势,把国家级的科技创新平台延伸到东莞。

宣:当时为什么会选东莞?因为有产业基础?

李:因为那里产业活跃,从城市规模来说,武汉比东莞大得多,但是就区域经济发展而言,湖北比广东、浙江、江苏都差远了。东莞后来接受了我们的提议,2007 年东莞工研院正式成立。东莞就给 1.2 个亿,我们一分钱不掏,就在那里先盖一个楼起来。早期做得也不理想,甚至有一次副市长跟我谈到都有点黄牌警告的味道,但那不是我们理念的问题,而是带头人欠缺开拓意识,后来果断换了人,很快就做起来了,而且势头越来越好。广东省委书记汪洋对研究院充分肯定,他对我们做的一些事情赞不绝口。后来,贾庆林、胡春华、刘延东、万钢都去过。很多院士去考察后也觉得这太了不起了。去年我们有一个院士参观东莞工研院,他跟邵新宇(学校现在的党委书记,兼工研院院长很多年)讲,工研院的意义远超过一个国家科技进步一等奖。

总而言之,东莞工研院业绩提升很快,地方政府也很欢迎。为什么欢迎?我们在那里孵化了几十个高新技术的小公司。

宣:就是真正促进了产业的发展,对区域的经济增长有贡献。

李:对的。目前在东莞工研院那里工作的有近千人,学校不可能有近千人在那里工作,有学校编制的就几个人。日常工作常务副院长负责,院长也不常驻那里。

宣:这就类似于创业型大学,也就是硅谷的模式,就是学术资本通过那里孵化、产业化了。工研院的顶层设计是怎样的，才能使得政府、学校、教师都有积极性？

李：我们这边完全放开的。

宣：是由学院为主还是学校来主导这个事情？

李：实际上是学院为主体，我们基本上是依托机械学院，那个时候我是理事会的理事长，一直到去年才退。

宣：您是理事长？

李：我是理事长，东莞的一个副市长是副理事长，这是上面的一个顶层设计。

宣：这是顶层设计，事关治理结构。

李：然后下面就是院长，由邵新宇担任。我们基本上完全放手让他们去做，只是到年终的时候理事会把握大体的方向，其他的事情就是让他们做。这里非常关键的是带头人，起步阶段有那么一点不顺，后来带头人选得好，发展就非常顺利。

不过，我们做工研院这个事也有好多质疑。

宣：主要质疑什么？

李：首先，我们学校内部领导中间就有质疑，比如一年给学校交多少钱？我认为你要他交钱到学校其实没多大意义。重要的不是交钱的问题，它实际上已经是学校的资产。这些年过来，我们在东莞的资产已经很大了，扩展得很快。原来东莞最开始给1.2个亿，我们占6000万，东莞占6000万。现在的资产已经翻了很多倍。工研院的价值不是直接以钱的形式体现，也不光是土地和房产，更重要的还包括在科技成果转化过程中衍生出来的很多企业。

宣：我们学校是不是以股份的形式参与进去的？

李：比方说成立新公司，有的我们是技术入股。

宣：那么工研院整体运作体制是不是完全按照企业化的机制运作？是以法人注册的？

李：有一个机制，工研院下面有公司，当然需要企业化机制。另外，有点遗憾的是,我曾经提出过希望在工研院进行体制机制改革,但是估计到现在这个事情还没弄好。从长远来看,工研院的发展不能只凭觉悟,要让核心团队他们的个人利益和学校利益之间的关系比较明晰,这是可持续发展的关键。

宣:所以我很想了解里面的机制到底有没有完全建立起来。

李:这个方面还没有完全建立起来。

宣:是产权没有完全清晰么?

李:产权是清晰的,就是属于学校的。教授个人科技成果转化这部分所占的股权是这样的,根据学校的政策,转让所得的70%归个人,30%归学校。但是整个东莞工研院有一个管理团队,这些人应该有什么样的利益,这个事情我们现在还没有明晰。

宣:那么,现在这些人的待遇,是按照学校的身份管理?在学校有待遇,在工研院那边还有待遇?

李:情况是这样的。邵新宇当院长期间没拿一分钱,他做得很好,否则的话就容易被人说闲话,其实他那时拿一点也不能说有什么错。其他的干部是拿待遇的。

宣:你最看重工研院的什么事情?

李:我看中的是他们没有忘记回娘家的路。我以前就告诫过:不能忘了回娘家的路。工研院服务社会,服务区域经济,到做大了的时候,就有可能不知不觉忘记了和学校的关系,那就断了回娘家的路。那当然不是学校希望的。我们也强调把论文写在大地上、写在车间里。对学校而言到底有什么好处?我们的实践证明对学校是有好处的。我们注意了一点:应用和质量实际上是可以并行的。长期以来有一种观念,就是认为拿国家项目比如自然科学基金项目就是有水平,要是搞一个横向项目,虽然说有几百万甚至几千万经费到款,这还不一定有水平。这个观念我认为即使不完全错误,也是片面的。

宣:这其实涉及科技评价体系改革的问题。

李:有科技评价问题,但另一方面也有我们自己的服务选择取向问题。就我们学校机械学院的水平,我们有能力、有条件去选择那些比较有质量的课题。我曾经举过一个例子,荷兰有一个大学叫特文特大学,他也是属于创业型大学。

宣:美国有个学者伯顿·克拉克写过一本书,叫《建立创业型大学——组织转型的途径》,专门研究过欧洲的五所大学,其中有特文特大学。他将这些大学称为创业型大学。

李:特文特大学实际上很注重应用,他们的化学化工学科很注重和工业界的结合,我印象中他们在化学化工方面发表的文章在世界上仅次于MIT。讲这个是什么意思呢?实际上也是这个观点,就是说质量和应用是可以并存的,并不矛盾,关键是要发现一些潜在的高质量的应用问题。

宣:现实当中发现问题,这实际上就涉及做什么样的科研的问题。

李:我们东莞工研院就是作为一个平台。尹周平教授借助这个平台拿到课题,最终取得的成果获得了国家技术发明二等奖,说明他这个课题的水平和价值。工研院不光是只为地方做事情,地方产业界当然得到了实际好处,学校得到的好处实际上是在服务过程中,既得到了学术成果,又锻炼了人。所以说,关键不在于他们给学校交多少钱,仅从锻炼人这个角度就是值得的。

宣:也找到了研究的领域、方向。

李:是的。所以说学校这样难道不好吗?另外,我提醒不要忘了回娘家的路还有一层意思,就是对教育的回馈。本来工研院好像和教育扯不上,但是我就希望他们要联系上去。工研院有些领导没有意识到他们在教育上有什么责任,这也容易理解。我很高兴的是,他们在这方面还是做了一些很好的事情,如接收我们的学生实习,后期又有学生参与科研。有一年,教务处的常务副处长熊蕊教授带几个人在那里待了几天,回来后她很感慨,觉得真是好。工研院那个环境,那些高技术小公司、初创公司创新氛围浓烈,学生在那里受到熏陶该是多么好的事情!这就是工研院对教育的回馈,他可以反哺人才培养。所以在我心目中，工研院看起来好像只是为地方区域经济服务，其实可以对我们学校的科研、教学都作出贡献，而且有些贡献是在关在校园里很难做到的。

宣：这个问题的背后其实是一个非常重要的办学理念——大学的社会功能、大学的社会价值体现在什么地方。这恰恰是现在世界高等教育的趋势，就是强调大学怎么样去引领社会，大学的科研如何更好地促进产业发展。工研院其实是做出了很好的回答。伯顿·克拉克提出，世界上有一种新型的高等教育发展的模式，也就是创业型大学。他提出了学术资本化的概念，学术研究、学术资本进入市场以后资本化，然后反过来促进学校自身的发展。所以我接下来想问的就是：东莞工研院在机械领域做得非常成功，学校在其他的领域是否有复制？

李：在东莞之后我们在无锡又做了一个，也非常成功。

宣：主要是什么学科领域？

李：那当然也是在机械，为什么在机械呢？说起来就是学科的强势。

宣：学科最强？

李：做得好不好和学科本身的强势程度肯定有关。因为学科强势，别人也相信你，对吧？一个是学科强势，另外一个的确就是我们学校的机械学院有很特别的文化，简单地说，就是能够协同起来做事情。我们机械学院，有六大山头，每一个山头都对应一个院士。你们可以想一想一个学院里山头多了，而且都很强，弄不好的话，到底谁服谁？那样就很容易分散，不能形成合力。机械学院文化好就好在我们尽管可能会在某些事情上有不同的观点（肯定不可能六个院士在具体问题上都观点一致），但是，只要是属于学院、属于学校的重要事情，大家能够团结起来，这是非常好的一个文化。我们的机械学院和而不同，这就是他非常成功之处。我们在江苏无锡搞了一个工业研究院，同样非常成功，江苏省也认为我们是做得最好的工研院之一。

宣：那么我们其他学科领域为什么没有去尝试做这些？

李：其他学科领域我们现在也有，比如我们有一个光电工研院，就在武汉,显示度也不错,虽然没有像东莞工研院知名度那么高。

宣:现在地方院校出现一种趋同的现象,更关注国家自然科学基金,去做基础研究,反而不太关注怎么更好地和地方经济社会发展结合。所以我当时到浙江农林大学以后,我也提出论文要写在希望的田野上,要解决"三农"现实问题,帮助农民致富。

李:我们真的要深入到实际问题,工业也好,农业也好,真的深入进去,在这些问题中间是可以发现高质量的、值得研究的科学问题的。

宣:在现实问题的研究过程中可以提炼出科学问题来,从而促进学科的发展。您看你们这个机械学科,在教育部学科评估中是八星级的,是最好的。把基础研究和解决现实问题非常完美结合起来,实际上是有示范意义的。我感觉我们对创业型大学这个概念有认识上的误区,认为创业型大学就是商业型大学,就是大学产业化。李校长您怎么看这个问题?

李:创业型大学这个理念我还是认同的,虽然我在学校里没有直接讲这个概念,但是理念上是共通的。创业型大学,包括你提的华威大学,我也去过。华威大学有一个 Manufacturing Group,一个印度裔教授领导的,做得比机械系还大,这个教授我还见过两次。华威大学的历史很短,还不到60年。那个 Manufacturing Group,做得很好,是典型的案例。这个学校后来不光是在工科方面发展得好,我没记错的话,数学也一度在英国名列前茅。

宣:整个学校能够在英国排到前五。

李:我就讲他的数学,数学是纯理科的,一个新兴的学校能够到这个地步,是很了不起的。他实际上靠什么?就是我前面讲的,从社会上获取资源,然后他有钱再去挖教授,这样数学一下就发展起来了。

宣:良性循环,斯坦福、MIT 其实都是通过这种良性循环发展起来的。

李:关于创业型大学,我不知道现在是不是有人否定这个提法。其实我觉得所谓的创业型大学,就是怎么跟社会、跟产业界紧密联系,然后获取资源。

宣：就是学术资本化，让学术进入市场。要做有市场前景的研究，在选题的时候就关注了市场，关注了社会的现实需要。然后用企业家精神来办学，强调效率，强调开放，强调市场，其实是这个。但是我们可能就把它理解偏了，这个办学的模式一直没有在我国很好地发展起来。

给学生提供最好的教育

宣：前面李校长您提到一个很重要的理念，就是学校战略要体现从以教师为中心向以学生为中心的转变。现在高等教育非常重视本科教育，提出"以本为本"。您在办学治校过程当中一直坚持以学生为本，在工研院的发展过程当中，您也强调反哺教学，要反哺人才培养。所以接下来想听听您对大学人才培养，特别是本科生培养的一些思考。

李：做校长以前，我很少去思考这方面的事情，后来做校长之后，不得不去思考一些教育方面的问题。就直觉上说，影响一个学校声誉的最关键的因素到底是什么？我的观点是，不是你的科研指标，如项目经费、论文、获奖等，这些东西很重要，必须重视，而且事实上我们学校在这方面也不弱，但是我心目中真正的一流大学，最核心的东西还不是这个。我们都说北大、清华好，他们的科研论文有多少，项目有多少，获奖有多少，等等，你知道这个数据吗？不知道。你说北大、清华好，是因为你知道他的毕业生总体来说是最优秀的群体，清华、北大的学生在社会上的总体表现最好。所以我认为，影响学校声誉最重要的因素是他的学生在社会上的总体表现，这才是最最关键的。如果我们认同这句话，就要给学生提供最好的教育，使得他们以后在社会上有尽可能好的表现，这就是逻辑所在。我们是所研究型大学，研究的确有些指标就可以衡量的，教育很难有指标衡量。但是没有指标衡量，我们也要尽可能从内心里重视，要把学生培养好。所以，当时我们强调要"育人为本，创新是魂，责任以行"。谈到学校的教育，我强调什么呢？强调本科生教育，强调"一流本科、一流教学"。开始,我们很多教师、干部不理解,研究型大学怎么提一流本科、一流教学,研究生教育不要一流了,研究不要一流了?这个话不能反过来讲,不是说一流教学就不要一流的研究,我只是特别强调一流教学的重要性。至于一流本科,同样的道理,不是说不重视研究生教育。之所以强调本科教育和教学,恰恰是因为这往往容易被很多研究型大学所忽略。

宣:您这个观点现在大家已经都认同了。一流大学必须有一流本科,现在已经是作为一个常识,现在讲以本为本。

李:当时校内都有不同的声音,反正我坚持,现在看来是对的。

宣:现在看来您是早十年就提出来了。

李:我之所以特别重视本科还有一个道理,是次要一点的道理。其实从校友这个角度来讲,他最有感情的可能是本科阶段的学校,因为本科期间对一个人的成长可能更关键,研究生从某种意义上讲是一个半工作的状态,尤其是博士生。所以讲真正的学习,本科事实上是最重要的阶段。学生毕业之后往往对自己本科阶段最看重。从校友工作来讲,如果你想要给校友一个好的感觉,本科时期怎么样,这就非常重要!

宣:当时的情况下,您觉得华中科大在本科教学、人才培养存在哪些问题?

李:这是一个普遍的问题,有一定的共性,不光是我们学校存在,研究型大学大家都只重视科研。这样的大环境使得我们很多老师对教学重视不够,我们后来也采取了一些措施,包括推进责任教授制度。

宣:责任教授是个什么概念?

李:在我们这种研究型大学,让优秀的教师在他教一门课期间完全不出差,可能性几乎没有。我们现在好的老师课题多,有各种重要的事情。假设一门课有60个学时,持续的时间很长,这么长时间不出差不大可能,那怎么办?所以我就提出一个责任教师制度。一门课要求某一位教师负责,这个教师同时是科研上也很优秀的。学校里也有一种声音,就是说分流,有一部分人专门搞教学,有一部分人专门搞科研。

我反对这种提法。我说专门搞教学的,只有在学校比较特殊的一些专业,比如说外语,一般的专业学院,我们原则上不提倡。这是什么道理?因为我也是专业教师出身,我个人感觉如果没有科研上面的历练,教学也不会生动。我是搞机械的,感觉如果完全没有专业研究,对一些新的东西、实践中的一些东西没有体会,在课堂上能够讲得好吗?纯基础课的老师不搞研究可能也无所谓,专业课是不行的。所以我不主张专业课的教师把教学和科研分流,就应该既要科研又要教学。

另外,我发现学校存在一个很严重的问题:优秀教师和学生的距离越来越大了。记得是在学校的一个大会上我讲,我们大家扪心自问,如果自己的孩子在这所学校里读书,你希望他很难接触到优秀的教师吗?肯定不希望。现实情况就有这个趋势,越是优秀的教师上课越少,学生接触的机会越少,这是有问题的。所以我就提出来,要拉近优秀教师和学生的距离,也就是说我们的优秀教师要走进课堂。这有一个可操作性的问题,就是我刚才讲的,优秀教师科研任务很重,在国内的学术圈子里地位很高,他不可能长时间陷在学校里,所以就设责任教授。责任教授是什么?就是对一门课负责,不管这门课出任何问题,责任都是他的。当然,我们希望责任教师尽可能上讲台,比方说责任教师讲2/3,另外的由助教讲。

宣:变成一个教学团队。

李:我们还搞了"华中学者"教学岗,"华中学者"原来没有教学岗,只是一个科研岗,奖励在科研上做出突出成绩的,岗位是和特殊津贴直接挂在一起。后来我说教学上也得设若干个岗。印象中第一年评"华中学者"教学岗的时候,实际操作的结果我当时很不满意,好多评上的是教学副院长,有些在教学方面做得真正突出的人反而没评上。这样的岗位应该给什么人呢?我的想法很简单,就是给那些深爱学生、也深受学生喜爱的教师,这是一个很简单的定义。但是后来发现第一次评下来的结果,其中有的教师主要精力根本就不在教学上。记得当时有一位担任学院的书记,还承担了大课题,根本很少精力在教学上面。他讲课的效果应该是不错的,但毕竟在教学上的时间太少。当时我很生气,后来他们又加评了两个在教学上很优秀的教师。

宣:您认为这些举措之外,在人才培养质量的把控中,保证教学质量最重要的环节是什么?因为在您当校长期间有一件事情就是媒体称之为一封学生来信引发的课程设置的大讨论。当时是一个新闻学院的学生给你写了封信,说他不应该学数学。当时您很重视这封信,让教学委员会讨论新闻学院的学生该不该学数学,课程怎么合理设置?您觉得课程设置对学生特别是专业人才的培养的影响在哪?

李:我觉得我们国家课程设置给学生的余地太小。跟国外一些大学比较起来,可以统计一下,我看过一个资料,但是具体数据记不准了。比如说我们学校跟美国一所名校去比,总的课程门数,我们比别人要少很多,好像只有人家的1/3。这说明一个什么问题呢?他们的学生课程选择的空间大,我们学生选择的空间小,而且我们强调必修的东西太多,选修的空间小。举个我自己经历的例子,机械专业中测试技术可能一直到现在都是必修课,测试重要不重要?当然重要。加工出来的东西质量怎么样需要测试,加工过程中有很多参数需要测试的。我们是搞制造自动化的,有一个说法就是,没有测试就没有自动化,没有测试控制就不用谈了。我当时所在的教研室的两个老师编写的测试技术教材,被全国很多学校使用。我 1983 年到美国威斯康星-麦迪逊大学去读博士,也得修学分。后来我发现他们的课表里没这门课,不是说机械系没有,学校里就没有。另一方面我感觉奇怪的是,这门课没有,但是美国学生用测试仪器比我们用得熟练。所以也给我一个启示,有很多重要的东西,不能够把它绝对化,以为没有这个就绝对不行。说这个例子,不是说测试技术这门课没意义,相反我认为那是一门很有意义的课,只是不要把它绝对化。一个专业,除了少数几门课是大家一定要学的,多数的课,对于个体的学生来讲,可以有选择地学。总的学分有要求,这是有意义的,不然的话就没有一个保障质量的基本量。但是张三可以学这个、李四可以学那个,大家可以有不同的选择,只要总体的选择达到基本能力培养,就没有太大的问题。所以现在问题是什么?是我们给学生的空间太小了,为什么会出现这种情况?我们往往追求统一标准,我们实行班级制,一个班的学生从入学到毕业都在一起,很容易趋同。如果实行真正的学分制,就不存在一个不变的班,自然就有比较自由的氛围,尽管我们后来说学分制,但实际上不是真正的学分制。

宣:最近我也在讲这个观点。我们从教师中心转到学生中心,其中一个很重要的一个原因是我们现在一些课程体系设置当中很多时候存在教师中心的问题。教师能上什么课,我们就给什么,而没有关注学生想要什么,学生成才、成长需要什么。这是不是一个很关键的问题?

李:这当然是一个问题。其实在美国课程也有因教师变化而变化的情况,比如说原来某一个教师上一门课,他走了,这门课就没了。但是因为它总体课程多,一位教师走了,又新来了一位教师,又是另外一门课,也无所谓,学生的选择余地还是很大。

宣:这里就涉及课程的开发问题。其实课程的供给、课程的开发,实际上也涉及我们的管理体制。可能现在老师们觉得学科问题的研究是科研,而在教学领域,我们并没有把课程的研发、开发纳入到科研的评价体系当中。这个问题怎么来解决?李校长有没有什么好的建议?您当年有没有什么举措来解决这个问题?

李:我刚才说美国大学生的选择空间很大,我们也应该想办法给学生提供更大的选择空间。当然你一说到评价体系,我就有一个事情很纳闷。在中国本来做某一个事情的初衷是好的,比如我们现在鼓励大家多开一些课,让学生的选择空间更大,但是如果真把这个事情作为一个评价指标用到类似于教学评估或者什么评估的时候,大家就迎合你,于是马上会有很多笑话出来。我想关键是学校如何尽可能地发动教师,多开出一些新的课程,这是很重要的。问题是我们现在有能力的教师太忙了,他没有心思琢磨这个,那么多科研的事情,还要开新课,他不愿意把心思花在这上面。而没科研的人可能没那个能力,这是一个矛盾。没有科研,如果强求他开出新的有意义的课,那水平也就可能不高。比如说现在智能制造很热门,但是如果教师完全对智能制造没有体悟,没有任何科研和企业实际背景,这门课一定讲不好。

宣:这对矛盾怎么解决?实际上现在高校当中,以本为本也好,提高本科教育质量也好,处理好教学和科研关系也好,有没有一些好的方式方法?就是刚才讲的,让那些优秀的教师、科研做得好的教师有部分精力回归到本科教育当中来,您有没有什么好的方法?

李:前面我提到过的责任教授,这是方法之一。但是说实在话,怎么开出尽可能多的课程,这一点我们还没做到。

宣:我认为这是个关键,知识供给,这是源头。没有更多的课程开发、更好的知识供给,教育质量要保障,学生有更多的选择,做不到。

李:当然。大学生的选择空间更大实际上还不完全是教师的问题,其实是涉及整个学校的系统工程,比如学生选择空间越大,就要求小班要越多。

宣:就是生师比,资源供给要跟上去。

李:就是这个意思,还包括教室的配置。

宣:这里头其实很多是投入的问题。

李:所以一定得有一个过程。我们教育的管理者要看到这个方向是什么,然后怎么慢慢地朝着这个方向去逼近。

宣:前不久我参加了刘献君教授在文华学院的一个研讨会。他们提出了一个很好的教育理念,叫做个性化培养,提出要一生一规划,一生一课表,然后还有一师一优课。关键是要有充足的课程能供学生选择。

李:说法没有问题,操作上面有难度。

宣:所以这个矛盾确实是现在教学当中很大的问题,由此还是要回归到一个根本的问题,就是李校长您对本科教学的质量怎么来理解?您记不记得2009年的时候,我曾经在座谈会上还问过您一个问题。我说华中科大的本科教学质量评估结果是什么?您说优秀。然后我又问林建华校长,他说北大是优秀。我当时在浙江工业大学,我说工大也是优秀。理论上一把尺子量出来的结果,都是教育部聘的专家,是不是意味着浙工大的毕业生和华中科大、北大的毕业生质量一样呢？理论上应该是一样的，但事实上肯定不一样，对吧？肯定是有差距的。那么这个逻辑上怎么来回答，您怎么理解本科教育质量？

李：教育部的评估大多数都是优秀，但肯定不能说学生的质量都是在同一个层次，这肯定不是。只不过我相信评估为优的意思是说你的教学工作都是优秀，教学条件都合格，是这个意义上的。至于学生的质量，这还跟学生生源、进校起点多个因素关联，尺子肯定不能用来衡量学生的质量。

宣：对，所以质量评估这个概念可能还是值得商榷的。

李：其实就是教学方面的评估。现在有专业认证，专业认证不是评价你优秀不优秀，是评价你是否达到办专业的基本条件，强调最基本的规范，并不评价你的质量。

宣：所以现在的评价要科学得多。现在分两种，一种是合格评估，合格评估相当于基本条件符不符合，生师比、图书、教学规范这些基本的；第二种是审核性评估，审核性评估的质量标准其实是学校自己定的，每个学校自己定一个质量标准，他只是来审核你的达成度如何。这个就要比原来的科学多了。

创新教育需要一种静的力量

宣：李校长，您2006年在《人民日报》上发表过一篇文章，其中讲到的核心概念是"创新是魂"。其实创新教育还要培养学生的创新精神、创新能力。您觉得本科教学当中学生的这种创新素质、创新能力、创新意识怎么来培养？

李：我前面讲以学生为中心的教育。在我心目中，以学生为中心的教育，核心是让学生自由发展。这个实际上和学生的创新能力紧密地联系在一起。我们现在都接受以学生为中心的教育的提法，但是不一定会接受让学生自由发展这个提法。我在任的时候强调让学生自由发展,之所以讲这个是觉得这是马克思主义的观点。马克思和恩格斯在《共产党宣言》里讲"每个人的自由发展是一切人自由发展的条件",他们强调的不是一个抽象的人类自由发展的概念,而是每个人的自由发展。人民的自由发展很抽象,但人民自由的发展的条件是什么?每个人的自由发展才是全体人民自由发展的条件。如果我们认同这个话,就没有理由不强调每一个学生的自由发展。问题是,实际中怎么让学生自由发展呢?

宣:这也是我想问的问题。理念没有错,您讲让学生自由发展,在教育史上就有两种教育观点,一个是自由教育,一个是专业教育。其实专业教育是在自由教育基础上慢慢发展起来的。高校的专业是我们根据社会分工设置的学业门类,它培养专业人才。但是在我们现在的条件之下,自由的发展和专业的教育、专业规范,怎么才能更好地结合起来?

李:比如说刚才讲到的教学,因为现在给学生的选择空间太小,实际上是影响学生自由发展的,这个跟意识形态没有关系。课程门数多,学生的选择空间就大。我们现在强调双创,大家都很重视创新能力培养,但是很多学校创新活动的开展是在教师的框架中,教师按照自己的想法去组织学生。这样的创新活动有没有用?不能说没用,多少也会有一点用,但是我认为意义不是很大。讲得简单一点,作为教育者,我们应该想方设法把学生的创新活动变成他们的自由自觉的活动,这个很重要。马克思在《1844年经济学哲学手稿》中说:"一个种的全部特性、种的类特性就在于生命活动的性质,而人的类特性恰恰就是自由自觉的活动。"这个意思是,一个动物物种的特性是由他生命活动的性质所决定的。人也是一种动物,作为动物中的一种,人类的特性是什么?恰恰是自由自觉的活动,有自我意识、自觉意识。现在学生的创新创业活动,校方、院系和教师采取了很多措施在推动。我听说有的学校计算学分,考研的时候有加权,等等,这些学生搞这些创新活动是为什么?

宣:他要打卡。

李:他们没有把创新变成自由自觉的活动,不是凭他们发自内心的兴趣，而是有某种功利的目的。稍微比较一下，真正发自内心的兴趣、或者基于某一种更高层面的认识的创新活动，和带有某种功利驱动的、或者不得不去做的创新活动，这两种差别太大了。所以我强调让学生自由发展。我们学校学生中有很多创新团队，我不太主张官方去组织一些创新团队，而是提倡学生自发组织，凭他们自己的兴趣。我们学校这样的创新团队生命力都很强，而且出了一批人才。我举一个例子，我们学校有一个团队叫联创团队，最早是机械学院的，后来完全发展成全校范围内自主自发组织的团队。团员不局限于哪个院系，不仅有机械的、控制的、计算机的、建筑的，等等，有一些理科的学生也加入了。他们对团队成员的选择都有自己的准则，他们跟我说一般不选班上成绩前几名的学生，挺有意思的。这帮学生很厉害，记得2007年我参加了微软创新杯，就是微软组织的支持世界大学生创新活动的一个赛事，每一年在某一个国家举行一次。2007年是在首尔举行的，那年我去了，联创团队拿了冠军。

参加就很不简单，因为先要在中国区选拔赛中胜出。我们拿冠军的学生名字，我都还记得，叫陈志峰。颁奖典礼上有微软的高管参加，还有主持人。领奖的时候，陈志峰跟他们的对话也很自如，英语讲得很好。他自己跟我讲，他曾经英语考试不及格。我很感慨他外语没及格，但是写作、口语能力都很好，不知道我们的考试评价体系中有没有值得反思的地方？现在联创团队的成员毕业后已经有一批年轻的企业家了。所以像联创这样的团队，在一种相对自由自在的氛围里进行他们的创新活动，值得提倡。中国的学校里往往缺乏一种自由自在的环境，所以我常说，别以为自由和创新没关系，关系大着呢！

宣：我觉得涉及两个问题。一个就是您刚才讲到的，创新必须是以自由自觉为前提。学校教育实际上是一种引导，通过教育引导、营造一种氛围。如果没有这样的氛围，联创团队也不可能出来那么好的成绩。我们现在把创业教育作为一种创业技能培训，变成一种技能训练，是有问题的。第二个问题涉及我们整个教育体系中，高等教育和基础教育的衔接问题。如果说我们的学生连主体意识都没有培养起来，到大学里创新是很难的。创新的自觉意识主要还是主体性。对这些问题李校长您怎么看？我在成都参加创新创业教育的一个国际论坛，英国的世界创意之父约翰·霍金斯在演讲中说，人生创意能力最强、意识萌发是四岁的时候，所以从幼儿园开始就要保护这种创意意识。我们的孩子四岁的时候在干什么？在背唐诗，在背英语单词，还是以记忆为主的。这种问题我们怎么来解决？

李：我赞成你的说法。总的来讲，中国的应试氛围是很浓的，我们想上大学就要参加高考，对吧？我觉得中国不仅仅是学校教育存在问题，我们老百姓的教育观念上也有问题。你看现在我们很多人说不要输在起跑线上，我的一个小外孙女十岁读小学，也是让她学很多东西，就是怕她输在起跑线上。中国的父母希望我们的孩子以后有竞争力，方方面面或者至少在一些主要的方面都能够有竞争力，所以这个要学好，那个也要学好。这种思维是有问题的，首先从老百姓接受教育的观念上就有问题，我不知道年轻人是不是这样想的，反正我女儿也担心孩子输在起跑线上。

宣：外公是教育家，但是您也没有办法改变女儿的观念。

李：我也没有办法，在我面前她很独立。

宣：现在就是全民焦虑，一种剧场效应。

李：美国的孩子从很小的时候就不在意这些，他们的学校的确有很自由的氛围。我看到有一个观点觉得有意思，就是讲中国基础教育，学生的平均能力是好于美国学生的。如果测试我们学生的数学能力，平均结果肯定比美国好，但是我们中国杰出的数学家有多少？比美国少。

宣：我们的学生后劲不足。

李：我们国家的基础教育，要求语文要达到什么水平，数学要达到什么水平，学生在各个方面花很多功夫。美国人不强调一定要达到什么水平，就根据自己的喜好，一个小孩在某一方面偏科，可能其他方面很多不行，但是在某一方面表现得很杰出，这也很好。所以美国社会产生的杰出人才很多。中国人平均水平可能比别人高,但是论单个方面的杰出人才总体我们比别人少。我觉得我们的教育有些问题,包括前面提到的老百姓接受教育观念上的问题,都要改变。当然改变是非常难的,尤其是老百姓的观念问题。首先要改的是那个大指挥棒,就是高考。曾经有一年,记得还是我做人大代表的时候,五个大学校长被邀请到中央电视台接受采访。那一年正好有人提出取消高考,我当时就说如果现在取消高考,那可能是另外一场灾难,因为在社会诚信严重不足的情况下取消高考,肯定有问题。

我们要有一些别的招。首先就是要考虑怎么改变考试机制、高考的模式,有没有可能把高考转变成一种水平测试或能力测试。水平测试不是应对高考的,比如说出国的托福考试其实就是一种水平测试。水平测试也可以是综合的,包括语言,包括一些基本的数学、理化知识等。题目难度不要大,以免中学老师和学生把大量的时间花在解难题上。水平测试可以设计成主要测试学生的基础知识和反应能力,基础知识不要难。一个学生的反应能力接近其能力天花板的时候,即使再花很多时间,对水平的提高收效甚微。这样在一定程度上减轻一点目前学生应试的强度。以后改成这种形式有没有可能呢?

另外,我在任校长期间曾经有过一个想法。有一次我在湖南一个重点中学,跟校长和几个老师聊,本来是去做招生宣传。当时我提出一个想法:鉴于现在应试教育的弊病,有没有可能我们跟湖南师大附中、雅礼中学等搭档,联手做一个试验田?我们跟踪一些优秀中学生,让少数中学生脱离高考。

宣:这里头实际上不仅仅是高考考试的问题,是录取的问题。这是个很重要的问题,就是录取自主权的问题。

李:我的意思是说中学和大学联手起来,在中学生进大学之前,大学和中学就以某种形式合作,在平常的学习过程挑选学生,那部分学生以后可以不参加高考。

宣:这是一种根本性的录取方式的改变。

李：我曾经想过这个事情，但只是一个想法，没有做起来。可能我们招生部门也认为只是一个空想，所以他们也没有实施。

宣：在目前的制度条件下确实如此。我记得很清楚，《国家中长期教育改革和发展规划纲要（2010—2020年）》第36条说，对那些特长显著的学生，经过学校自己面试、测试，学校可以自主录取。但是到目前为止，据我所知，没有一个学生是通过这种方式录取进来的。您讲的并非您的设想，其实中《规划纲要》里已经提出来了，但是一直没有实施。

李：我后来没有责令职能部门去推进这个事情，主要顾虑是什么呢？实际上也和咱们国家的整个社会诚信环境相关。我们国家常常有这种现象，某个想法初衷很好，但是具体操作的时候，有很多人为因素，结果往往被扭曲。比如说那边的教师、校长以及我们这边跟踪的人，大家都是社会中人，如果掺杂一些人情因素，还是不能保证公平，这是我担心的事情。

宣：高考改革这个事情很复杂。这个事情北大和浙江曾经有过探索。搞中学校长实名制推荐，结果校长压力非常大。他们想用这种方式推荐您刚才讲的特别有才能的人，因为当时那个校长我熟悉，他最初想要推荐天赋特别好，或者某方面能力出众的，最后感觉到社会压力实在太大，结果还是把综合成绩第一名、第二名推荐出去了。

李：这也是系统工程。

宣：就像您刚才讲的，要通过整个社会来解决，光靠教育单方面解决不了。刚才讲到学生的创新创业这个问题，其实现在我们衍生出去讲双创，现在大学生当中也有很多创业的。您怎么看大学生创业？在华中科大您当校长期间，有没有政策、举措去鼓励或者保障大学生创业？

李：在做校长期间，我没有一个明确的政策鼓励大家、号召大家去创业。我认为大学生期间学校鼓励创业应该打一个问号，这是我个人的观点。我的这个观点现在是不是有点不合时宜？现在大学提倡创新，一点没有问题。我并不反对大学生创业，但是大学生创业不宜官方去提倡，因为绝大多数大学生不具备一毕业就去自主创业的条件。既然这样,我们为什么要这么过早去鼓励大学生创业?鼓励他们进行创新活动,创新的能力达到一定的程度后,他自己会去创业。有少数大学生的确是天才,比尔·盖茨、乔布斯,都是例子,这样的人不用号召他也要去创业。

宣:华中科大有没有成立创业学院?

李:我反对成立这种学院。

宣:浙江要求所有本科院校都得成立创业学院,我们浙江外国语学院也有创业学院。

李:我不支持一窝蜂的大学生创业活动。我们学校的大学生创新活动做得非常好,我们有一个启明学院,听说有外面的一些老板派人在启明学院里转悠,目的是想发现好的学生、好的想法、好的东西。我看到过一个例子,是说一个学生的东西真的转让给了老板,千万级的转让费。我觉得在学校里头鼓励学生的创新活动,顺其自然地发展为创业,那是可以的。

宣:我很赞成您的观点。在成都的创新创业国际论坛上我做大会报告的题目就是《大学生,你拿什么创业?》。我认为,如果把开网店、摆个摊卖卖服装都纳入到大学生创业,这跟大学生创业是背道而驰的。大学生创业并不是一种简单的商业化或者商业模式创新,应该是在专业学习和创新基础上的创业。您刚才讲的创新,是利用他的专业,然后再来衍生,我认为是一条路径。

李:我记得有一年在我们学校举行的,好像是"互联网+"大赛,刘延东也来了。那个活动中请我做了一个专题报告,题目就是《还需要一种力量:静的力量》。其实我们现在很多事情就是热闹,轰轰烈烈。当然轰轰烈烈,不能说一点作用没有,对普及、引起大家重视是有意义的。但是我觉得我们真的需要一种静的力量。我们现在搞得轰轰烈烈让学生把创新创业实际上变成了一种基于功利的活动,基于一种功利的目的,这样作用和意义都有限。我们平常在教育上对学生的引导启发不够。很多学校关于学生创新创业的例子,都是什么东西一下子产生多大的效益,赚多少钱,导致学生认识偏差,甚至有的学生的梦想一夜暴富,尤其像现在"互联网+"这种模式。其实,工程教育中我们要引导学生去理解工程技术创新真正的、深层的含义。其实我们仔细地想一想,人类文明的发展历史就是一个不断创造"超世界存在"的历史,什么意思呢?就是说本来这个世界上还不存在的东西,我们去琢磨,去创造,让它存在。

宣:从0到1的过程。

李:这个世界上原来没有手机,现在有手机,在没有手机的时候琢磨和想象中的手机就是一种"超世界存在"。人类文明的发展史实际上就是不断创造"超世界存在"的历史。我们中国创新能力低,一个很重要的原因就是没有意识到创造"超世界存在"的重要性。我们的创新活动,动力往往是市场上现在需要什么、什么东西好赚钱。我们的学生,包括我们的教授甚至都不去想、不去琢磨能不能够创造一些现在世界上还完全不存在的东西。现在的创新多是把世界上已经存在的东西的功能改进一下,这当然也是创新,但不是原创,是跟踪创新。我们国家有多少人琢磨原创的东西?很少。基本上都是琢磨市场上可以看到、需要的东西,再去创新。

宣:我也琢磨过这件事情。我们现在讲的是创新,我过去比较喜欢用创造,创造他就要造出来。创新呢,现在我们理解熊彼特的创新的概念,只要对事物的要素发生任何的改变,引起变化都叫创新。

李:熊彼特强调的创新实际上是经济学意义上的,只有把它变成市场上可接受的东西,才是创新。比如说某一种新技术,如果新技术没有变成一个市场上接受的东西就不算真正的创新。

宣:终究要带来利润。

李:经济学意义上的创新实际上不光是技术创新。我们现在的工程教育,我们对学生的引导、教育都在一个低层次上面。我最近在思考一个问题,工程教育要从更高一点的境界去引导学生,中国传统文化中讲"君子不器",就是不要停留在器的表面,就技术论技术,而是要上升到一个更高的层面,比如说我刚才讲的"超世界存在"。我们在学生的学习阶段就引导他们探究"超世界存在"的欲望,只是想着市场上需要什么、什么好赚钱,原创的东西就出不来。

别让知识淹没智慧

宣:讲到这里,我就很想听听您对工程教育的看法。因为从2017年开始,教育部提出新工科建设,而您对工科教育其实也发表了好多文章。

李:对,我发表了好几篇文章。其实本来我也没想到"新工科",突然有一天看到"新工科"的说法之后,看到相应的一些提法,就觉得该说一点什么。一开始这个我都完全不知道,后来是听到有人讲"新工科",我就请我们机械学院管教学的副院长吴波教授弄一点"新工科"的资料拿给我看,我一看就觉得有些问题。有一些说法还在报纸上发表了,比如说新工科就是对应新兴产业,传统工科就是对应传统产业,我觉得这样做就搞歪了,所以我就很快写了一篇文章:《工科何以而新》。

宣:太机械地理解了。

李:当然这篇文章出来之后,大概反响颇大。我从来没有参加过官方的任何一次关于"新工科"的讨论,也许很多人也认为我讲的东西多少有些道理,所以后来有一些提法也不一样了。总的来说,很多人对"新"的思考缺乏深度,这也是工程教育本身还缺乏底蕴的反映。"新"在哪里?首先我们得想一想,我们希望未来的工科毕业生应该有什么样的新素养,这个要搞清楚。像我刚才讲的,从什么层面上去认识工程技术的意义和作用,学生能不能意识到?不是说一定要让学生在校期间做出什么原始创新,那也不大可能。这个东西需要慢慢地积累,但如果学生对"超世界存在",有一种好奇、一种欲望,那就是一个很好的意识。要从一个更高的境界引导学生,这对他日后的创新将很有帮助。还有很多素养也很重要,比如说批判性思维,批判性思维跟创新是紧密联系在一起的。附带说一下,我们学校是十九大闭幕大概一个星期后正式批准成立了"创新教育与批判性思维研究中心",我还挂着主任,我们一个校友为此捐了500万元。这个事情从动议到批准花了很长时间,一年多。可能有领导认为敏感,认为最好不要叫批判性思维中心,建议叫审辩式思维。后来消息传到我这里,我就讲了一句话:没有批判性思维就没有马克思主义。后来在学校党委的支持下还是成立了。其实批判性思维和工程教育中的创新思维关系太大了,在工程科学、技术科学里是非常有用的。

再说一个"新",我感觉现在有些逻辑都在改变。比如说知识存在的逻辑,以前知识存在老师那里、在书本里,现在,互联网里就可以找到很多知识;知识传递的逻辑在改变,也因为有互联网。总之,新技术的发展使得我们很多情况不一样。

有一个加拿大学者提出"关联主义",他的观点是说重要的不是知识本身而在于知识的节点和节点之间的关联。这个非常重要,我觉得他的观点是对的。中国的教育,我对比一下国外,我也有一点比较,能够感觉出来不一样。我在美国的时候修一门机械的课,叫"金属切削"。刚看到课本的第一感觉就是很浅、很粗,讲得不深、不细,但是面很宽,大概包含了我们的四五门课。那个时候还没有关联主义的提法,现在看来他们是有道理的。中国教育传统强调知识的完整性、系统性,讲得越完整越好,但实际情况是,让学生沉浸在技术的细节里头,学完了之后实际上成了碎片知识。如果强调知识节点及其关联,不光是这门课中的这个节点和那个节点的关联,而且和另外的课、另外专业的知识节点之间的关联,那样的话,学生的视野、思路的开阔程度是大不一样的。至于很多技术细节的东西,多数学生完全有自学能力。

宣:自己去获得。

李:或者说以后碰到技术细节不了解,稍微去找一找、查一查就可以知道。

宣:其实把整个知识的体系串连起来了。

李:他们那样做的好处是,把节点一拎,整个知识结构就拎起来了。

我们原来强调系统,强调知识的完整性,学生埋头于细节,得到的反而是碎片化的东西。所以我强调"新"要让学生在更高的境界、更高的层次上思考问题。另一个"新"是教学手段、方式、内容上的改变,这就不多讲。

还有一种"新"是什么?其实也是最重要的问题。我们培养工科学生,有一种说法是要适应企业的人才需求,这个话看起来无比正确。仔细想一想,至少是不完全正确。我认为市场是两方面的,要适应加引领。好的工程教育,还要有引领人才需求的一面。现在很多企业看不清楚未来的人才到底是什么样的,比如说未来十年之后,技术人才是什么样的?这个是变化的。现在技术的发展太快,尤其是数字技术、智能技术的发展。现在已经有一些事情在逐步地被人工智能系统取代或部分取代。我们以前的自动化基本上是取代人的体力,未来的自动化还要取代人的脑力,越来越多的脑力活动会被人工智能系统取代。所以就说未来的工程人才不能够以今天的技术发展水平去衡量,我们的工程教育要超前一步,要引领企业的人才需求,当然不能绝对地说适应就一点都不要,要适应加引领。就一流大学而言,要想有一流的工程教育,就尤其要在引领上面多动动脑筋。这是我的观点,"新工科",不"新"在这些方面不行。

宣: 我十分赞成您刚才关于知识节点及其关联性的观点。我在浙江工业大学做副校长期间管了十年的校园基本建设,我觉得知识的碎片化就像钢筋、水泥、砖头、玻璃这些建筑元素,好比都是知识点。如果没有建筑师把它们按照一定使用功能和审美原则把这些节点建构起来,这些钢筋水泥是无用的,发挥不了作用。但是,一旦建筑师用建筑框架把它们关联起来,就各有其功能,实现了其价值。其实我们现在教育当中缺少的就是这个问题。所以我特别感慨,您讲到了我们中国教育特别是知识传授当中的一个非常核心的问题。

李: 现在的工程专业认证,包括还有一些新的教学方法,比如CDIO,都强调培养学生解决复杂问题的能力。这本身是正确的,但是问题是怎么培养学生解决复杂问题的能力。我们有些人认为,解决复杂问题的能力主要是让学生多学一些复杂的知识。我讲了一个观点，片面强调知识的复杂性会让知识淹没智慧，学了很多复杂的知识，结果智慧没了。之所以说这个话是因为我是有感触的。我当过机械工程专业认证委员会的主任，当了十几年。有一次专业认证委员会讨论，谈到某某学校什么课都没有，或者是课里头什么内容都没有，说不利于培养学生解决复杂问题的能力。当时我就发表意见，说解决复杂问题的能力，不能够片面强调知识的复杂性。

校长致辞要用心与学生对话

宣：我觉得这就是一种思维方式，思维方式其实对其他学科建设的指导是一样的。接下来我们聊一个轻松的话题，因为您身上的标签就叫根叔，这是学生对您的一个爱称。社会上只要一提到根叔，大家都知道是您，您因为根叔而闻名，实际上这也是学生对您的一种尊敬。从2010年开始在毕业典礼上你开创了一种新的大学校长在毕业典礼致辞的风格。后来您的演讲变成"电视连续剧"了，后面的《未来》《远方》《告别》，大家每年都很期待，已经成为中国大学校长毕业典礼的新的风尚，影响非常深远。其实是您引领了、开创了一代风气，您自己怎么看？

李：我觉得这件事本来不值得关注。

宣：但是为什么受到大家的关注？

李：为什么关注呢？可能是我的讲话不太像是一个大学校长在讲话，大学校长好像不应该那样讲话，反而受到了关注。

宣：您是另类的致辞，但是效果出奇的好。

李：有点另类我也承认，其实我在领导岗位上的历练很少，不习惯常规模式的领导讲话。

宣：您都当了快十年的校长，还有副校长那么多年。

李：我是一直到满47岁才担任领导职务，即机械学院院长。47周岁之前我就是普通教师，连教研室主任、研究所所长等都没做过。所以我这个人就是在领导岗位上面历练不够,包括后来做校领导,我是2002年做副校长的。搞业务出身,行政上面一些东西了解比较少,当然我承认和个性也有一些关系,就是有点独立性。我也不是故意要特别一点,只是觉得要跟学生说一点心里话,就像自己家的孩子,要出远门了,要离开家了,跟他们说几句心里话,而不是一些套话。

宣:作为长辈叮嘱几句。

李:叮嘱几句,说几句心里话而已。我觉得大学校长在这种场合应该用自己的内心去跟学生说话嘛,至于以什么形式,每个大学校长可以风格形式都不一样,没有必要要求一致。如果大家都按自己的风格讲心里话,根本就不值得关注。

宣:三个多小时了,和李校长聊天真是一件快乐的事情,满满的都是智慧。唯一遗憾的是本来是想请您到杭州去的,这样就可以让我们的团队成员和学生们共同分享。李校长不仅讲您办学治校的一些经历,还有背后不为人知的故事,非常有价值,而且更是思想的盛宴、学术的盛宴,非常感谢!

李:今天虽然是你问我,但是从你问我的过程中我也学到很多,宣书记非常有思想。

访谈手记

2019年7月15日下午,在华中科技大学校园内高大的梧桐树影下,古典气息浓厚的梧桐语问学中心内,我们开始了对李校长的再度访谈,前一次访谈已经是五年前了,2014年我们现代大学制度研究中心到武汉参加中国高教学会年会,那时候我们在做教育部的哲学社会科学研究的重大招标课题"关于大学校长管理专业化的研究",所以之前预约了李校长在我们会议期间进行访谈。令人印象深刻的是那一次是李校长如约径直来到了我们入住的房间接受访谈,令我们十分感动。五年过去了,李校长一如既往爽快地接受了我们的访谈，话匣子打开了以后精彩观点络绎不绝，丝毫看不出前一天还在外省出差直至凌晨一点才回到家中。

访谈伊始，李校长首先让我们感受到的是他对华中科大前几任校长治校理念的传承，特别是朱九思校长，李校长结合自身经历，给我们讲述了朱九思先生的治校故事，精彩演绎了一名好校长对学校发展的重大意义。访谈中，李校长关于东莞工研院创立和发展的讲述引起了我们极大的共鸣，"创业型大学"一直是我们中心的研究方向之一，在与李校长的访谈中我们惊喜地发现李校长的许多观点乃至做法与我们发表的观点不谋而合，尤其是关于大学创业的问题，从李校长的访谈中让我们看到研究型大学也需要"创业"，也能"创业"，创业型大学在中国如何本土化、如何落地，华中科技大学可谓典型的案例之一。作为学者型的大学校长，李校长一直对学校的发展、高等教育的发展有许多思考并多有著述，关于本科生教育、创新教育、工程教育，李校长的观点尤为鲜明。作为工程院院士，同时任职校长十年，李校长对这些问题既有高等教育学者的认识，也有科学研究工作者的见解，见微而知著。在整个访谈过程中，感触特别深的还有李校长的真诚，包括访谈之中他讲到当前教育的诸多不足，在访谈结束讲到对校长职业生涯的反思，一如他多年前引领全国校长毕业致辞风尚的演讲五部曲，实实在在。访谈不知不觉就进行了三个半小时，但大家都感觉到意犹未尽，有同行的老师在朋友圈发文谈到此行"杭州到武汉的距离，没有万里路，收获的却真的是万卷书"。

特别要感谢华中科大党委书记邵新宇教授为访谈所作的精心安排和热情款待，让当天高铁的来回奔波也变得格外有趣和愉快！

黄伯云：服务国家需求，贡献大学智慧*

  黄伯云，1945年11月生，湖南南县人。中国工程院院士、中南大学原校长、教授、博士生导师，粉末冶金专家，曾任国家863计划新材料领域专家委员会主任、中国材料研究学会理事长、中国科学技术协会副主席、第十二届全国人大常委。1970年毕业于中南矿冶学院特种冶金系并留校工作。1980年留学美国，1988年回国后在中南工业大学粉末冶金研究所工作，先后担任研究所所长、中南工业大学副校长等职务，2001年至2011年担任合并后的中南大学校长。1999年当选为中国工程院院士。他主要从事新材料研究，获得国家技术发明一等奖、留学回国人员成就奖，以及全国杰出专业技术人才、全国劳动模范、全国优秀共产党员等奖励和荣誉称号。

---

* 访谈时间：2019年7月20日；访谈地点：中南大学；整理人：凌健、刘培琦。

学成归来报效国家

宣勇（以下简称"宣"）：首先对黄校长接受我们的访谈表示感谢，对于您我充满敬仰，我在浙江工业大学和浙江农林大学都从事过学校的管理工作，在学术上研究过"创业型大学"的建设，在浙江农林大学时也提出过要办创业型大学，其中就有您的影响。我一直认为，您的实践和探索是中国高等教育发展道路的一个非常生动的案例，堪称"创业型大学"建设的典范。

《湖南日报》曾经有这样一段对您的评论："因为黄伯云，中国在航空制动材料领域的国际地位变了；不变的，是一位赤子几十年如一日对祖国执着的情怀！"您一生都奉献给了科学和教育事业，守望大学。那么，您是如何看待新中国的高等教育以及新世纪中南大学的变迁与发展？

黄伯云（以下简称"黄"）：中国的高等教育发展是很快啊！我是1945年出生的，新中国教育发展70年，我们也都亲身经历了，可以说是翻天覆地。无论是基础教育的发展，还是整个高等教育的发展，都彻底改变了我们中国的命运，同样也改变了我们每一个人的命运。所以说，教育的发展与国家的强盛，与我们每一个人的前途都是直接相关的。我出生在湖南的农村，高中的时候，我们还没有见到过汽车，也不知道火车是什么样子。考上大学，进入省城才看到铁路，我大学毕业以后就留校工作。我们中南矿冶学院的首任院长是陈新民（1980年当选为中国科学院学部委员），他在1952年受命筹建中南矿冶学院，陈院士早年毕业于清华大学化学系，是美国麻省理工学院1945年毕业的博士，他和陈国达、黄培云等一批著名学者，一起奠定了我们这所学校的学术基础。

"文革"结束后，恢复了高考，也恢复了研究生考试，并开始派出国留学人员。我就是1978年最早一批，参加冶金部主持的出国留学预备人员考试，还考了当时学校第一名的成绩，并被选派到美国留学。

1980年，我有机会去了美国留学，刚开始是去做访问学者，接着就攻读了硕士和博士学位。我留学的学校是化学专业很强的爱荷华州立大学。美国在"二战"期间搞原子弹,这所大学发挥了重大作用,因此在那里建立了一个 AMES 国家实验室,爱荷华州立大学材料科学与工程系的许多教授都是这个实验室的成员。美国国家实验室体量有大有小,小一些的就建在大学内,大的甚至达到几千上万人。我获得博士学位后,就转到了田纳西大学和橡树岭国家实验室做博士后,橡树岭国家实验室也是"二战"时原子弹的研发机构。在美国,这样的国家实验室还有很多,而且很多都是建在大学内或者大学附近。

宣:美国的大学和国家实验室的关系非常紧密吗?

黄:是的。你看美国国家实验室的研究都是涉及美国国家发展的重大工程,学校和国家实验室紧密联系在一起,就能够很好地参与国家重大工程。中国的大学要发挥重大作用,也要参与到国家重大工程中去。

宣:当年您的家人都已经和您一起在国外生活,您为什么选择回来?

黄:我是 1988 年回来的。那时候其实是一个出国高潮。我去美国爱荷华州立大学留学的时候,大陆去的人还是比较少的,但紧接着没有两年就一下变成二十多人,四年以后就变成了一百多,后来就是几百人了,每年成倍地增长。改革开放初期,我们国内还是比较困难的。派留学生出去,国家要投入大量资金。那个时候中国经济非常困难,饭都吃不饱,但是小平同志有眼光,有战略布局,那么困难的情况下,国家还拿出钱,邓小平说:"你先把人给派出去,不要怕跑,跑 10%、20%,还有 80%。"这就是他的胸怀。

我做完博士后就回来了。我深深地感到,国家派我们出去,是为了我们留学,而我们绝不能变成"学留",只有学成归国,忠心报效国家,才是正确的选择。回来以后,我一直从事粉末冶金研究。那时候工资只有不到 100 元,跟国外相比差很远,国外差不多几千美元。当时也没有什么长江学者计划、国家千人计划,回来了就分配几个人、一个实验室,白手起家干起来。刚回来时户口也没有,那个时候粮票还起作用,到粮店买不到粮食。办理户口也是需要时间的。尽管各种困难不少,但国家当时正在兴起的发展,给我们自己也带来了很多发展机遇。

强强合并优势互补上水平

宣:1997年您出任中南工业大学校长,2000年担任中南大学常务副校长,2001年您开始担任中南大学校长职务,这段时间正值中国高等教育迎来大学扩招,全国都在进行扩招、合并。中南大学实际上是三校合并,合并过程中您作为校长面临的最大的挑战和问题是什么,您又是如何解决的,能不能给我们谈谈背后的故事?

黄:合并是我们当时全国高校遇到的最大的难题。我觉得这也是关系到中国高等教育能不能走得更稳、更好的关键问题。因为那是一个很特殊的历史时期,我们讲合并,它不只是简单的组合。1998年国家进行机构改革,撤销了很多部委,要把原先所有的行业大学下放到各个省去,变成省属院校。

有色金属工业是国民经济的基础产业,在国家经济和国防建设中具有重要战略地位。到1998年,经过46年的建设和发展,原中南工业大学已成为有色金属工业高层次人才培养以及科技发展的重要基地,是一所在学科专业设置、人才培养和科学研究诸方面行业性极强的全国重点大学。

我1997年出任中南工业大学校长,上任不久就面临学校隶属关系的重大变化,当时学校归属已成为全校师生员工关注的首要问题。在这样一个决定学校未来发展的重要历史关头,我们面临着如何才能保持学校长期积淀的学科优势,保持学校未来发展的迅猛势头,提高办学质量和效益的问题,自己也深感责任重大。经过反复思考和研究,我们认为,有色金属工业的发展必然会对高层次人才培养和科技开发提出迫切的需求,必然希望我校继续发挥和加强行业服务功能。与我们情况完全相同的还有原冶金工业部所属的北京钢铁学院(现北京科技大学)、东北工学院(现东北大学)。

长期从事材料研究的师昌绪先生与这三所大学具有密切的联系,他当时是中国科学院副院长、国家自然科学基金委员会副主任,长期关注冶金工业和我国教育事业的发展。师昌绪先生立即敏锐地洞察到了此事的重要性,凭借在学术界的影响力和号召力,很快召集了当时国内极富声望的几位材料领域专家,其中包括北京科技大学的魏寿昆、肖纪美、柯俊和我校的黄培云等几位老先生,齐聚北京科技大学,共同研讨行业类大学的未来归属和发展,并达成了高度共识,建议部分行业特色鲜明的大学直属教育部管理,并充分阐明了这一举措对中国教育事业和国民经济发展的积极作用。

这份建议很快就送给了教育部部长陈至立。正是因为这份建议充分反映了高等教育管理体制改革中存在的问题,提出了有益于国民经济和高等教育发展的积极建议,国家主管部门很快就予以采纳。1998年10月8日,教育部正式下发《关于东北大学等10所学校划转为我部直属高校的通知》,中南工业大学从1998年9月1日起划转为教育部直属高校。

事实证明,当年的建议和决策富有远见卓识,是非常正确的。这些行业大学后来逐步突破了行业性过强的局限,发展为综合性研究型大学,驶入了发展的快车道,在更大范围、更高层面为国家振兴、民族富强作出了更大的贡献,也赢得了自身发展更加辉煌的未来。

宣:这个建议太重要了,里面的主要内容有什么?

黄:这份建议强调的第一个理由就是,各个部的下属行业高校下放到地方以后,这些学校之前是为国家、为整个行业服务的,现在把它放在一个省去了,怎么为全国服务呢?失去行业优势,这些学校会受到影响,无法有效为行业发展服务;筹建这些学校时抽调了各行业的优势学科,并已形成了特色明显的行业优势,若下放到地方管理,将失去这些已经集聚的优势。归口教育部管理后,更能发挥这些行业高校的优势,更高层次、更高程度服务于国家发展。

再一个就是这些学校有很强的师资力量。当时国家要发展工业，调集了行业里最精英的一批人，把他们集中起来做行业发展的大事。我们学校当时的一级教授、二级教授，都是来源于那些原来的综合性大学，比如清华大学、武汉大学，如果我们不能用好这些人才，对中国的高等教育和行业发展就是一个重大的损失。

这份建议还提出了行业院校合并的观点，就是要重新组建这些行业院校，强调不能把每个行业比较优秀的学校都放到省里去。所以每个部就留下了几个行业性大学进入教育部，成为教育部直属。

宣：我们国家的高等教育格局就是这么来的，明确了归属，接下来就是得考虑大学的发展定位，也就是怎么发展的问题了。

黄：教育体制改革的过程中，对于我们这类学校的影响是非常大的。我认为，整个教育体制的改革有一个过程，撤销部门行业属性的高校，是国家高等教育事业发展的客观需要。实践证明，教育部接管之后，更适应了国家经济建设在各个方面的实际需求，一下子就发展起来了。

宣：中南大学是三校合并，当时您是负责合并的牵头大学——中南工业大学的校长，从内部来看，你觉得面对最大的问题是什么？当时大家思想上是不是都很一致？

黄：是的。中南大学由湖南医科大学、长沙铁道学院与中南工业大学三所院校合并组建而成。中南工业大学组建于1952年，1960年被确定为全国重点高校，1996年进入国家"211工程"重点建设行列，1998年划转至教育部直属；湖南医科大学的前身为湘雅医科大学，创建于1914年，是我国创办最早的西医高等学校之一，享有"南湘雅、北协和"的盛誉，1996年通过"211工程"部门预审并以部省共建形式进行建设，隶属于卫生部；长沙铁道学院的前身是1953年全国院系调整时组建的中南土木建筑学院，1960年以成建制的三个系和部分教研室为基础成立的，隶属于铁道部。这三所学校都有很强的实力，许多学科都具有领先优势，合并真正实现了三所学校的强强联合。

学校合并是遵循和落实教育部提出的八字方针："共建、调整、合作、合并。"共建,指的是省部共建,共同把大学发展和建设的资源拿出来,正是因为有省部共建,我们后来才能成为"985 工程"大学。为了把学校办好,必须要把新学校的内部资源盘活起来,包括积极探索和推行校、院两级管理体制和目标责任制,扩大二级学院的自主权,激发二级学院的活力。中南大学在 2005 年基本完成校内管理体制改革,经过几年的建设,新增校区面积 2000 余亩,学校的教学科研条件不断完善,学校综合实力进一步加强。

宣:因为行业对象不一样,使命也不一样,管理体制、文化都不一样,三所学校后来走到一起,这中间的差异是如何一步步融合的呢?

黄:这个问题要从我们合并的过程来讲。首先,我们当时是最先被纳入到教育部的高校,教育部的发文时间是 1998 年。那个时候还有很多大学没有进去,包括长沙铁道学院、湖南医科大学等,很多其他各个行业的大学都还留在湖南。过去我们是冶金材料类工科院校,成为教育部部属高校后,国家希望我们发展成综合性大学,那就需要引入新的资源和力量。

宣:办好医科对学校上层次上水平很重要,这也是我们对世界一流大学观察的结果。

黄:是的。因为一流的大学,一定要有一流的医学教育;一流的医学教育就一定要在一流的大学。所以,我们首先考虑的是与湖南医科大学合并,当时考虑到我们主要是工科,有了湖南医科大学的医科专业,我们的综合实力将得到大幅度提升。我们还有一个很好的选择,就是长沙铁道学院,他们有很强的特色学科优势,经过双方协商,我们一拍即合。

宣:这样说来,三校合并实际上还不仅是政府顶层的推动,还是自动自发的结果,相当于是学校自己在谋划发展的时候,提出了这样的一种思路,然后又是相互沟通,相互协商。是"自由恋爱"的合并路径。

黄:说起来我们这种模式还是比较普遍的。我们这三家原来都是行业内的优势学校,如湖南医科大学在学科建设人才方面都很强,有很多重点学科,这个学校有一百多年历史,比协和成立还早十多年,国家肯定批准,鼓励你这样做,只要做得好,就能在国家层面上培养更多人才,服务国家战略和国家发展。这样合并之后把国家想要解决的问题都解决掉了,而且把好的教育资源和高层次人才都集中起来了,对行业发展和人才培养都有好处。所以,我们的合并方案很快就被批准了。

湖南医科大学和长沙铁道学院这两个学校实力都非常强。合并以后,我们重点学科加起来有17个,院士加起来有15人。从这个数据来看,我们通过相互沟通,相互协商,自愿合并,确实实现了强强联合。

宣:当时这样合并以后,每个学校原来的管理制度实际上是不一样的,包括文化也不一样,需要长期的磨合,一直到现在可能还有一些差异。当时学校也没有采取强制性举措统整划一是具有大智慧的,尊重学校原有的传统很重要。

黄:合并之后,这三个学校逐渐地在磨合,形成了一个整体。至于文化差异,到现在已经十几年了,也不敢说完全消除了。合并以后出现矛盾是一种正常现象,但当时学校党委和行政强调的是和而不同,允许存在差异性,合并之后我们拥有一个共同的法人、共同的校园、共同的文化和共同的奋斗目标,大家要为学校共同的发展作贡献,让大家在共同的追求下,各得其所,各尽所能。通过十几年的发展,中南大学逐步脱颖而出,真正实现了一加一加一大于三的合并优势。

宣:中南大学的发展其实也是中国高等教育在那一个阶段的缩影。现在回过头来看,这样的合并对整个高等教育事业也好,对中南大学也好,都有非常重要的意义,对后面中南大学建设一流大学打下了一个很好的基础。

练就紧跟时代的真本领

宣:您主政中南大学,是从2001年到2011年,这是中南大学快速发展的十年,您能不能跟我们分享一下您办学治校秉承的理念?您觉得一所大学应该怎么来办？特别是您刚才讲到在美国留学期间,观察到美国的大学是对接和服务国家战略的,我们注意到您所在学科的研究非常好地服务了国家战略和行业发展,您在推动自己所在学科发展的过程中,又率先成立了学科性公司,实现科技成果的产业化,在这方面您的成功经验是什么？

黄:大学服务社会的前提是大学有真本领,简单来说就是要"上水平、出成果、出人才",要把"上水平"放在第一位。教学、科研、社会服务、文化传承,都是我们大学要做的。在现在这样一个知识高度发展的时代,高等教育必须为科技的发展贡献力量,也就是说高校不仅是"传道、授业、解惑"的地方,而且是知识创新的地方。学校应该为知识创新肩负更重要的责任。

宣:是啊。美国的康奈尔大学就一直注重将其科研成果和技术发明付诸实施,大学教授是要能够走进社会并服务于社会的。

黄:是这样。从"二战"开始,美国的大学就更强调为社会发展、为国家发展服务。"冷战"时期,美国一大批高校都成立航空航天系、学院,也就是跟上了这样一个发展的时代。我觉得大学必须把科学研究做好,大学教师不只是教书先生。记得我一进到美国大学,一进入到AMES国家实验室,我就看到他们想方设法把科学研究与为社会服务紧密结合在一起,那就是说要做到社会也觉得没有大学不行,大学要具有不可替代的价值。没有那些大学,没有那些科研,美国搞原子弹是搞不成的。从这一点来看,始终强调大学面向国家的需求是学校上水平的一个关键,这就要求学校要紧密地与社会需求结合。

宣:大学要知道社会需求在哪里。

黄:我们这些学校有一点是很强的,就是特别清楚行业的需求是什么。在这方面,中南大学始终把科学研究和社会服务放在重要位置。所谓社会服务,就是服务国家、服务人民、服务行业,为国家的强盛,为民族的振兴,为人民的福祉,肩负起自己的责任。只有这样,才能说是好大学、高水平的大学。

宣：现在现实中有一种倾向，都是去追求学科建设的 ESI 排名达到前 1%，这隐含着一种导向，实际上就是发论文。为发论文而发论文的现象有可能反映了对于国家的真正需求或者对产业发展的需求是不够了解的，结合得也不是那么紧密。在您主政期间，学校采取了哪些具体的举措引导教师去结合实际，去解决社会问题？

黄：这个问题是我们许多学校面临的大问题——为论文而论文，只考虑所发论文的影响因子。单方面追求论文，短期是有效的，但对行业、对国家的战略性贡献不大。现在我们的评价指标体系片面了一些，很多重要的东西无法纳入评价指标。我们拿医学来举例子，如果考核导向只强调论文，而不是更强调考核需要医生去做的事情，那就不好。医生就是要能动好刀子、开好方子，解决老百姓生病的大问题，解决临床上的疑难杂症。按照现在的所谓"高水平"的标准，动刀子动得再好，也无法纳入评价体系，可是事实上动刀子这一步太重要了，是少不了的。评价体系对于引导学校办学是很重要的，需要我们认真讨论。

宣：有什么样的指挥棒，就有什么样的办学导向。

黄：不管怎么样，大学就是要解决国家的大问题、专业领域的重大问题。改革开放以来，社会发展这么快，高等教育作出了巨大的贡献，大学发挥了不可替代的作用。这种不可替代的作用越大，说明教育办得越好。一流的人才、一流的大学，干的就应该是别人干不了的大事。

论文要解决实际问题

宣：说到不可替代，在摩擦材料这个领域您就做到了，在我们国家具有不可替代的作用。如果大学的每一个学科每一个领域都能够发挥这样的作用，中国的大学就真正办好了。但是在现在的情况下，做到这一点无疑需要大学办学者要坚守初心，这种坚守是很艰难的。我们发现中南大学也提出了大学排名要进入比如前 15 名这样的目标。但是这里的前15，更多的还是基于论文指标来评估的，您在担任校长期间是怎么来平衡外部压力和坚守初心这两者之间关系的？

黄：考核不能不要，外在评价的结果也不能不重视。我们也不能说论文不重要，只是现在有点过头，"五唯"中重点之一就是唯论文。美国的期刊，现在把它捧得最高的是我们中国人，为了发论文，中国人花了很多钱，对此在美国也引起了不断的争议，也对仅仅基于论文的评价产生了质疑。我们当然要注重高质量的论文，但是不能作为唯一的评价依据，一旦作为唯一的评价尺度就走向了另外一个极端，反而可能产生负面的影响。

宣：在一定程度上说，中国的一些大学和学者被论文给绑架了。

黄：评价应该更加多元和开放。例如对学生的评价，不能只看考试成绩，还要考核学生的社会责任、社会活动等多方面。所以对人的评价也好，对学校的评价也好，我们还有大量的工作要做。论文要解决中国的问题，不能只写论文而不解决实际问题，我们要始终坚持把科学研究和解决国家的实际问题结合在一起，始终把解决国家的重大问题放在第一位。遇到大的工程项目，都是学校全面地抓，全校多学科协同解决大问题。当时我们提出的"五大"：大平台、大团队、大项目、大成果、大贡献，发挥了大学的重大作用，对国家某些领域的发展是有贡献的。

宣：要解决国家战略中的大难题，必须要集中力量，也要做好制度安排。

黄：确实如此，学校搭好大平台能够集约使用资源。这么做下来以后，基础打好了，人才也聚集起来了，就能够不断地作出贡献。如果不在这方面花大力气，我们的人才优势和学科优势就会变成散兵游勇，就会出现碎片化，无法发挥大作用。比如讲我国的重型运载火箭，需要配套大尺寸铝合金关键件，难度极大，我们集中全校相关力量，联合攻关解决，获得了良好的效果。

宣：中国高等教育的很多问题，首先就是发展导向的问题，您刚才讲的就是大学必须发挥不可替代的作用，必须为国家战略作出大贡献，这个非常重要。这里面实际上就涉及几个问题，首先是大学理念的问题，就是对大学职能理解的问题。第二个问题就是制度的问题，包括大学的评价制度，包括如何保障激励、引导教授们能够去面向国家解决重大的现实问题。在这一点上，您有一些什么样的经验可以让大家借鉴？

黄：前面提到的"五大"，我们在很多领域都有这样的团队，包括环境、机械、材料、信息、医学、交通等领域。同时，学校按照这种模式还组建了多个跨学科的大团队，综合多个学科的力量，对接国家的重大需求。现在我们正在承担国产C919大飞机和CR929大飞机的机轮刹车系统，我们不仅组织了校内外多学科的协同作战，还跟美国和俄罗斯开展国际合作，为国家的大飞机工程解决重大问题。

助推大众创业、万众创新新局面

宣：我注意到您在2000年的时候就成立了一家学科性公司，科技成果直接通过市场的方式来进行转化，这让我想起我们现在的大学办学类型里，美国的MIT、斯坦福实际上就是走的就是这条道路，国外有高等教育学者把它称为创业型大学，中南大学这种做法其实是具有了这种形态。这种形态后来是不是成为学校发展的一种战略？在政策上是不是去鼓励、引导大家都来把科技成果能够通过市场化的方式来进行转化，来进行结合？

黄：成立学科性公司是为了鼓励把成果转化为生产力。"大众创业、万众创新"要全面铺开，我觉得高等学校要在其中贡献力量。试想国家的这个号召，谁来实现它？这么多高等学校，这么多博士，全是知识分子集中的地方，难道不能够为这个目标贡献力量？所以说我们高校必须要做好科学研究，要为经济建设、区域发展、国家战略服务。要投身到这个里面去，各自的贡献不一样，有大有小。总而言之，全国要形成这样一个"大众创业、万众创新"的局面,高校毫无疑问地要承担自己的责任,这也与我们的人才培养目标相契合。学校的产品就是人才,我们培养人才就是希望他有很强的创新创业精神。

宣:现在高度关注、高度重视本科教育,要以本为本,我们现在还要加大学生的创新创业教育。在您当校长期间,有一些什么样的举措?

黄:首先我们将创新创业教育列入了学生的本科教学计划,并有专门的创新创业课程、有专用场地、有经费保障,开展创新创业竞赛,还有考核要求,对学生有学分要求。另外,为了进一步加强创新教育,培养学生创新创业能力,我们特别强调做好科学研究,做好学科建设,做好平台建设,做好团队建设,为学生实践提供一个好的环境,本科生都可以加入到这里面去,他们都可以在这里得到创新能力的训练和提高。当然我们还有很多其他措施,例如我们也可以把学生带到企业去进行实践。

宣:过去都要实习很长时间,我是学化工的,当时我们到衢州化工厂实习,我是学合成氨工艺的,它有四个工段,每个工段要待一个礼拜,每一个阀门、每一个管道、每一个温度测量都要掌握,整个流程要全部摸遍。其实,这对我们的学生,特别是工程专业的学生帮助非常大,理性认识在实践中得了全部的验证了。

黄:对,实习很重要。这方面我们学校保持了良好的传统,与行业内企业保持了较好的合作关系,同时也发挥了校友企业的优势,较好地解决了学生实践、实习的问题。另外,在一个好的大学里,学科建设很全面,学科自身有这样的场所去训练他们,所有的实验室都向学生开放,使得本科生受到了应有的实践训练,打下很扎实的基础。所以,良好的学科建设也能给学生专业学习与科研提供更多的资源,更多的机会,更多的平台。

宣:学校高度重视学生的实习、实践,那么与此相关的另一个问题就是大学生的创业。现在对大学生创业有不同的声音,大学期间是不是要提倡创业?有些人认为,所谓的创业行为,可能就是开网店卖衣服卖苹果,有些地方还要求,所有学校都要成立创业学院。您怎么看?

黄:我们组织各种创新创业活动,是为了提高学生的创新创业能力,绝不是简单的网店卖衣服卖苹果。我们需要有一种创新创业精神,否则很难实现大众创新、万众创业的目标。所以我们就要鼓励,不断地给他们更多的锻炼机会。我们中南大学培养的学生当中,创业的比例可能相对来讲比较高。据统计,全国民营企业上市公司里面,由中南大学毕业生创立的就有十多家。所以说,在本科生阶段培养他们的创新创业精神和创新创业能力还是很重要的。

宣:中南大学院士比较多,您曾经说过对学生的思想政治教育,要发挥院士的群体作用。这方面,您现在有一些什么更好的建议?或者您在大学校长期间怎么抓学生的思想政治教育?

黄:我们院士多的时候,有19个。我们把这些院士组织起来,用于加强对本科生的教育,这样对学生的影响作用是非常大的。我们有一位院士金展鹏,他双手双脚瘫痪,仍坚持科研和指导研究生,被大家称为"中国的霍金",他的事迹很感人。我们就把这些院士好的事迹作为典型,对学生开展思想政治方面的教育,实践证明效果很好。当时我们要求各个院系的这些院士,去讲自己的经历,然后启发我们的学生,使他们能够更加严格地要求自己,提高他们的认识水平,激发他们的奋斗精神。我们的许多院士都给学生讲过奋斗的经历和成才的经验,对学生鼓舞教育作用挺大,特别是在新生入学的时候,这样的言传身教深受学生的欢迎。这样的工作具有持续性,已经形成了制度。

宣:您的经历实际上是非常完整和丰富的,土生土长,留过学,专门做过研究,担任过副校长和校长。在学术领域又是院士,又拿了国家的大奖。您认为作为一名大学校长,应该具有什么样的素养?您是如何平衡好学术和管理之间的关系?有什么好的经验可以和我们分享?

黄:每个人都有他的具体情况,不是所有做校长的都是一个模式。我是从科研开始做到管理上面去的。从国外回来以后,我首先是做科研,从科研组长到校长,校长职务工作是阶段性的。作为校长,要带好头,要充分发挥行政班子的作用,调动班子成员的积极性,担负起各自的责任,这样学校的工作才能做好。我从科研起家,这也是一个历史原因,许多科研项目不是三年五年就能做完的,是一个长期的工作。除了学校管理工作外,我还有科研工作需要延续,每天的工作时间远远超过了八小时。这些工作也会对推进校长的管理工作具有积极的作用,对学校的宏观发展可以提供很多帮助。比如,我刚才跟你讲的重载火箭这样的项目,这是学校组织多学科团队联合承担的国家重大项目,虽然我不是项目承担人,但这是校长应该要抓的,要去推进的。只有有了丰富的科研经历,你才更知道这些事情应该怎么去抓。

宣:您是土生土长的湖南人,对学校的所有资源、人员都非常地熟悉和了解,另外您对学校有一种天然的一种使命感和热爱,所以您就会非常地投入。

黄:对。从本科学习开始,包括我受派到国外留学的八年时间,我在中南大学度过了半个多世纪。我在这里学习、工作、生活,对这里的一草一木都含有深厚的感情。在这里,我从一名学生成长为一名院士,从一名普通教师成长为校长,母校给予我了一切。我深爱我的母校,我一定要将她建设得更加美好,一定要竭尽全力让学校上台阶、上水平,让学校有大的发展,把她建设成为世界一流大学。

宣:您在校长经历当中,搭档过几任党委书记,如何在党委领导下校长负责制这样的体制下,更好地完善和发挥这种制度优势,您有什么好的建议?

黄:确实很重要。《高等教育法》已经明确,中国高等教育实行党委领导下的校长负责制,我们的学校培养的是社会主义事业的建设者和接班人,必须坚持党对学校的领导。校长是学校的法定代表人,必须坚持在党的领导的前提下当好行政的一把手。校长必须和书记同心协力,我们不去争你高我低。学校的核心是党委,书记是班长,校长是行政一把手,坚持事前多沟通、有事多协商,为了学校发展的大目标,一切为了学校发展,事情就好办了。

教育要迈向世界一流

宣：您现在从校长职位上退下来了，站在过来人的角度看待教育发展可能可以更超脱，刚才其实我们也谈到了现在高等教育发展当中的一些问题，那么对未来高等教育或者是对中国的高等教育未来发展，您有些什么期待？

黄：新中国高等教育发展非常迅速，这是我们70年努力的结果。过去的高等教育是精英教育，现在从精英教育走向了大众化教育。今年，高等教育毛入学率可能会达到50%。我们从1992年的5%到今年的接近50%，只用了不到30年的时间。我们高等教育的学科门类也齐全了，已经形成了自己完整的体系。如果没有这样一个体系，没有实现教育方面的跨越，也不可能有我们最近这些年国家飞速的发展。就像我们的高铁发展一样，现在我们逢山开路，遇水架桥，过去的难事现在变得非常容易，这是为什么？这是因为高等教育的快速发展，为我们提供了大量的高素质人才。这就是为什么我们要坚持发展教育，争取教育投入的比例要占到国家GDP的4%。

宣：是的。教育对国民整个素质的提高，对人力资本的提高，它的作用是不可替代的。

黄：没有教育走在前面，没有教育的大发展，没有人才准备，没有这些基础，就没有国家的大发展。国家把教育放在优先发展地位，坚持教育是根本、教育是基础的方针是正确的。

当然，我们的教育还需要不断发展和改进。比如，目前的应试教育影响太深，为了应付考试，学生的负担不断加重，这就极大地影响了学生创新能力的培养。所以，在这方面我们还有大量的工作要做，包括学生的实践锻炼、创新能力和综合素质的培养。高等教育要培养出一大批杰出的人才，一流的人才，符合国家需要的人才，仍然是我们的首要目标。

宣：黄校长，您曾说："应该实行一个开放的政策，和国外的接轨很重要的,特别是加入 WTO 以后,我们必须把我们国家,包括我们的教育,都放在全世界这样一个高度。"中南大学在国际化方面做了哪些谋划？您是如何看待中国高等教育国际化行动的？

黄:大学的国际化很重要。自己关起门来闭门造车,是做不出什么来的。现在世界是流通的,所以我们要真正使国家变得强大,还必须在国际化方面下很多功夫。一方面就是说人家有好的东西,我们要很好地去学习、交流。我们学校一直注重国际交流,跟国际一流大学和科研机构进行广泛的合作。我们与我曾在美国深造的两个实验室,AMES 国家实验室和橡树岭国家实验室,都开展了长期合作。橡树岭国家实验室主任、美国工程院院士 Jeffrey Wadsworth 教授,美国工程院院士 Way Kuo 教授、Chain-Tsuan Liu 教授,跟我们的合作就非常好。这两个国家实验室培养了很多中国的留学生和访问学者。这几位教授都为我国科技、教育发展作出了重要贡献,都是中国工程院外籍院士,都获得了"中国政府友谊奖"。此外,我们还和国外的很多企业有合作交流。另一方面,国外也在观察中国的研究方向。我们搞有色金属铝合金,美国的铝合金行业是世界最高水平,他们也一直在跟踪了解我们的研究工作,国际著名的美国铝业公司还在我们中南大学专门设立了奖学金。

国际合作与交流非常重要,学校要实现国际化,就应该将国际交流列入学校发展战略,建立完善的交流制度,还要多元化招收外国留学生,学科教学内容也要与国际接轨,并积极参与国际合作科学研究。总之,只有实现国际开放,参与国际竞争,才能成长为世界一流大学。

宣:时间过这么快,不知不觉两个半小时就过去了,非常感谢黄校长精彩的讲述。访谈过程中,我们充分领略了一位科学家、教育家的家国情怀。把您身上这些优秀的品质和先进的教育理念记录下来,与更多的人分享,事实上就是给我们未来的高等教育提供了更多可以借鉴的经验。谢谢黄校长！

访谈手记

7月19日，我和研究团队的两位老师一同奔赴长沙中南大学面访黄伯云校长，课题组本来是邀请黄伯云校长赴杭并对他做一个集体访谈，遗憾的是黄校长刚刚动了一个小手术，不方便出行。因为这个原因，我们在途中交流访谈的细节时也流露出一丝担忧，担心因为黄校长身体的原因影响到我们和他的交流，进而影响到访谈效果。

然而，一切都比我们预想的要顺利得多。黄校长特意把访谈地点安排在中南大学粉末冶金研究院他办公室旁的会议室，以方便访谈结束后可以请他的助手刘祖铭教授带我们去参观成果展览馆。更让人感动的是，黄校长在访谈过程中一直在咳嗽，显然刚做完手术对他仍有不小的影响，我们一直让他喝水和稍作休息，他却一直坚持到访谈结束，原先准备两个小时左右的访谈，最后意犹未尽地谈了将近三个小时。刘教授事后和我们讲，黄校长因为担心访谈时会出现疏漏和错误，提前和自己研究团队专门做了一次讨论，黄校长待人的真诚和待事的严谨由此可见一斑。

令我特别印象深刻的是，黄校长访谈一开始就讲自己是一个农民的儿子，因为教育而改变了一生，衣着朴实、为人低调、待人坦诚，心中却对学校、对国家充满了感恩。正是感受到他对科研事业的一腔热血和对祖国的赤胆忠心，才能理解他为何会选择在国外发展最好的时候携家人一同回国，重新开始科研工作。返回杭州的路上，在我脑海里不断闪现的是他谈到中南大学在粉末冶金材料领域取得世界领先成就时眼中释放出来的那种炽热的光亮；耳旁回响的是他反复强调的要发挥大学在国家战略和人类进步中"不可替代"的作用。事实上，黄伯云校长自身也做到了"不可替代"，对于中南大学，他是一位不可替代的大学校长；对于航空制动材料领域，他是一位不可替代的科学家。

龚克：不务本的大学成不了优秀的大学*

龚克，1955年6月生，原籍湖南湘潭。工学博士、教授、博士生导师，俄罗斯宇航科学院外籍院士；中国共产党第十八届中央委员会候补委员，第十一、十二届全国人大代表，天津市第十四届人大代表，第十五、十六届人大代表、常委。1982年1月毕业于北京理工大学电子工程系，后由教育部派遣出国留学，1986年在奥地利格拉茨技术大学通信与传播研究所获博士学位。1987年回国后，在清华大学电子工程系工作。历任电子工程系微波教研组副主任、党支部书记，研究生院副院长兼培养处处长，电子工程系主任，微波与数字通信国家重点实验室主任，宇航中心主任，科技处处长等职。1999年任清华大学副校长，2004年任清华大学副校长兼信息学院院长、清华信息科学技术国家实验室（筹）主任。2006年7月任天津大学校长，2011年至2018年1月，任南开大学校长。2014至2017年受聘联合国秘书长科学咨询委员会成员，2017年12月当选世界工程组织联合会主席。

---

* 访谈时间：2019年8月1日；访谈地点：杭州莲美术馆；整理人：张鹏、钱维路、侯春笑。

在特殊环境下成长

宣：大家知道龚校长是出身名门，有深厚的家学渊源。我更早知道的其实是您的父亲龚育之先生，他是我们党著名的理论家、中宣部的老领导。您母亲也是北大教授，研究自然辩证法和数学史，所以您是书香门第。所以我们还是从这个地方开始聊，想听听家庭对您的影响。

龚克（以下简称"龚"）：任何人都摆脱不了家庭的影响。我的祖父龚饮冰1896年出生在湖南长沙，他很早就丧失双亲，经历了很多旧社会的黑暗面，接触到了民主进步的新思想，较早地参加爱国反帝活动。1923年他由郭亮、何叔衡介绍入党，成了一个职业革命者。他在大革命时期，办过进步的刊物和新闻社，担任过国共合作时期的湖南省党部秘书。马日事变后，他转入地下斗争，担任过中央主管会计，参加过中央特科的工作，负责过中央档案管理，参加过党的六大，参加过百色起义等。抗战和解放战争时期一直坚持做党的秘密工作，领导与中央直接联系的电台，还用党的经费办了建业银行。

我的父亲、母亲在青年时期参加进步学生运动，在解放前后分别进入清华大学，他们当时都是中共清华理学院党支部的党员。我父亲最初学的是化学，后来在中宣部工作，同时搞自然辩证法和科技政策的研究，"文革"后又做党的文献和历史的研究。我母亲学的是数学，在院系合并的时候，她从清华到了北大，开始教数学，后来也搞自然辩证法和科学与社会的研究。我的家庭既是追求革命的家庭，也是追求科学的家庭，对我的影响是不能否认的。但是我觉得对我影响更大的是社会，是"文革"十年特殊条件下的成长经历。

在我11岁那年，1966年，"文革"开始了。我父亲在一开始就受到冲击。记得6月3号那天，我上完课中午回家，就听说聂元梓驻在中宣部的院子里。聂元梓来了，那不得了，毛主席说她是中国第一张马列主义大字报的作者。所以我跑着到院子里要看聂元梓。最后到了办公大楼前，有个高台阶，看到他们揪出很多人来，从楼梯上踢着打着下来，其中就有我父亲。当时真是有天昏地暗的感觉！后来我母亲也受到了冲击,家里的亲戚一个一个地被揪斗、被关押,到后来是被下放。1969年以后,父亲去了宁夏,母亲带着妹妹去了江西,祖父七十多岁、身体很差,也被"疏散"到江西抚州,叔叔去了陕西汉中,堂弟们年龄很小送去湖南老家,表哥表姐们有的去东北,有的去陕西,有的去云南,整个家庭受到了极大的冲击。在家庭受到严重冲击的情况下,我14岁的时候,就一个人留在北京。1970年6月,中学毕业刚满15岁,分配到工厂去工作,那时70届和71届的中学毕业生很幸运,没有去插队。所以我从15岁开始当学徒、做工人,一直到1977年恢复高考,这段从少年到青年的生活对我影响很大。

宣：龚校长刚工作的地方现在很有名,很多人都知道,就是现在北京的798艺术区,是吧？

龚：现在知道798厂的人大多知道它是现代艺术区,其实国家"一五"计划建设的是一个无线电军工厂。那时我能进工厂,因为父亲虽然仍未"解放",但已定性为犯严重错误按人民内部矛盾处理。讲到这里,其实我心里总觉得我们这个家庭是跟着共产党闹革命的,心里有那么一种很深的底气,认为父亲他们就是犯了些错误,并不是坏人。所以尽管家里受很多冲击,自己还是觉得要相信群众、相信党。所以我始终是抱着希望的,一直是努力的,没有颓废。到了工厂以后,我就想做一个好工人,当时我是开车床的车工。

那时,我们师傅说有一本书叫《金属切削手册》,在北京王府井新华书店可以买到。那个时候我第一年的工资是每月16块钱,买这本书就要花1块5毛钱。我的师傅叫李振铎,河北人,当过兵,即使在"文革"那样的环境里,他仍然很重视技术,他对我说要买这个书,要学好技术,所以我最后还是买了。买了以后就发现一个严重的问题：看不懂！书里头谈到的一些基本数学原理、公式都不懂,比如说里边用到对数表,我当时觉得"对数"这个词都非常奇怪,什么叫"对数"？对应的难道还有"不对"的数？当时是完全看不懂,没有概念。因为我们等于是小学五年级就赶上"文革"了,开始时我们高兴得不得了,停课闹革命可以不读书了,但是我们真的没想到,这次停课,竟有十年读不上书。当时就觉得仅仅会小学毕业的那点知识,就连当个好工人都当不了。要想当好,就不得不上文化课。

宣:所以一恢复高考,您就抓住了机会。

龚:这事幸亏抓得早。1972年的时候,因为1971年"九一三"事件以后,当时周总理主持工作批极左,所以我们在工厂里慢慢恢复规章制度,然后恢复青年工人技术练兵。那时候我们团支部就组织青年工人学文化。从学一元一次方程开始,从最基本的开始学。让老大学生给我们讲课,就一点点地学。当时有一本书叫《英语900句》,就跟着一句一句地学英语,1972年还开了一个广播频道,晚上的时候就跟着学英语。所以应该说,我们在1972年之后开始学文化课,后来我们的学习基本没停过。上白班,晚上学习;上夜班,白天学习。要是没有那段时间的学习,1977年是不可能考上大学的。那不是你需要多大决心的问题,你得有一定的知识基础才能够考。

到1973年,我有三年工龄了,就可以报名当工农兵学员上大学,但是我从那时开始年年报名,年年报不上。我也不知道为什么,不知道该怎样努力才能上大学。一直到1977年恢复高考的时候,邓小平同志去掉了最重要的四个字——领导批准,以文化考核决定录取。所以不管你家庭背景怎么样,甚至不管所谓的政治表现如何,有一个公开公平的尺度——透过知识水平考查学习能力。如果考不上,你会知道是哪里没掌握好丢了分,知道需要怎么努力,这是很清楚的。因为这点,到今天为止,我认为高考制度还是要坚持的,它是透明的、公平的选拔方式。当时我们感受到的是一种前所未有的公开、透明和公平。这一突破得到了从城市到乡村的亿万群众的拥护,转变了社会风气,这对邓小平同志后来拨乱反正,实际上是一个成功的序幕。我觉得这不仅是改变了我们那一代,也整个改变了我们国家与民族的命运。

宣:当时培养的一批包括77、78级的大学生,现在都是各个领域中现代化建设的中坚力量。

龚：总体来看，这个评价应该是不夸张的。

宣：所以有了后来您到清华当副校长，然后到天津大学、南开大学当校长。

龚：当时也没有想到，当时考大学的时候，非常确定的一件事是要学理工科。我父亲他们很坚定地支持我学理工，不要去考文科，我也想学理工科，那时"文革"刚结束，觉得应该学点踏实的理工科知识，好参加国家的四化建设。选哪个学校呢？因为我那个时候感觉可能还是要回工厂工作，因为我们798厂是军工无线电工厂，所以我当时第一志愿报了北京工业学院，就是现在的北京理工大学，它是军工院校。第二志愿是长沙工学院，就是现在的国防科技大学，我当时想的是学军工，学完以后再回工厂去做军工。后来，我们又有了考研究生的机会，这也是以前没有过的事。工农兵大学生的时候根本没有研究生这一说，所以有了一个大学完了后继续深造的机会，而且这是我们可以自己选择的。

宣：当时您考上研究生以后，正好又有出国的机会。

龚：那个时候也不知道要出国。考上研究生以后，突然有一天学校找我谈话，说现在有公派出国的机会，你愿不愿去，目标是攻读博士学位。因为当时我研究生考试成绩比较好，所以有这样的机会。当时很犹豫，后来下决心去了，这意味着选择了一条做学术的道路。从此以后一发不可收拾，直到现在再也没离开大学，从1977年算起，四十多年了。

宣：您正好是每一个机遇都抓住了，比如说考研究生，出国，出国回来后又回到清华——正好我们国家恢复博士后制度，您到清华做博士后。您去清华，是不是也跟父母清华毕业有关系？

龚：我想父母是愿意我到清华的，但更重要的是自己的选择。1987年回国的时候，我们报到的地方是国务院科技干部局，它负责分配我们的工作。去了以后就有那么几个工作让我们选，其中一个是国家科委的驻外干部处，去干什么呢？就是到布鲁塞尔，去中国派驻欧共体（也就是现在的欧盟）使团的科技处做二等秘书。但是我当时反复想，如果要做这件事情的话,就得转入科技情报工作,我觉得这不是我读博士、想在一线做科学研究的初衷。所以我就觉得还是要到一个科研单位去工作,所以我去了科学院大气所、电子所参观。因为我们从学校出来,不太熟悉科学院的那个体系、环境,感觉不如大学。当时我也去看过刚刚成立的卫星通信公司,但这是个新公司,所以心里就没数。

在我犹豫不定的时候,科技干部局领导说,那你可以尝试一下做博士后,可以先熟悉国内的科技工作。博士后先做两年,两年之后你可以流动,再做两年。我觉得这个特别好,有了多次的选择机会。所以到了清华的博士后流动站。其实我也可以直接到清华工作,但好多人告诉我说你不能去清华,为什么呢?因为清华都是叫"三清团"!——要在清华念本科,清华念硕士,清华念博士,之后留在清华的才行。你又不是"三清团"的,你又不是美国MIT、哈佛回来的,你肯定死在那里。所以心里也很忐忑,能不能在清华站住脚也没有底,所以我觉得先做博士后再说。博士后两年多的时间,使我认识那个学校,不像外面说的那么保守,那么封闭,清华很包容,很开放。当时在清华和同事合作非常好,从周围的老师、同事、同学身上看到很多优秀的品质,感受到扎实的学风和严格的学术标准,感觉这是一个优秀的群体;而且清华是一个很好的科研平台,它承担着国家的重大科研项目。1987年我们回来的时候,"863计划"刚刚启动,所以我们是最早切入这个项目的,我觉得这个非常非常诱人。

办大学就是办一个氛围

宣:在这之前您也没想过能当到大学校长?

龚:根本就没想走那条路,想的就是要当一个科学家。当时去清华,首先是看到清华的合作氛围,另外一个就是清华提供科研的舞台比较大,直接承接不少国家重大项目。所以当时想的就是当一个科学家和工程技术专家,在卫星通信、雷达这方面能够做点事,没想过当校长。

宣：但是您后来当了校长，而且成了一位影响力很大的校长。您2006年离开清华到天津大学，2011年从天津大学到南开大学。我们注意到，您在南开，无论是在毕业典礼还是开学典礼上的致辞，您反复不断地挖掘校训内涵，这背后一定反映了您对南开、对大学、对人才培养的一种认识，您为什么会反反复复来讲校训？

龚：我是2006年离开清华，到天津大学担任校长。然后从天津大学又到南开大学。当校长，有一件很难的事就是作开学和毕业致辞……

宣：说容易也容易，办公室写稿子，您照着念就好了，也可以很简单。

龚：这个我还真是没念过，都是自己写的，但是很难。特别是一开始的时候，我们是露天的毕业典礼，后来才有体育馆。开学典礼在夏天，你不能讲得很长，我后面讲得比较长的，都是在室内办的。现在学生体质不行，在露天讲的时候，看着一个一个倒下去，作为校长，你心都在跳，所以要很短。但是我们希望这是开学第一课，要让学生有印象。所以像您说的，我在南开讲来讲去都是校训。大体上是这么个套路：开学典礼的时候，讲四个字"立公增能"。毕业送大家走的时候，讲"秉公尽能"，全是在这两个方面做文章。天津大学有一位老校长叫吴咏诗，现在已经去世了，是我们非常尊敬的一位老校长。他当时在天大非常有威信，他有一句名言说"办大学就是办一个氛围"。他说这些学生都是成年人，我们给他们创造一个氛围，在这个氛围里让他们成长起来，好像长蘑菇似的，在这个土壤、气候、湿度条件下，它就会一个个冒出来。这氛围是个什么呢？最本质上是个文化氛围，学生受到它的熏陶。南开校歌里有一句歌词"以铸以陶，文质彬彬"，说的就是文化的"陶铸"之功。文化是多元的，文化不是四个字、八个字能够描述的，但是校训里这四个字、八个字，是文化的魂，它代表了这个学校的历史积淀，代表了这个学校一代代师生形成的文化精神和价值追求。它不仅是代表历史，它还是面向未来的。无论清华的"自强不息，厚德载物"，天大的"实事求是"，还是南开的"允公允能，日新月异"，都是这个学校文化的精髓。所以对于我们这些"空降"的校领导来说，要融入到一个大学，除了要跟师生交朋友,我觉得最重要的还是要融入学校的文化,校训是学校文化最集中的凝练,这是从一般意义上来讲。从特殊意义上来讲,南开的校训我确实感觉到,它有非常深厚的底蕴和强烈的时代精神。

宣:有非常深厚的底蕴,但是也非常具有现代意义。

龚:南开的校训非常独特。2015年,中央领导同志要中央电视台宣传一些优秀的校训,他们去采访了好多学校。那个主任到了南开以后,他就问你们这个"允公允能,日新月异"出自何典?很多校训都是从典故里来的,比如"实事求是"来自《后汉书》,"博学之,审问之,慎思之,明辨之,笃行之"出自《礼记·中庸》。他就问我们的校训出自什么典故,我说这是南开原创,他不大相信,说你们有没有查过?真的是原创吗?我说至少我是真的查过了,如果你在什么地方能查出来那更好。类似它这种语式是有的,《诗经》里有"允文允武",后来又有"亦文亦武"。但是把"文、武"变成"公、能"真的是没有过,它是一个完全新的内涵,它抓住了教育最本质的东西。最早我们南开的校训就"允公允能"这四个字。1934年纪念南开办学30年,在总结30年经验的时候,用的就是这四个字。当时张伯苓老先生说南开的一切训练,包括体育训练、学习训练、团体训练、爱国训练、纪律训练等等,最后都归为"公能"两个字。它是基于30年办学经验,在国家积贫积弱、民族危亡的时候为了救国而办学,用张伯苓的话说,就是"痛矫时弊,育才救国"。所以他解释这个"公",是大公,不是小公。

宣:其实是德的范畴……

龚:是一个大德的范畴。孙中山先生有个非常有名的题辞"天下为公"。这个"公"是天下,而且是公天下,不是私天下,不是皇帝的天下。所以张先生讲,这个公是一个爱国爱群的公德,这个公是大公,是最高的道德。然后那个"能"是服务社会的能力的培养。

宣:属于才的范畴。

龚:我理解,能与才还有所不同,这里的"公"与"能"高于德才兼备。为什么呢?"德",分为公德、私德。南开"公"字当头,以天下为己任的公德为引领。有的人也许两袖清风、与人为善,但不为人民做事,私德不坏,可公德不足。

宣:他只是独善其身。

龚:独善其身,都不出世,这也许不能说无德,但不是我们追求的"公"。张伯苓先生倡导的"公"是要救国的,确立"公能"校训的第二年,就发出了"爱国三问"——你是中国人吗?你爱中国吗?你愿意中国好吗?这是一贯的,不是在一般的意义上讲"德",而是突出"公"这个"最高的道德",这是张校长当年的原话。南开那时是所私立学校,把"公"字写在学校的旗帜上,代表了南开的追求,它不是一般的德。还有就是这个"能",一定要包含一定的才干,没有才干,谈不上能力。才,一般指才华,但有才华的人未必能服务社会。有的人怀才不遇,有的人恃才傲物,不出世,写诗作画,牢骚一生。但是南开这个"能"是明确讲服务社会能力,他要把你这个"德"、这个"公"的追求要"能"付之于行,"能"成之于效。

宣:一定要外显为对社会的贡献。

龚:要外显,它带有极强的实践性。这是我的一个理解,所以我特别推崇这个校训。几年之后,又加上了"日新月异"。其实日新月异的说法,我们是先有校歌,后有校训,所以在校歌里"公能"两个字没出现,但是其中有八个字是"汲汲骎骎,月异日新"。后来张伯苓先生就把"日新月异"补充到校训里面去,他说要适应新的时代,而且他当时没用"引领",而是说,不仅要跟上新的时代,而且要创造新的时代。这是他1930年代的讲话,八十多年后看就像是现在讲的。

宣:这已经超越了我们通常说的时代意义。

龚:不仅要跟上时代,适应时代,而且要创造时代,这个意义非常深。强化了"公能"的实践性,强调了公能精神是我们创造新时代所需要的。所以南开这八个字的校训,蕴含着为国为民为天下的精神,且力行能成,它真的是不朽的。

宣:特别契合大学的这种精神。

龚：它扣住了立德树人的最本质要求，所以它可以经久不衰，而且面向未来。

宣：可以不断赋予它时代的意义，不断赋予它新的内涵，所以您每次讲都有新意。

龚：其实还是围绕那句话，不过是结合着每年的情况在变。所以就这点来讲，我在南开工作这么多年，一直努力地在以校训为核心，希望创一个浓浓的氛围，就是我们称之为南开品德的"公能日新"的氛围。我们希望南开人有更大的、更强的公心，有努力实践、服务社会的能力，希望学生有这样的自觉。其实我们做了很多事情，希望更多的南开学生在这个文化里受到熏陶。就像泡菜的老汤一样，从坛子里捞出来，就是带那个味。所以，我们想努力创造这种浓浓的文化氛围，浸润在这种氛围中，它给学生带来一种文化特质，不管学什么专业，都有这种"公能日新"的特质。就好像不论萝卜白菜还是莴笋豆角，从那个老汤出来，都有那个味道。

宣：南开的这个校训好在哪里？我觉得跟我们中国传统知识分子的理想人格追求也特别契合，《大学》里头讲，知识分子要"修身齐家治国平天下"，就是要有服务社会、服务国家的能力。

龚：从个人的修身，到最后"平天下"，连在一起，以"公"为引领，又从私德或是细节做起，南开也在践行这个。南开有一个"镜箴"，我们也叫"容止格言"。到南开去参观我们的学生宿舍，一进门一定有一面镜子，很多楼梯转角也有一面镜子。镜子上有"容止格言"——"面必净，发必理，衣必整，纽必结……"南开的小学、中学、大学都讲"容止格言"，这就是修私德。当时我看了以后，脑海中浮现一个形象，就是周恩来，从他的容止，到他心忧天下、鞠躬尽瘁，很让人感慨。所以将公能变成空话是不行的，你得从自己修身一点点做起来，如果没有个人的修养，就很难做到这一点。

宣：我为什么特别关注这个问题呢？特别赞赏校长在毕业典礼和开学典礼致辞时讲校训。

龚：万变不离其宗。

宣：对。校训其实是一个学校办学历史、精神文化的浓缩，就是因为是一种灵魂，是一个学校的魂。学生进来之后，这四年就按照校训来养成。等他们毕业了，走向社会了，就把校训在社会上发扬光大。这就是大学引领社会的一个很重要的渠道。所以我特别认同您将校训赋予时代的内涵，不断丰富校训的内涵，让学生带上母校的味道走向社会。

龚：这个我跟您认识高度一致。因为一个学校有百年办学历史，不能一任校长几年就换一个词，这样就把一个学校的精神给打散了。

以"三个转变"推动素质教育

宣：接下来我想跟您讨论的问题就是，文化最后还是归于育人。您刚刚到南开的时候，正值《国家中长期教育改革和发展规划纲要（2010—2020年）》颁布，其中阐述了我们国家高等教育发展在大众化之后，规模上要适度控制，要提高高等教育的质量，要走内涵式发展的道路。那么针对人才培养质量的提升，您怎么看这个问题？我们现在提出"以本为本"，其实就是看到了本科教育质量下滑的问题，您当时在南开是怎么抓这个问题的？

龚：是这样，《规划纲要》是2010年的9月份正式颁布的，在之前我也参加过很多次讨论。我觉得这个十年规划，从教育的理念上来讲，它明确了"育人为本"的概念，这个我觉得是非常重要的。随着一批研究型大学的兴起，我们国家把学术和科技的研究作为大学职能，作为大学生活非常重要的一部分，《规划纲要》明确提出中国教育改革与发展的战略主题是以育人为本，全面实施素质教育，这是经过反复讨论的。所以我2011年到南开工作以后，我们就着手落实《规划纲要》，切切实实施行素质教育，当时我们称之为南开品格的素质教育。

我在南开做素质教育，跟在天大与清华有一定的区别。南开品格的素质教育，或者说"公能"品格素质教育，希望把南开文化精神融入到素质教育的氛围里。我感觉它不是一般意义上的教学质量和水平,比如我们现在考试变水了,知识陈旧,更新的不够,等等,或者说老师过多的精力放在科研上,在教学上投入不够,以及课堂纪律松弛,等等,当然这些也都是要解决的,但是从大的角度来讲,我们首先就是要按照《规划纲要》精神,塑造一个以育人为本、以学生的健康成长为中心的学校工作格局。因为经过一段时间以来,特别是像我们这种研究型大学,工作的重心越来越偏向科研,然后通过科研成果转化,实现我们社会服务的职能,提升学校影响力和声望。一个学校当然要做科研,但他是一个教育机构,本质是为了学生;如果不是为学生的话,这个社会就没有必要办学校,你可以直接办科研机构就可以。

所以后来我就有一个认识,"育人为本"是对整个学校工作讲的,不是仅仅在教学和学生工作中要育人为本,学校的一切工作都要育人为本,就是说学校做科研也必须立足于人才培养。比如南开大学的经济、金融研究非常强,但是南开大学研究金融是为了培养金融人才,央行研究金融是为了支撑货币政策,证券公司研究金融是为了掌握证券市场动态,还有很多其他目的的研究,都是不一样的。学校就必须立足于人才培养,我们的目的一定是培养人,以学生的成长为出发点和落脚点。但是事实上,我们的工作格局有些偏离了,所以,我们就提出来要推动一个转变,叫做"从学科为本转向以学生为本"。这个转变当时在学校里形成激烈的讨论,有些同志觉得现在建设一流大学就是要建一流学科,所以一流学科是我们建一流大学的"本",要守住这个,不能脱离这个"本"。所以第一个转变就变成一个大家激烈争论的问题,以至于当年我们开学校第八次党代会,本来要把它写进党代会的报告里,由于征求意见的时候,认识不一致就没有写进去。我本来是要推动三个转变,因为第一个站不住,我后面两个就站不起来了,后来就没有写进去。

宣:这说明争论非常激烈了。

龚:对,认识不一,大家就觉得这个提法要慎重。总之,学校现在以学科为本,办学校就是办学科。它不是反对培养人,但是认为培养人是包含在学科里面的,所以要坚持学科为本。也有的同事讲,正面谈育人为本就足够,讲从学科转变到学生,会冲淡学科建设。总之,不能或是不敢说从学科为本转变到学生为本,所以当时我们没有达成高度的共识。直到那一年的年底,我们开过全校的教学工作会议以后,才把它写进学校专门的文件。这个很不容易。当时,我们想学科到底是什么?最早的学科,它是在对象的意义上确立的。比如说我们医学中的内科、牙科、眼科,它是对象,并不是说我们眼科医生就是一只眼睛,牙科医生就是一颗牙,眼科是治眼,牙科是治牙的,学科是按对象划分的。其实物理、化学、数学都是按研究对象来划分的。后来针对同样的对象发展了不同的方法,有的学科是按方法来划分,做手术叫外科,用药叫内科,基本上是按对象及相关的方法来划分。但是中国现在讲的学科包括了主体,即从事那个学科研究的学者。从这个意义上来讲,我们再看学科评估评什么呢?评的是教师队伍,是你学术的业绩、育人的水平和科学服务的水平。现在我们很多学科的排名,可以把大学和研究所一起排,比如化学排名最好的是中科院上海有机化学所,医学上排名非常靠前的是军事医学科学院。这种排法抹杀了这些机构的本质区别。

宣:它们的使命不一样。

龚:它们的使命不一样的,这样的排名显然忽略了这个本,那为什么学校的医学院不变成医学科学院呢?大学的化学系为什么不变成中科院在天津的化学所?单独从发论文角度看,这或许是可行的,但从育人角度看就不行。育人有其自身的规律,所以大学要回归育人为本,一定要回归。这个"育人"是什么呢?是学生的健康成长,是学生的全面发展,一定要回到这个"本"上来。我不相信一个不务本的大学会变成一个优秀的大学,尽管你可能指标非常漂亮,但是早晚你不可能长远发展。就像开一家餐馆,厨师歌唱得特别好,球也打得好,装潢也好,甚至能发表烹饪的论文而且获奖,就是菜不是炒得最好的,你总归不是一个好餐馆。

宣：对，就是你最核心的竞争力或者最根本的价值在哪里，你必须明白。

龚：你必须明白你独立存在于一个社会的价值在哪里。所以，我们后来反复讨论的时候，我们就说要从学科为本转为学生为本，并不是说学科不重要，而是说学科的重要性在于它是一个集教师、教学、科研、社会服务、对外合作为一体的综合的育人平台。学校为什么要把学科建好呢？为了育人。

宣：所以建好学科不应该成为大学的终极目的，育人是终极目的，而学科应该是一种手段，一种平台。

龚：太对了，学科不是终极目的，是平台。这个平台越好，你育人的能力就越强，这个是我觉得最重要的。后来大家认可了第一个转变以后，我们顺理成章地提出了第二个转变——如果我们是育人为本，我们育他什么？我们就说要从知识传授转变为素质培养。这里头非常重要的不仅是要把知识传授给他，还要培养成一个综合素质高的人。从历史上来看，我们中国的教育传统讲修齐治平，从修身开始。修的是什么呢？是素养，所以我们合起来叫修养。这不是仅仅修一个文化知识，特别是某种专业的文化知识。专业文化知识今天一定是需要的，但还不够。如果仅仅把育人放在文化知识上，显然是不够的，所以我要变成一个全面发展，我们叫做德智体美全面发展的一个人。这个人要有实在的能力，他才能成为我们中国特色社会主义的建设者和接班人。德智体美全面发展早就提出了，但在实践上没有很好实现，我想一个重要原因是没有超越知识传授。在学校里事实上存在一种意识：教育等于传授知识。所以我们要转变，从知识传授转变为素质培养。知识在一定程度上是可以灌输的，但是素质是不能灌输出来的，素质只能是发展。而且更重要的是，在传授知识时候，我可以说是教师为主体，把知识传授给学生。特别是我们国家在一些重要文件里用了一个词叫做"受教育者"。在中国的语境下，受教育都是被动的。所以我们就特别强调"教"，形成了"以教为本"的育人工作格局。直到今天，我一直认为这是我们的一个缺点,一说到抓教育质量,就一定是抓教师,抓教室,抓教材,总是围绕着"教"做文章。

但实际上,在今天来看,特别是在大学,好学生是学出来的。这一点你必须承认,我们可以用大量事实证明。再说如果我们是要培养素质,素质发展主体更是学生,这个素质不可能由教师灌输给学生的。所以这个认识就要转变,这个不是一般的转变,不是一个范式的转变,这个模式要变。于是我们就提了第三个转变——从以教为主转变为以学为主。后来经过激烈讨论,再加上四个字,"教学相长"。我说加得好,以学为主,教学相长。其实我们在三个转变后面都还有半句话,比如说到从知识传授转变成素质培养,后半句就是这并不是说知识不重要,知识是素质的重要组成部分,而且是培养多种素质的载体。我们不能设想一个无知的人是一个高素质的人。

宣:素质是以知识为基础的。

龚:以知识为基础,这是培养素质的重要载体。对于以学为主,我们也加了半句话:以学为主不是说教不重要,教的重要性在于启迪学生自觉地去学。所以,我们南开大学贯彻《规划纲要》,是从这三个转变入手,力图形成南开大学具有"公能"特色的南开素质教育体系。在这个体系下谈提高教学水平,特别是学习成效的提高。现在我们考察的都是成绩,为什么考察成绩,因为我们要用成绩反映成效。但现在有点脱离,甚至脱离得厉害。我跟学生座谈时,学生说,就靠考试的时候"恶补"。恶补到什么程度呢?早上去考场的时候,路上不敢跟人说话,怕背的东西忘掉了。我一听,我说南开的学生怎么都教成这样了?这不是学生的问题,学生都很认真!这是我们教得不对了,我们不应该是这样一个模式,不该让学生这样学习。我就问学生恶补有没有效,他说很有效。

宣:对付现在这种测验肯定有效的。

龚:这又是我们的问题了。因为我们感觉就像夯地一样,我们不能一次性地夯实,我们是砸一下,给它砸下去,等它松了,再砸,一遍一遍地这样砸,让它逐渐夯实。知识也这样,学了忘了,再学,又记住了,逐渐他就记牢了,它是一个过程。我是搞电磁场理论,我们对数学要求特别高,所以我带博士生的时候很看重学生的数学成绩怎么样。有些学生数学成绩很好,但是做研究的时候怎么就不会呢?他说考完了以后再也没看过数学。这肯定是有问题了,考得非常好,但是他忘掉了。可见,靠恶补出来的考分,不真正反映学习成效。所有这些问题,我觉得你指责学生没用的,是你的考试方式、评价制度出了问题。

宣:您讲的问题实际上不仅仅是高等教育的问题,我们整个教育,包括基础教育,最大的一个问题就是把教育仅仅理解为知识的传授,而且把知识的掌握理解为背诵和记忆。我们最后检验的成效就是考试,而考试是什么?就是知识的还原,就是你记住的东西能不能还原?这是我们现在最大的问题。

龚:对,现在我们要走出这个套路。所以后来我们就提出来,得想办法改。我们要让学生学会 A,学会 B,学会 C,但是我们今天不是 26 个字母就能穷尽了的,现在知识太多了。穷尽不了怎么办呢?让他学会了 ABC 以后,他可以自己去学习 DEFG 和更多的东西,要有举一反三的能力。所以我们就提出,南开的教学需要帮助学生从学会到会学,我们的考试、我们的教育方式要按照这个思路去改革。走到社会上的时候,固然他是带着他学会的东西,但是更重要的是他带着会学、肯学、善学这样的能力走进社会,这样才就不断能够适应社会。比如现在人工智能来了,据说在未来十年要替代 8000 万个工作岗位,我们听这多可怕。但是它会创造 1.3 亿个新的工作岗位,工业化以来,我们从来没有因为技术进步导致就业总量变少,反而是大大增加,但是具体的岗位发生了变化。

宣:就是它的结构发生了变化。

龚:真的就是结构变了,马车夫就下岗了,如果他不会开汽车或去做由汽车带动的新岗位,他就得失业。所以这个时候问题就变回来了,变回到这个社会的教育体系是不是能帮这些人适应不断的变化,或者社会是不是有相应的培训体系,帮助人们很快地适应岗位的变化。这又回归到教育问题,所以教育一定要适应这个知识爆炸的年代。我们不可能像过去,像我们那个年代学电子的,那时候在清华学到的知识恐怕一辈子都够用。现在摩尔定律18个月换一代,你这边还没毕业,那边都换代了,你怎么能跟得上?你看4G刚刚用,5G又来了。5G今年还没有商用,我们就已经开展6G移动通信的研究了,让学生怎么跟得上?所以一定要"会学"。为此,我们就要改革考试,但是这个改挺难的。

我们现状是什么呢?我认为是"讲三,练二,考一"。讲的是"三",比如一本书13章课堂上都讲完,然后练的呢?只有"二",是其中特别重要的部分,布置作业做练习。最后考的是"一",学生最喜欢老师划范围,考试范围一划出来,然后他在这个范围里恶补,就能考好。但是,你这个知识体系为什么要写13章?你比如说第七章不考,那学生就不看,那我们第七章能不能不写呢?显然不行,这个体系就被破坏了。所以我们希望能够变过来,变成"讲一",少讲一点;"练二",让学生在练习过程中超出老师讲授的范围,这样子逼迫他自己去读书来解决问题;"考三",把最善于举一反三的学生考出来,那是南开最优秀的学生,不是善于背记的。要想改变这个,说说容易,在实践中是很难的事。

但是我们可用一个办法,用鼓励的办法。我不想去惩罚教师,因为教师从一个模式改过来也不太容易,而且一旦搞乱了以后,它会事与愿违,影响教学质量。所以我们用一些新的标准衡量教改项目的评选,我们把它选出来。我们说这个课堂是"魅力课堂",通过评选,让大家去看这个课堂。这个课堂,讲课讲得不多,但是互动性非常强。我上次去看,老师满堂跑,我说你这累不累,要带上计步器恐怕得有上万步了。我们不是说所有教师都要这么跑,但是我们希望我们的课堂活跃起来,让学生会提问。我曾经问毕业的同学,你们有没有提过问题?真有同学说这四年上课,从来没有提过任何问题。这个不可以,这个要改变,所以后来我们就干一件事——推动改革学评教指标。我们一开始评教怎么评的?让学生评价老师讲课主题是不是鲜明,层次是不是清楚,语言是不是流畅。这一看就不像是给学生评的,而更像是给一个更有经验的老教师来评的。学生应该从学生的体验来评,所以后来我们说这个表要改一改。比如,你对本课程学习的目的是不是了解?如果你不了解的话,有没有老师给你讲过?因为我们希望学生了解为什么要学这门课,我通过这个课要掌握什么,为什么要掌握这些,老师有责任要告诉你。

宣:这个很重要。

龚:然后说你这个课堂上有没有提问的机会?你提问老师有没有回答?他的回答对你是不是有帮助?你的作业老师有没有判过?老师判这个作业是不是对你有启发?等等。这样下来,我们希望从学生的体验上倒推教学效果。这些事都要特别实在地去做,去改革。当然一门课和一门课是不一样的,外语课和数学课是不一样的,我们也不能千篇一律。所以我们就通过提倡推行这个理念,奖励那些优秀的改革尝试者。另外,我们成立了一个教师发展中心,这个中心不仅仅是跟他讲怎么写板书,还包括怎么掌握节奏,等等,这些都会讲。

宣:这是上课的技巧。

龚:教学法嘛,这也很重要。但是更重要的是理念,新的理念。最后是教师互相交流,我们现在教师也非常多元化,他来自不同的背景,交流起来也会有很多的感受。我们就这样一点点地推进教学改革,其实还有很长的路要走,但是我们希望用先进的教学理念为引领,以"公能"品格素质教育的体系为支撑,来提升我们的教学质量。不仅是本科教学质量,而且包括研究生,因为我们南开每年新招的研究生数量比本科生还多,研究生教学也是非常重要的。但是本科是非常重要的基础,这四年属于学生进入成年的开始,从18岁开始,这个基础要打好,所以我老跟同学讲,这四年是管今后四十年的。

"公能"价值观不能是句空话

宣:我们高等教育大众化以后,今年其实到普及化了,去年的数字是48.1%,今年估计会到50%了,提前进入了普及化。我们每年将近有800万的毕业生,一方面是社会对创新型人才需求的饥渴,但另外一方面是我们现在每年800万毕业生的就业依然困难。那么我们的就业和学校教育之间,是什么样的一种关系?您怎么看这个现象?

龚:从就业形势来看,今年政府工作报告提出来新增1300万就业,这是很不容易的一件事。就业的重点首先是青年大学生,然后是复转军人和转岗再就业。新增就业实际上主要的群体还是青年大学生,从新增大学生就业这个数来讲,我们现在接近800万了。

宣:好像是780多万。

龚:780多万,新增就业1300万里60%的样子。所以从就业的绝对量来讲,应该说是可以有岗位的,但是现在就业形势突出的是结构性矛盾。一个是就业的地区结构,大家更愿意去北上广深。南开的毕业生这几年大量的去北京,固然有京津冀一体化这样一个背景,但是我们跟同学在谈的时候,他们看的主要不是北京工资比天津或者比其它地方更高,但是他们说北京机会多,他们看重发展机会,所以有北漂,是吧?到现在没有津漂,杭漂现在开始出来了。所以它反映的是我们的经济发展在地域上极化的效应,我们叫polarization,这是区域性的极化。在这聚集,产业的聚集,就业岗位的聚集,发展机会的聚集。这和我们希望学生到西部去,到不发达的地方去,是拧着劲的!这是一个效应。还有一个效应是电子信息领域急需人才,或者说其他领域急需具有比较好的电子信息背景的人才。比如说各行各业的智能化,大量需要既懂得专门知识又能从事智能化的人才;文化艺术产业,艺术在逐渐数字化,大量需要懂艺术也懂技术的人才。但是在目前我们的专业培养模式下,往往达不到用人单位这些要求。尽管你是工艺美术学院毕业的,但是你缺少数字化艺术、网络艺术这样的背景,缺少比较宽的眼界,缺少融合发展能力,所以主要不是传统意义上的知识不够,更主要的是融合意义上、信息化意义上的知识与能力不够。这是另外一种原因,是知识能力结构上的问题。

还有一点,是期望与现实的失衡。比如现在我们电子信息的人才,我们本科生出去就比教授挣钱多,他要是到了华为这样的公司,工资确实高,但是他们的要求也非常高,金融业也差不多是这样。这些高收入促使毕业生产生比较普遍的高期望,不符合发展实际的高期望。现在我们说发展的主要矛盾是不平衡不充分,不平衡也体现在不同地域、不同行业的工资收入待遇差很多。有很多地方是有岗位的,是有需求的,可是在有社会需求的岗位上,又得不到我们学生所期望的工资待遇,学生就不愿意去。拿南开来讲,用人单位每年到我们这儿来提供的岗位,都大于我们的毕业生数,但是有一些岗位我们学生不选,因为他不愿意去这样的地区,不愿意到这样的行业,他不愿意接受这样的工资待遇。这里头发生了学生期望和社会需求的矛盾。

在这方面,我觉得学校除了正确引导就业方向、收入期望之外,要做几件事情。一是要培养学生与人交流的软能力。现在越来越多的工作要求团队合作,我们的一些学生交流表达能力不够。经常有用人单位跟我说,一个学生的履历,看上去各方面都挺好,但是这个学生不会说话。用人单位是筛选了很多人才让他去面试的,一面试,发现他不会讲话。特别是在提问的时候,他情绪会跟你对立起来,用人单位就不敢用这样的学生。其实他也未必是孤僻什么的,就是他的交流能力、适应不同环境的能力不够。他可能在面试的时候有一定压力,在压力下表现得惊慌失措了。这些不能全怪我们的同学,是我们给他的训练不够。我以前到香港,发现香港的学生很会讲,他讲得头头是道,我们同学做工作未必不如,但是我们的学生讲不出来。所以我们要锻炼学生学会表达,这也是整理思路的一个过程。还有的用人单位说,你们这综合性大学,学生写的东西不怎么样,笔头表达能力不足。像这些,我们的学生可能没有注意到,其实这些能力在他们的履历自述中已经表现出来了。有的同学从网上找样板,尽是拷贝下来的东西,自己很欣赏。可是你想,你抄别人也抄,你抄的那些东西用人单位都看过,一看都是似曾相识的。他要你真正有个性的、自己写出来的话。这才有说服力。我们有些学生不研究对象的特点,都用同一个自述,发到大学、研究所、政府、公司,都是用同一个,这是不可以的。

宣:他不区分对象。

龚:你选择的是不同性质的工作岗位,怎么能用一种说法对付所有的对象?不同对象需求不一样,你怎么可以都用一样的东西呢?所以你说什么对牛弹琴,可问题在于是你要"对牛弹琴",那你就应该说"牛"愿意听、能听懂的话。所以现在我们在学校里缺乏这方面的训练。比如,学校是要育人的,现在来我们这应聘的很多教师,跟他谈,为什么选学校?回答说我特别喜欢做学术,做研究,所以选择学校。我说你选择教师是选了一个什么职业呢?这是一个把别人也就是学生的成功视为自己成功的职业,你要有这个意识才能当老师的。你说要写文章,要当院士,那你到科研单位去好了。不是说学校不能当院士,但是你是在育人过程中,在培养别人的过程中,把自己发展起来的。你要有这个认识,才能选择做教师。

英国在考核学校的教学质量时,看你教会学生多少 transferable skills(可转移技术),是学生在不同岗位,在将来就业的时候,他可以 transfer(转移)的 skills。这些 skills 就是沟通的能力、表达的能力、学习的能力,等等。这是我们一定要改进的,要让学生意识到,他有这个需求,他需要很好地跟人沟通、与人合作。这是很重要的,我们现在很不足。另外要强调动手实践,"纸上得来终觉浅,绝知此事要躬行"。他动过手就可以告诉用人单位,在这个方向上,我曾经有哪些实践。这些实践也可能正好跟你用人单位对上,也可能不是对得那么准,但是在这个实践过程中,我增长了能力。一旦了解你的需求,我可以举一反三地转过来。总体来说,我们的教育过程缺少实践,缺少对社会的了解,这是我们普遍的问题。另外,还有一个就是,我认为我们需要把现在普遍需要的电子信息、计算机软件这些知识,渗透到我们所有学科领域。

宣:就是作为通识课程。

龚:这个是通识。比如学机械的学生,也要有很好的数字化的功力,我不仅会做机械的传统设计,而且我知道怎么通过数字技术去控制它,乃至设计智能化机械。这些需要打破我们原来的专业界限,特别需要强调,在学习过程中主要不是灌输,而是学生自主学。我印象中我们合唱团的学生,比较受用人单位欢迎。不是招他去当演员的,它实际上是因为合唱团成员是不同学科的,学生的眼界宽。数学系的学生不是只是跟数学系的同学打交道,他会跟理化的、跟信息类的、跟历史的、跟法律的、跟文学的同学交流。所以他在合唱团的时候,交很多很多朋友,这些朋友扩展了他的眼界;而且他在跨学科交往的过程中,提升了他的交流能力。所以清华的好多老领导,过去都是学生社团的,比如王大中校长,他一直到清华100年校庆的时候还可以上台跳舞,跳蒙古舞,那时候他已经七十多岁了。陈希书记,他的跨栏纪录好多年都没人破过。历史上还有一个长期保持学校跨栏记录的,是谁呢?周培源先生,也是大先生。在文体活动中,同学还拓展了交往的范围,增长了交往的能力,这个很重要。

宣:是真正全面发展的人。

龚:全面发展。所以说,我是希望南开学生不仅要有一个体育特长,而且要在学校里参加过竞技,比如我们的校长杯竞赛。比赛里头需要团队协作,是吧?你踢足球想进球,要有人跟你打配合,有人给你传球啊,掩护啊,等等,要团队合作。还要遵守规则,不能乱来的。而且要坦然接受输赢,那么想赢,最后输了球,不能输不起,要尊重对手。这些里头反映出来的素质,远远超过一场球赛本身。像这些东西,我们给学生的不够。

另外,虽然南开的毕业生,你可以到北京去,也可以到上海去,但是我们希望你胆气壮一些,回老家去,回青海去,回云南去;到部队去,到艰苦地方去,从基层做起。这对一个同学来讲真的是很不容易的。那边是那么高的待遇,这边是相对低点的待遇。让他放弃那个要这个,这真的不容易,换成我们自己,我们能做到吗?我们自己家的孩子容易做到吗?很不容易做到,但是我们有些同学真的做到了。2017年,我们有八个学生入伍当兵,他们给习主席写了封信。他们是南开大学的学生,他们去当大头兵,不是去当干部,在校学生去当兵去了。其中为首的一位是新疆维吾尔族学生,他的父亲是烈士。他们给习总书记写信,总书记给他们回了信,讲到了南开过去的爱国传统,等等。我们很受鼓舞,整个学校都非常受鼓舞。这就是我们崇尚的价值观,这就是"公"。在职业选择的时候,你有没有公心?这个说说容易,真做起来很难,但现在到西部的毕业生逐渐地多起来了。

宣:这个就是有家国情怀了。

龚:我们到西部的学生,逐年增长,虽然在总的比例还不是很高,但我们要看到这个趋势,我们要看到这些学生给我们学校文化带来的价值。这个要体现学校的价值观,我们现在每三十年是主校庆,毕业三十年那年的叫值年校友,三十年为一世。但是由谁作为他们的代表讲话,当然有院士或者是高官,但我们说不能光找这些。我们有一年就请了一位毕业后三十年一直在中学当物理老师的物理系校友,他三十年没变过,没当校长,也没当教育局长,还在那里当物理老师,我们请他来代表这届学生讲话。我们请那些到了西藏去,三十年在西藏,没有回内地的校友来讲话。这个"公能"价值观不能是句空话,到了校庆的时候,你就认准什么副部级以上,你就认院士头衔,你不认那些踏踏实实的基层工作者,那你说"允公允能"就没用,所以我们就要体现这个"公能"。说来说去,一以贯之,就是办这个氛围,把这个氛围给办好。

宣:所以就像爱因斯坦讲的,大学能给你的东西,就在于把老师教的知识忘掉以后,留下的那些东西。

龚:您讲的这个太对了。我第一次见到爱因斯坦这句话时觉得很难懂,反复地看,怀疑是译错了,把英文原文找出来后,发现真的就是 forget what you have learned in the school. 忘了之后,剩下来的是什么东西?剩下的是素质。

宣:这就是您讲的氛围。

龚:内化了的,就是从心所欲不逾矩,矩在心里建立起来了。

宣：这就是一种成功的教育。

龚：但是可惜的是，我们在评估时，这些东西不易显现，难以定量地把它评出来。于是就去评那些显性的东西，这样的评价把我们引向注意那些显性的指标，而这显性的指标又往往不是那些最能体现立德树人这个根本的东西。这是我们现在很纠结的地方。

围绕国家战略需要建学科

宣：刚刚您谈到了评价问题，谈到了学科建设，现在我们国家正实施"双一流"建设，学科建设受到各个大学的重视，我觉得这是一种进步，也就是从过去单纯的走向世界一流大学，到现在的"双一流"。现在对学科进行的评估，表面上说不排名，但实际上还是一种排名。所以，为了应对这个评估，有一个词语叫"弃保整合"，就是放弃一些学科，保住一些学科，整合一些学科。您在南开大学主政期间，没有这么干，这个是非常不容易的。

龚：到现在都有不同意见。新中国成立以来，南开的学科建设经历了几个不同阶段，1952年院系调整后南开大学只保留了数理化生文史哲经加外语九个系，比较偏重于基础性学科。改革开放以后，为了适应社会经济的发展，学校部署、建设了一批应用性强的学科。在社会科学方面发展应用经济、公共管理、工商管理等，成立了周恩来政府管理学院、商学院；在理工方面，不断向应用科学延伸，比如说从数学系里分出来计算机系，从物理系里分出来电子系，从化学系里面分出来环境系、材料系、药学系，从基础医学向临床医学发展，这是一个不断适应社会需要、理论和应用相结合的过程。我担任校长以后，继续坚持了巩固基础、发展应用的大方向，增设了材料学院、金融学院，分设了电子光学工程和计算机与控制工程学院，还设立了统计研究院和生态文明研究院。

我们同时也剪裁了一些发展比较困难，从全社会来看，有其它更好的学校来提供社会服务的学科。比如说我们裁掉了军事学，南开曾经在教育部直属高校中非常自豪地说,我们是唯一一所13个学科门类都齐全的学校,因为其他学校都没有军事学,只有南开有军事学。但这个军事学我们给裁掉了,为什么裁掉呢?实事求是地看,我们的军事学研究的是毛泽东军事思想,那我们可以把它放在马克思主义学院,事实上它的老师也是两头兼的。那我就要做一个选择。我们曾经有一个方案,就是根据军队改革需要,请一批军事理论专家到南开来,建立一个比较强的军事学学科,但是有很多实际的困难,最后我们觉得南开虽然顶着一个军事学的大帽子,但实际上只在做这么一件事情,名不副实。我们真正要做的是深入研究毛泽东思想、毛泽东军事思想,这个我们不放弃,不放弃我们真正研究的实质,不放弃我们这方面培养学生的功能。但是我们不去顶这个大帽子,不追求南开大学是教育部直属学校里学科门类最齐全的,所以就把它去掉了。

我们还去掉了一个农学。很多人都不知道南开为什么有农学?实际上我们的农学是农药,农药本来是从化学发展起来的。是因为我们的老校长、化学家杨石先先生在1950年代看到中国人吃不饱饭的问题,转而研究农药,试图解决粮食短缺问题,所以就发展了农药学科。1960年代成立了农药研究所,作出了很大的贡献。按照学科目录,农药是植物保护里面的一个分支,植物保护是农学里面的作物学的一个分支,这样我们就有了农学。但是后来我们想:南开能不能办一个很强的农学,或者说在中国高等教育发展的现阶段,需要不需要南开来办一个很强的农学?因为我们要达到一定水平,就需要一定的规模,质和量不能完全分家。我们觉得做不到,就把它回归到化学。但是对我们的老师来讲,挂一个农学就多一些招生的机会,争取农业口科研资源的机会,特别是社会有需要,所以我们仍然继续从事先进的绿色农药研究,还保留着这个专业,可以授双学位,但是我们不单独从农学角度做发展布局。

另外,我们还砍掉了教育学专业。我担任校长以后,他们建议成立南开教育学院,为国家培养教育专业硕士,提供国家急需的教育人才,等等。这是一个很好的初衷，南开也有一定的基础。后来我们进行了论证，论证的过程中，我们请天津教育科学院的专家，请北京的专家，整个听下来，意见是不一样的。有天津师范大学，有天津职业技术师范大学，天津大学也有教育学院，最终，我们从准备办教育学院转到取消了教育学科，因为南开教育学科实际上研究的主要是教育政策，研究的是教育公平，民族之间、地区之间怎么实现教育公平这个方向，我们认为这属于公共政策范畴，所以下决心把它回归到了公共管理，而不是从政府管理学院里独立出来，成立教育学院。总之，我这个校长做了很多减法。我在天津大学也是做减法，我们砍掉了艺术，天大当年搞了一个影视艺术学院，发展起来非常困难。后来我们找很多专家咨询，他们说办艺术学院不是那么容易，一个艺术学院发展需要很长时间的积淀，而且它通常以综合性大学作为依托。而以前天大早期是一个工科学校，尽管有数字、计算机等学科，但这些都是手段，那都不是艺术的魂。所以我把它砍掉了。

在这个基础上，我们提出要建高原。作为一所一流大学，整体要优秀。南开的规模不大，我们有29个一级学科博士点。这29个一级学科博士点，在我担任校长前的那一轮学科评估中，有14个学科位列全国同类前十名，那也是一种生态。所以那时候提出来"建高原"，提高整个学校的学科优质率。我们用了"学科优质率"这么一个概念，就是南开所有学科里有多少可以称为优秀学科，我们的优秀学科是指国内前十名的。建高原还要起高峰，要建设几个能够代表中国，在世界上处于优秀水平的学科，像我们的化学、历史学、经济学都有希望成为这样的学科。我们资源有限，为了实现这个目标，所以要收缩，力量更加集中一点，但是我们首先考虑的还是学校的整体建设。

然后这一轮学科评估就来了，这次评估有个特别要命的背景，就是"双一流"。如果评估成绩不好，就有可能要"滚出"双一流，因为当时叫滚动发展。如果评的结果好，就可能争取到国家更多的支持。所以一开始评估的时候，就想用策略，延续我们以前的做法，做一些整合。比如说为了保我们的化学,把化学和材料整合在一起。本来材料是从化学中分出来的,我们把材料放弃或者部分放弃,我豁出去让它评成 B,力保住化学能得到 A+。为此,我们甚至再牺牲一点环境科学,因为我们是从环境化学起家、是从化学分出来的,这样让我们的化学排在全国第一有没有可能,算一算不是完全没有可能,因为我们上一轮跟北大并列第一。但是回过头想,就拿化学中的材料来看,材料学恰恰是国家战略性的新兴产业,南开大学也想作为一个新设专业重点发展。舍材料保化学这样做是不利于材料学后面发展的。环境学更不用说了,南开大学是京津地区治理大气污染中的重要单位,我们有六个实时溯源的监测站,五个在北京,一个在天津,就依托南开大学。我们实时地分析大气,然后马上分析出污染来源:是汽车尾气,是大货运车尾气,是飞机降落的尾气,还是工厂排放,或者是农民烧的秸秆,每天分析上报结果。这个是南开大学重点发展的,但是由于基础不够,它是不大可能被评为 A+ 的。所以我们要不要舍弃它保一个顶尖的?但如果那样做,对于发展环境学科是不利的。

数学也碰到这个问题。这几年把统计学变成跟数学并列的一级学科。南开的统计学或者说概率与统计是比较有基础的,王梓坤先生原来就是我们的教授,后来到北师大当校长。统计学应用性比较强,随着大数据时代的来临,我们专门成立统计与数据科学学院。但是统计学与数学要同时评成 A+ 也是比较困难。那么我们是不是可以牺牲点数学,把统计学变成一匹黑马,因为统计学比较新,变成 A+ 也不是没有可能;甚至于可以把计算机方面的有关成果放在这边来,但是计算机也是我们发展的重点。真正想要建好学科生态,适应国家需求和发展学校特色,就不应该为了"排名"搞弃保策略。

当时还有一个情况,就是硕士点可以自愿参加评估。我们有六个一级学科硕士点,要不要参加?可以不参加,然后把那些成果都堆在我们相近的博士点上。反过来的问题就是这些硕士点要不要发展,其中比较重要的就是药学,这是新成立的,要解决药物开发、制造的问题。

我们现在医保问题就拖在这药费上，这是中国要走出这个困境必须要做的事情，这是战略性的，不能放弃。所以我就想，豁出去了，实实在在地做一次体检，看看哪方面有不足，然后在"双一流"建设中强优势补短板。但这次体检也可能真的查出我们好多毛病，甚至进不了"双一流"。

宣：就有风险。

龚：对，的确有风险。但是我们反复评估以后，我还是有这个底气。尽管所有人都说南开在走下坡路，确实我们这几年发展不够快，但是我们仍然有相当的实力。南开恐怕还不至于在这一轮实事求是地评估中就从"双一流"中被赶出去，因为南开处于中国高校的第一方阵，国家要建三十几所一流大学，南开大学不可能落在外头，这是我们的底气。再一个更重要的考虑是，做实事求是的评估对我们后面的"双一流"建设是有利的。

结果是怎样呢？一方面是居于前列（前十名以内即 A 类学科）的学科比重增加了，说明"建高原"增强学科优质率的努力有了效果，而且有的硕士点比如药学被评到了 B，要知道这只是硕士点，没有博士论文，没有那么多的博士生导师领导的团队作支撑，却要与众多博士点来比拼，这说明我们实实在在的工作得到了业界的认可。这个事情增强了我们发展这些学科的信心，也看到了存在的不足，为我们进一步的学科调整提供了外部参考意见。但非常遗憾的是一个 A+ 都没有，这次 A+ 的要求是位列前 2%，我们没有了位居前 2% 的学科，这是很痛心的，特别是很多校友很关注，说明我们"起高峰"的工作做得不够好。我们的感受是，这次评估整体上反映了南开大学学科建设中比较真实的现状。我们从实事求是出发参加评估，为后面的学科建设、"双一流"建设提供了一个比较客观的基础。所以我们宁可承受没有 A+，但是我们有 14 个 A 类，这是真实情况，所以我们还是要有信心，我们在真实的结果的基础上向前走，而不是弄出一个假象，把我们的战略打乱。我觉得尽管这个结果不尽如人意，但是我们必须承认，它比较符合南开大学的真实情况。

学科评估重在诊断

宣：我们看到您对学科评估、学科排名有自己的一种理念和坚守，我们很希望您跟我们分享一下，您是怎么思考的？

龚：我认为，现在我们的学科评估存在几个突出的问题值得探讨：一个就是排名，我特别希望评估是诊断，就像体检我们年年都做，看看我的血压、血糖状况，等等，以便进行必要治疗和健康管理。但是没有必要把体检搞成身体健康状况排名，比如2000名教师中谁是第一。

宣：我们希望得到的是一个诊断治疗的方案，让我们更加健康。

龚：对，所以我觉得应该强化它的诊断功能，而弱化排名造成的导向功能。现在搞的学科评估比那些大学排名相对好一点，因为是在同类学科里面比，比起拿学校与学校比要好一点。比如我经常碰到一个问题，因为我先做天津大学校长，然后是南开大学校长，有人问我这两所大学哪个好？我说："都好。"实际上，它是拿苹果和梨比，没法比的。比如说化工肯定是天津大学好，化学肯定是南开大学更好。这不是一件事情，没有可比性。不同学校里面学科数量是不一样的，可学科分别评估的结果公布后，媒体甚至一些管理部门就简单地做加总，学科数量多的学校，他加起来就比较多。一个综合性的学科环境对学生培养比较有利，这个我们得承认，但并不是学科越多就越好。现在总体来说，就是数量多一些就更好一些，分数是叠加的，它会导致对规模的刺激。另外，它会导致功利性的算计，比如一个A+顶三个A-，那就牺牲一个A-来保A+，可能会比原来分数要高。事实上，把诊断搞成了排名，造成了不好的导向，这是第一个问题。

宣：最后就是功利化的博弈。

龚：非常功利！这种功利化的算计对学校的文化氛围是非常不好的，破坏学校最根本、最长远的东西。再一个必须看到，即便是同一个学科，不同的学校发展的风格是不一样的，比如同样是化学，南开大学的化学以有机见长，经过多年的发展沉淀，跟其他学校是不一样的。但是在统一指挥棒之下,每个学科内部的特色在趋同。

宣:大家都在追求"全",不断追求均衡。而且现在要求评一级学科,很多特色其实是在二级学科上。

龚:对,有机化学就是二级学科。学科面宽一些是好的,但也要有特点才好,现在的评估不利于在学科内部形成不一样的特点,这是第二个问题。第三点呢,必须看到中国的学科太窄。在学科交叉融合这个背景下,当前学科的评估不利于交叉融合。我碰到过一个很纠结的事情,经济学是分成理论经济学和应用经济学,都是一级学科。南开大学有一篇很有影响的好文章恰是这两个学科的教师合作的,评估中文章是要算分的,但在计分时必须要算到一个学科里,那么这算给谁呢?实在是太纠结了,两个学科争,互不相让。最后实在没办法,就按作者的排名。这样做非常不利于学科的交叉融合,我们现在提倡是理论经济学和应用经济学相结合,但是学科评估对结合非常不利。大家合作总有第一第二,你只认第一,怎么能促成大家合作呢?

宣:最后都是宁当鸡头不当凤尾,大家越来越不愿意合作了。

龚:再一个呢,现在的评估不要看以前的积淀,只看近期成果,老是"近三年",这就容易造成重视短期成果不重长期积淀的导向。我经常开玩笑,都说十年磨一剑,我们现在这是三年磨好几把小刀。从国家的导向来讲,要鼓励十年磨一剑,鼓励它长期积淀,这叫"厚积薄发",我们事实上是"厚发薄积"。所以我觉得现在学科评估的局限性,主要是排名导向功利,标准统一,不利发展特色,学科界限不利学科交叉,强调时效造成短视,这些都需要想办法解决。

宣:您这几条讲得太好了。我们现在的学科评估,还要注意怎样更好地实现以评促建。现在有的评估某种程度上就是数论文数量,那学科怎么建?最后就变成多发论文。

龚:论文的边际效应极强。有好论文就可以让作者戴上一个帽子,有了帽子加论文就可以评上基地,又因为有基地、有帽子、有论文又能拿到很多项目,项目出来成果然后有奖励,有了奖励又可以得到帽子……

好比滚雪球一样,越滚越大。所以这个导向实在是太强大了,可这不是踏踏实实立德树人的导向。

宣:所以无法来真正促进学科建设。您刚才讲到大学最后还是要回归到人才培养。学科建设实际上是一种手段,它最后的目标是要培养人,那么学科建设怎么在本科教育中体现?当然我们现在的评价体系当中也有,比如要求举几个例子,近几年毕业的杰出校友,但一个人的成才绝不是单个学科作用的结果,不可能一个学科包揽一个专业,是吧?

龚:对。人才是学校整体氛围下成才的,你像清华电子系出了两个歌手,高晓松和李健,如果没有清华大学整个校园歌曲的氛围,你说我们无线电电子学专业怎么可能培养出歌手来?

大学的一切功能都要围绕人才培养

宣:我接下来想跟您讨论的就是,您认为学科建设与本科生培养之间应该有怎样的一种内在联系?

龚:学科评估要突破单位职责边界,真正着眼于中国教育的整体发展。从顶层设计来讲,必须要把高等教育作为一个整体,而且必须看重它的基础——本科教育,就是"以本为本"说法的来由。这是一个从指导思想上、从组织机构上、从它的实施单位的职责上加以整合、改变才能解决的问题。

再一点呢,在实际操作中,要看到评估工作做了很多改进,相比前几轮评估,这次学科评估对人才培养方面关注多了一些,必须认识到人才培养的长期性、复杂性和综合性,不能简单地套在定量的分学科的评价上面,学校里不分学科的许多工作,对学生成长影响很大,比如通识教育工作、学校文化建设,比如体育和美育,比如社团工作,这些不能从学科的角度来评价。另外一个呢,还要把专业和学科打通,现在它们就是两个东西。以电子学为例,从学科的角度来讲,它叫电子科学与技术,跟它并行的一个学科叫信息与通信工程,然后本科教育呢,不叫这样的名字,叫电子工程、电子信息工程、信息电子工程。你知道,浙大有电信系,有信电系,它里面的内涵不一样。这些是需要打通的,应该有一个更加科学化的、口径更宽的名称和培养框架。从我心里来讲,本科应该更宽,应该超过它所对应的一级学科的范围,在一个更宽的领域里,把这些一级学科的内容变成本科的一个专业方向。

宣:可以形成一个专业模块,一个大专业里头的模块。

龚:比如,哈佛大学、耶鲁大学是比较成功的。学生进耶鲁时,不是耶鲁某个系的学生,而是耶鲁大学的学生。它规定的毕业要求,修满120个学分就可以,这是毕业的基本要求,但是毕业生平均所修的学分达到170分。没人规定,但是学生为什么修那么多?是因为它实行宽口径培养,为了适应后面的专业学院,比如工学院、法学院、医学院、商学院等专业学院。学生刚进大学方向不明确,他还拿不准将来进入哪个专业学院,于是他会关注不同专业学院共同要求的先修课程,自发地把基础打宽了,也奠定今后发展的更好的适应性。我在耶鲁的时候,有个陪同我的学生,他是医学院研究生,我问他本科主修什么,他说是媒体,因为那时特别想当记者,后来又不想当记者,想当医生。我想,这在中国几乎是不可能的,也许两个专业倒过来还有可能,先学医学,可能以后去当记者。可在美国是可能的,因为它是宽口径的,为了今后选择性多一些、适应性强一些,就把一些需要的课程都修了。比如很多专业要求哲学、数学,学生就先把这些课程修了。看起来是他自主选择,实质上是精心设计的,这是有引导的,这样他就会学得又多又广。美国的本科不是专业教育,是通识教育,通识教育中选择性的主修,形成相对的侧重,主修可以不只一个。我觉得这种体制有个明显的好处,就是突出了学生在学习上的主体地位。

耶鲁大学这样的做法对我们来讲是非常好的经验。所以我就觉得我们对本科教育要实行宽口径的评价。还要评价学生在这个专业学习的时候,这个学校的其它专业给了他什么支撑。这些要作为正面评价给那些专业加分的。比如说学生社团活动很好,但组织得不好也会影响学习。我们下这么大力量去发展学生社团,把它变成提升素质的路径,但是各种评价都忽视了它,就好像干这事跟"双一流"建设没有关系,这是不对的。你去看看,我们现在公认的一流大学的学生生活是多么丰富。

宣:现在这些在学科评价当中都体现不进去,您刚才讲的耶鲁的这种情况,它有一个前提,就是有足够的课程可以让学生来选择。而我们现在可能在课程总量上,在课程体系的设置上,在丰富性上还远远跟不上。所以我们有一个观点:学科建设在本科教育当中很大的作用,就是它要提供大量的课程,让学生来选择。这个可能会对本科教育质量提高起作用。

龚:我们原来希望南开的学生至少有 2—4 个学分是自修获得的,没有人讲课,自己学,但是要考试,来提高学生的自修能力,但是学校要提供各种资源。

宣:所以我们讲因材施教,讲个性化培养,其实这些都跟教育资源有关系。学生选课之后,就是"一生一课表",每个学生的课表跟别人的都不一样,是自己选择的结果。所以学科建设最后能够给予学生的可能就是两个东西:第一个就是非常丰富的课程资源,第二个就是给学生提供了更多的参与科学研究的机会。所以黄达人校长当时接受我们访谈的时候,谈了一个结论:学科强的一定是教学强的,人才培养质量跟学科建设是有着紧密的联系的。

龚:为什么我们希望教师要以教学科研型为主?只有在科研的过程中,书到用时方恨少,才能激发老师去不断补充知识,并且创造出新的知识,而且他会把自己的治学方法有形无形地传给学生。现在的问题在于"两张皮"没有打破。很多人一讲到研究型大学,我们就会说它有教学、研究两个中心,而且据说这话是邓小平同志说的。我就查看邓小平同志原话,是这样说的:"重点大学既是办教育的中心,又是办科研的中心。""既"和"又",说的是一个主体,不是两个主体,由此可见,"两个中心"的观念其实是误解,造成现在学校的两个体系,造成了对学校的两套评价。在美国,高校领导层有个非常重要的职位是 provost，通常翻成了教务长，实际上他是负责学术的校长，它的学术包括教学与科研。我们的教务长只管教学，不管科研，所以我们在体系上就是分离的。这点做得比较好的是清华大学，我在清华当研究生院副院长，我们的第一副院长是教务长，主管本科教学，同时也是研究生院副院长。

宣：这个在中国高校很少见。

龚：对，就是清华。那时教务处长是列席我们研究生院办公会的，反过来，我在研究生院当副院长，还兼培养处处长，我也列席教务长办公会。

宣：你们把这两个结合得很好，它们其实是一件事，从体制上就解决了这个问题。

龚：清华的外事处长是副教务长，所以这个外事处就不是只管办手续的，它要为提高教学质量服务。清华这是一个比较好的设计。原来清华大学教务长办公会是很正规的，由它颁发的文件级别高于教务处。一个学校里面，总务长办公会、教务长办公会、秘书长办公会协调机关事务，我认为这是适合学校的一种管理体制。清华管教学的副校长，是一个"大副校长"，是从附中附小一直管到研究生教育，所有教学口的事务都向他报告。他组织召开会议的时候，研究生院、教务处、继续教育学院的负责人全在那，这有利于统筹学校的教育资源，这是跟管理体制相关的。这个体制背后一定是这个学校育人为本的理念。现在我们提出的两个中心、四大功能，甚至五大功能——人才培养、科学研究、社会服务、文化传承与创新、国际化，学校的功能是随着大学的发展越来越多。但是我一直认为，所有这些功能都围绕着人才培养，所以第一个功能不能叫人才培养，应该叫教学，这是回到英文的本意（teaching），第二个叫科学研究（research），然后是社会服务（service），等等，它们总的叫 education。现在我们第一个叫 education，第二个叫 research，这样一弄，把人才培养变成诸多功能之一了。

宣：变成平行并列关系了。

龚：对！其实有两件事我觉得我们将来有必要改的，一个是在教育方针的表述里面,"受教育者"要改成"学生",受教育者就是被动态,学生则是学习的主体。另外,高等教育的功能提法也要改,人才培养不是功能之一,而是根本,是一切工作包括教学、科研等等各种工作的出发点和落脚点。所以,人才培养不应是诸多功能中的一个,第一功能要明确就是教学,然后是科研,等等,所有这些功能都要围绕培养人才。我们把大学都叫作高等教育机构,原来国际上叫 higher education institutes,现在许多国际活动和文件中都这么叫,强调 learning,这是很有道理的。所以将来教育评价也应该要看学习成效,而不是看有多少教授上讲台、考察教室的信息化手段,然后还有教材怎么样。现在教育评价的基本对象就是教师、教室、教材,但是学生的学习效果如何到底该怎么评价,这很难的。

宣:对,围绕学习效果进行评价,我们曾看过美国教育委员会发布的一个美国大学校长发展报告,其中披露美国大学校长最关注的事项之一就是学生学习效果的评价。这很出乎我们的意料。

龚:所以我们一定从以教为主转向以学为主、教学相长,高等教育与基础教育不同,大学里的学生是成年人,所以我很忌讳我们的老师把大学生称为孩子。不是的,应该是朋友,他可能年龄比你的孩子还小,甚至比我们老教授的孙子还小,但是他不是"孩子",是成年人,是可以行使公民权的。所以,一定要在大学里头践行平等的师生关系。

宣:我们可能是强调爱生如子的文化。

龚:当然这是另外一回事,是讲要关爱学生。但是教学活动过程中一定要强调,学生是主体,要发挥主体的积极性。现在我们的评估系统里有缺失,一是缺这种意识,二是缺失方法。因此我们要研究到底怎么才能做好。包括美国和欧洲在内的很多国家,还有联合国教科文组织,大家都在努力倡导和探索以学习成效为中心的教育测度。

协同创新应该坚持做下去

宣:您提到的这个理念非常重要。刚刚谈到了协同的问题。我注意到2013年天大和南开合作创办了一个化学化工协同创新中心,也是首批入选2011计划的。您怎么看待大学开展协同创新?

龚:这件事有一个大的背景。我们现在越来越看到学科在走向融合,创新越来越多的是协同型创新。像牛顿、瓦特这样的万能科学家时代已经过去,逐渐走向集群型,这是一件很清楚的事。它源自科学的本质,100年前,普朗克曾说学科的划分不是科学的本质,而是由于我们认识存在局限性,因为我们不可能一下子研究透全身,所以我们在研究身体的过程中会把各个器官分开,分成五官、心脏、胃、腿……但事实上它是一个整体。因此,普朗克坚信科学是一个整体,从物理学、化学到生物学、人类学、社会学,等等,存在着一条处处不可打断的链条。今天,我们看到这个链条联系得越来越紧密了。今天,我们谈到人工智能的技术和社会双重属性等问题时,讲的就是技术与社会属性的高度融合。学科融合的这个趋势是非常清楚的,早在1980年代,钱三强先生等一批学者就讲了很多要推动学科交叉和发展交叉学科的话,我们国内也做了很多交叉的研究中心,但是我们的体制支持不了。

后来在2011年清华一百年校庆的时候,胡锦涛总书记作了重要讲话,提出了协同创新的要求,讲话内容不只是针对清华,而是面向整个中国的高等教育和科教兴国战略的全局。中国要形成一个协同创新的局面,重要的是要解决跨创新主体的协同、跨行政财政主体的协同和跨学科的协同等问题。在保持每一个学校特色发展的情况下,要求跨学校主体、跨行业主体,把企业和院校结合起来,把研究院所跟学校结合起来,形成中国特色的创新体系。这既符合科学发展的趋势,又符合中国社会主义制度的特点,这就是我们所说的"2011计划"。为了推动这个计划,中央财政设立了专项资金给予支持。现在这个计划并没有宣布取消,但这笔专项资金没有了。我记得当时中央财政在高等教育上有好几笔钱,"985"是一笔、"211"是一笔,质量工程是一笔,"2011计划"也是一笔。这几笔钱使用不同的账号,虽然都在一所学校执行,但互相不能打通。我们强烈要求将它们打通使用,有利于统筹资源,优化使用。这个建议被采纳了,好几笔账号就被打通了。在打通过程中,"2011计划"的经费也全都打通到"双一流"建设中去了,但这就产生了跨核算主体的问题。例如南开大学和人民大学合办了一个中国特色社会主义经济建设协同创新中心,以前中央款项就下拨到南开大学来,是协调中心的专项经费,由中心成员共同使用。现在专项没有了,被融入了学校的一流学科建设经费,如果再由南开大学将这笔款项拨到人民大学,就变得很奇怪,实际上也不可行。我前几年和几位人大代表提交了一个提案,建议恢复"2011计划"立项的初衷,坚持发展跨财政主体的协同创新中心,这个需要坚持一段时期才能见到成效。

宣:从实际的效果上,在您看来,它其实是一种非常有效的一种方式,应该也是趋势。

龚:国家有关部门委托基金委做过一个评估,发现有的中心做得不错,例如天津大学和南开大学的化学化工协同中心就不错,因为它是化学和化工的结合,做得非常不错,优势互补,各得其所;但也有的学校,拿到了经费就分钱,分完也没有什么协同,好像这种情况还不少。我认为,这件事存在问题并不奇怪,关键是判断方向对不对,如果方向是对的,就在坚持这个方向的前提下解决问题。协同创新这样主要的方向,其实也找到了非常好的协同中心机制。我认为还是要坚持做下去。

校长要做打基础、利长远的事情

宣:在高等教育大众化的进程当中,尤其是2005年之前,很多高校都在建设新校区。我们注意到您上任南开大学校长之后,2013年开始建设新校区,这在全国来看都是一个很独特的案例。因为那时建新校区的热潮已经过了,你们为什么还考虑做这件事?

龚:这也是从实事求是出发,这确实是南开大学发展的需要。南开大学的老校区地方非常狭小,校园面积不到2000亩。本科生和研究生新生只能住宿在外面的一个地方,距离学校大概4站路,骑车约20分钟。不到 2000 亩的校园,约有 900 亩是教工宿舍,加上生活配套设施,实际的教学科研用地很紧张。南开大学化学、材料、环境等学科需要的实验用房很大,实验产生的废料又不好处理。当时南开大学每年招收 3100 名学生,规模不算大,但是我们的本科生住六人间,硕士生住四人间,博士生住两人间,学生宿舍没有空调。新生报到时,有些家长看了都流眼泪,抱怨住宿条件还不如中学好,我们跟周围几所大学相比,住宿也是最差的。所以南开大学确确实实需要建设新校区。原先学校从追求小而精发展的角度考虑,在全国高校建设新校区的高潮时期,没有采取行动,错过了这样一个发展的机会。

但是,是不是错过一次机会就要永远错过呢？后来我们遇到了新的机会,天津城市规划中要开发海河中游,要建国家会展中心等,还把天津十几所职业学校集中在那里,建立一个统一的工业训练基地,就是海河职教园。市里也打算把天津大学和南开大学安置在这里,因为这两所学校块头大,可以连接天津老城区和滨海新区。这个规划使南开大学可以零成本获得 3750 亩土地,这对南开大学来说的确是一个重大的机遇。但当时正值学科建设——"985"三期工程非常要紧的时候,建新校区要费极大的精力,怎么保证教学科研、学科建设不受影响？另外,新校区建设机会尽管是非常难得,但这时候学校也没有钱了,政府贷款也没有了;而且规划位置比较远,许多教师不愿意。可以说,我们面临两难选择。但是我觉得,面对这样的问题,要从学校长远发展来判断利弊,进行取舍,我作为校长不能让学校失去长远发展的机会。所以我想,做这件事,可能三年里老师不满意,校友也有非议,你不好好抓学科建设,不创建世界一流……但我一直觉得做校长要做打基础、利长远的事情,这次机会如果再错过了,我们可能永远都错过了。而且,不见得新校区建设一定要影响教学科研和建设一流大学,我们可以找到不影响教学科研的安排。这是一件压力很大的事情,我们想了很多办法,首先就是要筹钱。我们当时估算通过拍卖老城区的校外地能筹到 30 亿,但是预算是 50 亿,我们最后向教育部争取了 10 亿,还是得自筹 10

亿。为什么教育部会给我们这笔钱？袁贵仁部长说，在所有的教育部直属高校中，只有南开、天大拿到的是零地价，说明地方政府非常支持，那教育部当然也得支持。所以教育部后来给我们两所学校各10亿。

宣：做这个决定是艰难的，包括筹钱也是很难的，但是还有一个更难的事，就是校区之间的功能布局。所有的新校区都会面临这样的难题，您当时是怎么考虑的？

龚：过去很多学校的做法都是把低年级学生搬到新校区，减少实验室搬离的难度，把研究生搬进老校区。后来发现这种方式不可取，不能把低年级学生跟学校整体、跟教师都割裂了。

宣：否则就变"高四"、"高五"了……

龚：对！实践证明不宜这么干，以前那种模式已经失败了。还有一种方法就是，让理科、工科去新校区，他们意见最小，因为他们一去马上能拿到实验室空间。文科反而并不着急，他更愿意和这边图书馆待在一起。可是我们是综合性大学，这样做把综合性大学的氛围破坏了，就像老汤中的咸味与酸味必须混在一起的，分开后一口是酸汤，一口是咸汤，彻彻底底就变味了。后来我们南开就切花刀，到了新校区的既有文科，又有理科，也有工科。这使得我们的一些相近学科分在两地，比如生医药分了，文史哲也分了。这件事情不同的意见特别多，但那时我们只能两弊相权取其轻，为了保持校区的综合学科的氛围，没把相近学科放在一起。

宣：这都是很理想的，但是现实中最大的难点在教师。如果两边都保留，教师必须两边都得兼顾，教师的成本大大增加。

龚：是的，学校和教师的成本都增加了。即便是开通了班车，教师的时间成本也是得增加的。最早说的是会通地铁，但是地铁需要天津市政府出资，后来市政府因为要压缩政府债务，就把这条地铁线砍掉了。我们不断通过人大、政协提议后，最后市委市政府终于同意延长原有线路，把地铁修到了我们新校区。现在随着时间的推移和周边的发展，原来的缺点在不断弱化，优点在不断显现。比如，在南开大学新校区成了天津整体规划中从南到北的绿色通道,周边的市政和商业建设随着地铁也会发展起来。在这个过程中,我觉得学校的主体就会慢慢搬过去,长期的分离不是长久之计。原先我们化学是没有搬家的,现在正在规划建一个5万多平方米的楼群,给化学——我们最强的学科。化学搬过去后,其他学科也会逐渐搬过去。我们在新校区一期建设后预留的土地比老校区教研用地还多。当然,我们还要把老校区精心地做一个设计,但是这个过程是艰苦的。

宣:这也反映了您在办学过程中的一种担当和远见,其实给南开大学积攒了一笔很大的财富。

龚:当时有各种说法,你们为什么要搞新校区,是不是为了搞腐败？我们对此高度警觉,不仅主动和天津市检察院合作,由天津市检察院监督我们整个建设过程,而且还采取了各种措施,基本上做到了工程安全、财务安全、干部廉政安全。还有就是,建新校区基本上没有影响我们正常的教学科研建设,这也是不容易的。

国际化办学同样要以育人为本

宣:时间过得很快,我还有最后一个问题想请教您,大家可能也很感兴趣。近来因为一些事件,全社会都很关注高校国际化办学,主要是涉及留学生管理引发的争议,这说明我们在国际化办学中出现了一些问题。您是非常重视国际化的,您在清华管过外事,在天大和南开都高度重视国际化。您怎么看待我们高等教育的国际化？

龚:我个人认为现在引起的一些争论,针对的就是为什么要给外国留学生享受比中国学生更好的待遇。从我自己的经历来说,我出国是拿着奥地利政府的奖学金,那也是只给有协议的国家,奥地利本国的学生是没有的。当年到日本,日本政府给了我们很多中国学生奖学金,日本学生是没有的。发达国家专门针对发展中国家学生提供专门的奖学金是很普遍的,如果从人类命运共同体的角度看,从解决发展的不充分、不均衡的角度来看，是有必要的。其实，中国在过去不发达的时候，我们也享受过，我认为这种举措不为过，更何况我们的政府奖学金主要是奖给发展中国家，特别是那些最不发达国家。比如现在南开大学正在执行一个项目——软件硕士，专门针对非洲不发达的国家，把他们的工程师培养成工程硕士，提供全额奖学金，比我们一般的都高。这是政府拿出资源培养一批将来的知华派、友华派，希望能变成亲华派。我们夫妇俩都在奥地利学习过，这个很小的国家对于我们就像第二故乡一样，有一种亲切感。所以就这件事来说，中国现在慢慢发展起来，我们拿出一部分资源，支持那些不发达的国家，我觉得不为过，我们不能那么狭隘。

宣：这是国家战略。

龚：这个事情，和我们现在拿出资源支持西部发展，让西部的学生能够到最优秀大学读书，道理是一样的。站在人类命运共同体上看，这个道理是一样的。现在我们讲国内主要矛盾是不充分、不均衡的发展，所以要解决这些矛盾实现更好的发展。世界上的很多冲突，背后的根源也都是发展不充分、不均衡。这个是历史唯物论，是经济决定政治的原理，只要把马克思主义坚持到底，这些都是可以讲得通的。我在南开大学就处理过外国留学生，他们打架斗殴、生活不检点，该怎么处理就怎么处理，我们要趋同管理，朝这个方向走。但不能由于个别留学生的原因，去否定国家拿出一部分资源支持发展中国家。外国留学生表现不好，要教育他，管理他，不能因为个别人表现不好，排斥整个外国留学生群体，就如同某个地区来的个别学生出了问题，不能认为那个地方来的学生都有问题。其实在国际上，中国的很多主张都得到发展中国家的支持，并且他们是世界上的大多数。所以在国际化的问题上，我们要实现更高水平的开放，对留学生要走向趋同管理，但是也要看到差异，我希望我们的同学能够理解这一点。这和我们帮助现在的贫困生，在道理上是相通的。

但是，国际化不光是招收留学生，我希望我们的国际化进程中要加大对世界问题、国际问题在教育教学内容上的比重，这个特别重要。比如说现在全世界190多个国家搞一个共同的议程，叫可持续发展议程，从千年目标到现在的 2030 目标，是由 190 多个联合国成员共同制定的。习近平主席在 2015 年亲自到联合国去阐述这个问题。它为什么叫可持续发展？它为什么定这 17 个目标？为什么说可持续发展是经济、社会、生态三个维度上的发展？它怎么从人类环境问题变成了可持续发展问题？怎么从一个维度变成三个维度？所有这些，我们在教学内容上涉及不多，学生不太理解。所以，我希望让中国学生更多了解国际问题。我们高校的外事工作不能只给校长、书记办出国手续，是要为学生培养国际视野，在国际水平上开展科技合作，不仅提高水平，也为学生的发展建立更多渠道，这也是育人为本。不能把国际化看成迎来送往，也不能看成仅仅是学生交流多一点，要在内涵上去升级。

宣：所以您刚才讲的特别重要，在国际化的过程当中，一方面要进来，另一方面就是要出去，要树立这种全球观，我们在学生的全球观教育上是有缺失的。

跟智者聊天容易忘记时间，一下子已经过了 12 点。从一上午的聊天中，我们在龚校长身上看到了教育家的素养，您具有强烈的教育情怀、丰富的治校办学经验，让我们受益匪浅。我们知道，在中国大学校长里，龚校长是很受媒体欢迎的。

龚：我对记者基本上是来者不拒，不隐瞒观点。

宣：在我们的研究观点当中，其中一条就是大学校长的公共精神。我们始终觉得在您身上体现了中国大学校长的这种公共精神，您对一些热点问题能够发表自己独特的见解，能够起到非常好的引领作用，帮助公众正确地去思考和判断，这对整个社会也是一种很大的贡献。我们再次以热烈的掌声对龚校长表示感谢！

访谈手记

对龚克校长最初的印象，来自媒体的报道。多年来，龚校长的身影活跃于公共场所,身为全国人大代表,他每年两会期间面对各路记者追访,并不躲闪回避,而是围绕教育领域公众关注的热点话题,建言献计,娓娓道来,时有锐利的观点,令人有醍醐灌顶之感。这样的声音,在当今大学校长群体当中格外突出,让人感受到龚校长强烈的社会责任感与对高等教育事业的满腔热情。

正当三伏盛夏的时节,龚校长偕夫人如约来到杭州,访谈地依然设在西溪湿地中的莲美术馆,期间正好在举办"传承·转化——'同道'雕塑作品展",展览由中国美术家协会副主席、清华大学美术学院曾成钢教授担任总策划,而莲美术馆本身也是曾成钢教授筹划、建设在西溪湿地艺术家集合村中的一个重要场馆,取名"莲"意在彰显其"华实齐生,因果同时"的特质,置身其中,让有清华情结和艺术修养的龚克夫妇多了一份意外的欣喜,其中有不少龚校长熟识的清华雕塑家,自然也就多了一份亲近,我们之间也多了一份高等教育之外的话题。

龚校长执掌天大五年、南开七年,任职期间,正当中国高等教育从规模扩张向内涵发展转变的关键时期。在回顾自己的治校经历时,他直言"不务本的大学成不了优秀的大学",强调大学是教育机构,育人是大学之根本。他挣脱时下抓论文、争排名的窠臼,沉下心来,回归大学的根本。"允公允能,日新月异"的南开校训是他在访谈期间出现频率最高的词句。他引用天大老校长吴咏诗先生的话,强调"办大学就是办个氛围"。在他看来,校训就是一所大学文化的魂。他在治校过程中,念兹在兹的就是如何将校训落实到人才培养的全过程,为南开传统的"公能"教育赋予时代内涵。与抓科研指标、上学校排名这一捷径相比,龚校长选择了一条更为艰难却更贴近大学初心的道路。这种"功成不必在我"的胸襟,难能可贵,也令人钦佩。

图书在版编目(CIP)数据

回望：大学校长口述/宣勇,郝清杰主编.—北京：商务印书馆,2020
ISBN 978-7-100-18924-8

Ⅰ.①回… Ⅱ.①宣… ②郝… Ⅲ.①高等教育—教育史—中国—现代 Ⅳ.①G649.29

中国版本图书馆 CIP 数据核字(2020)第 160594 号

权利保留，侵权必究。

回　望
—— 大学校长口述

宣　勇　郝清杰　主编

商　务　印　书　馆　出　版
(北京王府井大街36号　邮政编码100710)
商　务　印　书　馆　发　行
北 京 冠 中 印 刷 厂 印 刷
ISBN 978-7-100-18924-8

2020年9月第1版　　　开本 710×1000 1/16
2020年9月北京第1次印刷　印张 20¾
定价：68.00元